农民和城市居民

PEASANTS VERSUS CITY-DWELLERS

TAXATION AND THE BURDEN OF ECONOMIC DEVELOPMENT

税负和经济发展的负担

Raaj K. Sah
&
Joseph E. Stiglitz

[美]
拉吉 · K. 萨
约瑟夫 · E. 斯蒂格利茨
——著

黄少卿 等
——译

黄少卿
——校

上海人民出版社

序
发展的成本分担与公共政策有效性

《农民和城市居民:税负和经济发展的负担》即将由上海人民出版社出版,译者托我写篇序言。原著由印度裔芝加哥大学经济学教授拉吉·萨和诺贝尔经济学奖获得者约瑟夫·斯蒂格利茨合作完成,我想书的质量当不用怀疑。再问译者这本书说什么的?答曰:发展的成本如何分担。为这么好的主题的一本书写几句先睹为快的体会,也是一件幸事。

在新古典发展经济学的讨论中,发展的主题当然是资本的来源。基于此给出的处方是,一个经济体要从占支配地位的农业经济地平线上起飞,牺牲农业完成工业化所需的资本积累,是不得已的政策选择。但是,这一政策导致的城市和乡村之间的冲突也是显而易见的,上溯美国北方工业和南方农业之间的冲突,英格兰废止谷物法的争论;再到两个巨型社会主义大国的惨痛教训,苏联通过价格剪刀差推进重工业化的后果,中国从农业国迈向工业国的努力中通过统购统销和集体化造成的城乡失衡;近至这些年来许多欠发达国家发生于城镇和农村的冲突与暴动。

有意义的是,对于这样一个重要且被广泛讨论的议题,两位作者将提问的角度进行了转换:发展的成本应该由谁来承担,承担多少?为了下代人的福祉需要当代人作出牺牲,但是,应当由当代人中的谁来承担,承担多少?这就使问题的讨论直接抵达真实世界。有了好的设问,也就有了解答真问题的可能性,即发展的本质是谁来买单以及可能的代价问题。究竟由谁来买单呢?作者从大多数欠发达经济体经济发展早期阶段富人极少的实际出发,提出发展成本的承担只能是城市部门的工人和农村部门的农民两个主体。于是就引出了本书讨论的主题:农民和工人之间如何分配发展的成本！为了系统分析谁应该承担发展代价的问题，作者提供了一个严密的分析框架，对经济中的关键制度特征和决定税负、价格与其他政策变化后果的参数进行识别，对为增进福利进行价格和税收改革的具体条件进行分析，对不同社会群体当今和未来的福利进行权衡。

对于我这样一个从事了近三十年公共政策分析和咨询的读者来讲，更感兴趣并受益的是本书的公共政策分析价值。对于发展中经济体的大多数决策者来讲，当他们面对基于新古典理论给出的政策建议时，往往听起来很来劲，但是又因缺乏如何抵达政策目标的路径而苦恼不堪。两位作者在如何提高公共政策有效性上的努力值得称道。他们不是一通趾高气扬、自信满满的说教和几条应该怎样做的教条，而是基于对欠发达国家的结构和制度特征的谨慎归纳，对公共政策实施具体条件的仔细甄别，对政策背后的价值判断小心设定，比如，何谓恰当的福利权衡，什么是合意的定价和税收政策，等等；还十分注重政策工具的可能组合，从而有助于欠发达国家政府权衡政策行动的全部后果。

从中国的实际情形和政策需求来看，本书提出的一些政策建议也有参考价值。比如，

——政府以平等主义目标实施的补贴政策补贴到了穷人吗？还是实际上补贴给了富人？背后的体制性障碍如何解除？

——要发誓杜绝使用差别化的税收和价格政策。

——由于预算的约束无法使社会中所有的群体成为转移支付和补贴项目的受益者，需要确定谁是真正的净获益人，谁又是净损失者。

——需要考虑一个部门采取的行动对另一个部门产生的溢出效应。

——如果食品消费对城市工人的生产率具有特别强的影响，就应该对食品消费给予补贴。

——不应当对一些经济作物给予补贴的同时，却对其他经济作物征税。不应当对农业的某些制造品投入征税的同时，却对其他制造品投入

给予补贴。

——对农产品的出口征税对其利益以及城镇和乡村之间的收入分配产生实质性影响。

从理论和公共政策价值看，本书开创了一个研究发展成本分担的框架和路径。这一分析方法对于研究发展中经济体早期结构变革中的发展问题，具有十分实际的政策含义。更进一步看，发展成本的分担问题事实上贯穿发展的全过程，在完成初始资本积累与成本分摊以后，进入大规模工业化城市化阶段的发展成本分担以及城市居民和农民在资本扩增与发展成果分配中的冲突更大，公共政策的有效性对于实现经济和社会转型尤为重要，本书为我们研究发展与转型提供了一种有价值的视角和方法。

刘守英

中国人民大学经济学院教授

2017 年 6 月

前 言 v

这本书为三类读者而写：发展经济学研究者、财政学研究者和经济史研究者。本书的目标之一，是探讨当今欠发达国家（LDCs）所面临的核心问题，诸如谁应该承担发展的成本，如何动员现代化所需的投资资金，以及与这些广泛问题相关的许多具体政策问题，如是否应该对城市部门征税？如果向城市部门征税，对于不同的个体和产品的税率应该是单一税率还是差别税率？政府是否应该向城市贫困者提供食品补贴？政府是否应该向农村部门使用的化肥和其他现代投入品进行征税，还是给予补助？为了压榨或支持农业部门，应该让工业和农业产品的相对价格如何变动？即沿用十月革命后苏联工业化大辩论中，以及更近在中华人民共和国所使用的术语——“剪刀差大小”应该多大才合适？现代财政学使用的替代性术语是：对于农村部门，什么程度的税收和补贴水平是合适的。

我们认为，上面描述的政策问题只能通过建立并运用充分反映了欠发达国家核心特征的模型来解决。我们不能简单地把标准新古典模型的结果套用到欠发达国家，即便这个模型可能对欠发达国家是适用的。因此，本书的一个贡献就是，建构了一系列针对欠发达国家既简单又复杂的一般均衡模型。这些模型既简单到可以提供定性的结论和确定与政策分析有关的核心参数，又复杂到允许我们能处理在不同欠发达国家所观察到的制度和行为的巨大差别。

本书探讨的发展政策问题，指的就是那些欠发达国家政府及其政策建议者需要面对的问题。因此，我们试图使结论及其背后的直觉和假设，都能为发展经济学专业研究的门外汉所理解。本书的每章都包含了对当前问题的陈述和分析概况。

本书面向的第二类读者是财政学研究者。过去三十年财政理论得到了迅猛发展，比如一般均衡模型中税收归宿(incidence)的分析，以及对最优税收的拉姆齐—庇古(Ramsey-Pigou)分析的发展。但是，财政学文献
vi 中这两大流派在很大程度上仍然是互不相关的。我们在欠发达国家的背景下将这两种分析工具的一些核心要素结合起来，同时，我们强调财政学最近的一个发展，即对帕累托改进型税收改革的识别。

本书面向的第三类读者是经济史学研究者。经济发展过程中受人关注的一个核心问题是，不同的政策对城市和农村部门之间福利分配的影响。这两个成分广泛的群体之间的冲突，构成了一个长期存在的论战。它最早可追溯到关于《谷物法》的李嘉图—马尔萨斯争论，以及后来的美国在国内战争之前的工业税的讨论。我们在本书中发展的某些模型，也可以让我们考虑十月革命后苏联工业化的讨论。我们对这些辩论的解释，不同于传统马克思主义者根据阶级斗争或根据历史的必然过程所做的解释。类似的争论在今天的非社会主义欠发达国家仍在发生，只不过使用的术语和强调的重点不同而已。因为城市和农村之间的冲突，代表了发展初始阶段一种基本的利益此消彼长的关系。

我们发展的方法和模型，在发展经济学以外的其他领域也是有用的，在此要特别强调该方法的两个特征：第一，我们用一组简化的关系描述经济现状，这显然包含了一系列微观经济学的结构性假定。这个方法不但使我们的分析更加高度的概括和简化，而且也提供了一种方法，用以处理当缺乏资料分辨若干个不同的结构性假设中哪一个正确时的许多情形(在欠发达国家和发达国家都不乏这种例子)。因此，尽管本书主要关心的是税收问题，我们所发展的一般方法体系也可以做一些其他应用。例如，我们提供了投资项目的成本—收益分析中劳动力的社会成本决定的分析。

第二，基于一些基本的、与技术和偏好有关的假定，我们试图推导出

我们所研究的经济的许多核心制度特征。人们不应该简单地认为制度是给定的，一个好的理论应该试图解释为什么制度是现在这个样子，为什么不同的国家制度各不相同，以及为什么它们经过一定时期会发生变化。这些问题不仅仅受到学术关注，也因为同样的一系列政策，在不同的制度条件下会产生不同的互动。更进一步，政策会影响制度变迁。比如，发展经济学常常认为城市工资（以及农村工资也一样）是制度给定的。但是当政府政策发生变化时，市场出清水平上的工资也可能变化。我们发展了一个关于城市和农村工资决定的一般理论，在这个理论中，政府的税收政策的确会影响工资水平。

对于本书所探讨的问题，多年来两位作者都饶有兴趣。萨在1975— vii
1976年期间就职于印度政府时，就开始处理这类问题。那时，来自农民组织要求提高农产品价格和降低投入品价格，以及来自城市居民呼吁团体，要求降低食品价格，增加由政府控制的商店所分配消费品补贴的政治压力已经开始显现。到20世纪80年代后期，这些现象已经成为国家议程的一个制度化部分，一个煽动群众的话题，以及一个争取选票的来源。这种情形在许多其他实行混合经济的欠发达国家基本一样，尽管制度性细节有差别。斯蒂格利茨的兴趣开始于1980年，在威斯康星州（Wisconsin）的Wingspread（一栋建筑物的名称，即"伸展的翅膀"）召开的一次研讨会上，他与来自中华人民共和国的一个代表团就"剪刀差"问题进行了广泛讨论。随后，在美国国家科学院的资助下，1981年他又对北京做了一个回访，并对该问题再次进行了讨论。

许多人对本书及对作为本书基础的几篇合著论文提出了批评建议。我们要感谢杰里·贝尔曼（Jere Behrman）、戴维·卡斯（David Cass）、雅克·克里默（Jacques Cremer）、帕萨·达斯格普塔（Partha Dasgupta）、老杰哈（the late L.K.Jha）、赫伯特·莱文（Herbert Levine）、迈克尔·利普顿（Michael Lipton）、迈克尔·蒙塔斯（Michael Montias）、劳伦斯·萨摩斯

(Lawrence Summers)、戈登·塔洛克(Gordon Tullock)和马丁·韦茨曼(Martin Weitzman)。本书一部分内容曾经提交给加州伯克利大学、芝加哥大学、宾夕法尼亚大学、斯坦佛大学的多次研讨会,以及1986年新德里举办的国际经济学会的世界年会。我们从参会人员的评论中获益匪浅。彻志本田(Tetsushi Honda)提供了研究辅助工作,格莱纳·埃姆斯(Glena Ames)提供了打印工作。经济增长国际研究中心(the International Center for Economic Growth)、Olin基金、国家科学基金(National Science Foundation)和胡佛研究所(Hoover Institution)提供了研究资助,对于它们我们表示衷心的感谢。

芝加哥大学　R.K.萨

斯坦福大学　J.E.斯蒂格利茨

目 录

第一篇 导言和方法论

第二篇　部门间税收政策

第三篇 农 村 部 门

第四篇　城市部门

第一篇

导言和方法论

第1章

导 言 3

过去三十年，在许多欠发达国家（LDCs）人们见证了大量的暴动、抗议、示威和其他形式的国内动荡，城市居民试图借此说服政府降低或维持食品价格。与此同时，食品的生产者却试图向政府施压，以提高食品价格。面临过这类国内动荡的名单上，有阿根廷、玻利维亚、印度、以色列和扎伊尔。这些事件持续关注一个基本的但未解决的问题：发展的成本应该由谁来承担并承担多少？增长的过程需要投资，为了下一代人过得更好，它需要当前这代人作出牺牲，但是，这种负担应该由当前这代人中的谁来承担并承担多少呢？

一个简单的好听的回答是：富人。然而，大多数欠发达国家中一个不幸的事实是，富人太少了。即使占总人口5%的富人的全部财富被充公并用于支持投资，投资资金仍然可能是不足的。因此，部分负担必须由城市部门的工人和农村部门的农民来承担。但是，这个负担在他们之间应该如何分配呢？

这个问题由来已久。它是19世纪早期英国《谷物法》大论战的核心问题；它也暗含在美国南北战争之前一个时期工业税的辩论之中；它还是十月革命后苏联工业化大讨论的中心议题。这个曾经被李嘉图称为“城镇对乡村的论战”，又被苏联革命者重新贴上了“剪刀差”问题的标签。而且，毛泽东以后的中国领导人，正是用“剪刀差”这个词来讨论是否应该减少过去三十年向农民强征的隐性税收负担。不管用什么词，同样的问题今天依然摆在大多数非社会主义欠发达国家面前。

这个问题如此重要，因此经济学家总想说点什么便毫不奇怪。但是，他们过去说的更多地受到意识形态左右而缺少经济学分析。那些主要关心效率的人认为，常见的对欠发达国家城市部门人口的食品补贴实质上很糟糕。出于同样原因，他们反对贸易税（在许多欠发达国家，贸易税的
4 形式主要是出口税和工业品税，在农村部门也是如此），认为它妨碍了经济的生产效率。和次优福利理论——它怀疑经济学家在这种情形下有能力做出明确表述一样，这种观点没有将许多欠发达国家存在的大量无效率现象考虑进去。

相反，那些主要关心不平等的人坚持认为，政府应该对城市贫民，可能的话也应该对农村贫民给予补贴。这种思路不但没有考虑到国家的预算约束，这种约束意味着不是每个人都能够得到补贴，而且也没有考虑一个事实，即今天穷人增加的消费，部分地就是将来的穷人的消费成本，因为今天可供投资资金供给量的萎缩会减少将来的收入。

经济现实总有办法给那些忽视当前和跨期预算约束的人当头棒喝。20 世纪 80 年代，国际货币基金组织（IMF）在社会生活中给人的印象总是如此不爽，因为它总是把严厉的条件——常常包括取消食品补贴强加给那些想获得贷款的国家。IMF 到底仅仅是一个有关预算约束的坏消息的传递者——正如它的支持者所争取的，还是它只是特定正统思想的实行者——正如它的批评者所宣称的？这一直是一个广泛的争论。

本书的目标是要提供一个严密的分析框架，在其中对谁应该承担发展代价这种基本问题给予系统性分析。该分析包括两个方面：

(a) 识别经济中关键的制度特征和关键参数（如需求和供给的规模），这些参数决定了税负、价格和其他政策变化的后果。

(b) 确定特定的价格和税收改革会增进福利的具体条件。同时，应该如何权衡今天或将来的不同社会群体的福利，关于这方面的价值判断所起的作用也将明确无误地说明。

1.1 规范分析和实证分析

我们分析的一个中心观点是，经济学家往往不把税负和补贴的归宿描述，与特定变化是否合意的规范判断严格区分。现在急需的是，政策讨论的参与者应该区分哪些争论是源于价值观的差异，哪些争论又是源于对经济结构的判断差别及政策后果的不同判断。

何谓恰当的福利权衡（对农村部门贫困者对比城市部门贫困者同等的消费量的增加，社会应该分别给予多大价值的评价？对这两个部门今 5
天的贫困者和下一代贫困者的同等消费量的增加，社会又该如何评价？对农村部门的地主和无地农民的同等消费量的增加，社会又该如何评价？人们对此的判断可能千差万别。因此我们要问：什么是合意的定价和税收政策——如果不考虑这些福利判断是可行的，我们能提出什么观点？正如后面我们要指出的，这个问题也可以这么问：关于帕累托有效的税负和价格结构的性质，我们有什么观点？

我们还可以问：基于与福利权衡的性质有关的相对弱的假设，我们能提出什么观点？这个假设的例子是，社会上对一个人增加1美元收入的态度仅仅取决于这个人的收入水平，而不取决于他恰巧住在农村还是城市。自然，相比于那些像通过给不同的人所得的1美元收入赋予不同量的社会价值而得出的结论，在这样一个弱假设下获得的结论，将会得到更广泛的接受。

1.2 可获得的资料有限条件下的分析

之所以对什么是合意的（desirable）税收和定价政策存在不同观点，不仅仅源于价值上（福利权衡）的差别，而且也源于对经济结构（如关于劳动力市场的刚性程度),以及对关键参数大小的不同理解。我们所需要的、能够对我们所研究的问题提供一个完整答案的资料,却很难在欠发达国家或任何有关的国家获得。因此,正如在给定相对弱福利判断的情况下,我们试图确定能够被接受的观点,也试图在给定的、与特定参数大小有关的相对弱假设的情况下来确定能够被接受的结论。

比如,决定最优商品税结构的一个关键参数是劳动力供给的补偿弹性(compensated elasticity)。如果劳动力供给的补偿弹性为 0,且对所有的商品征税,那么,单一税率(所有商品征收相同的百分比税率)是合意的;这些税相当于向劳动力征税,根据假设,它不存在扭曲作用。不幸的是,经过数百次,花费了数百万美元的实验之后(主要在北美),对于劳动力供给的补偿弹性的大小并没有取得一致意见。许多经济学家认为它
6 很小,但也有人说它很大。如果它很小的话,我们不必考虑不同组合的两个商品之间的交叉需求弹性。如果它并不小,最优的税收结构就完全依赖于需求的交叉弹性的大小。对于那些很难估计的参数,像需求的交叉弹性,取值上的不同意见将会产生在何谓合适政策上明显的不同判断。①

近年来,在经济理论和计量经济学领域的研究,一直强调了解经济结构性参数的重要性。不幸的是,清楚地区别不同的对经济的结构性论述的资料常常太缺乏。然而,经济学家可以就确定的简化形式的关系形成共识。比如,他们可能对剩余农产品的供给弹性的大概取值范围看法一致,但是对于为什么价格反应是这样的却看法不一。因此,在本书中,我们试图探讨以这种简化形式的关系为基础到底能讲述多少东西。

---

① 这些计量经济学问题的重要性不能被过分强调(见 Deaton, 1981)。用于计量经济学表述的许多关于需求方式的一般论述,像线形支出方式,都有很强的含义,这些含义往往来自假设的参数性论述,而不是来自于被估计的参数取值。比如,Atkinson 和 Stiglitz (1976)说明,伴随着线形支出方式和一个最优线形收入税,单一商品税应该是最好的。

1.3 政策与政治经济学

上面勾画的这类分析可以帮助那些欠发达国家政府来考虑清楚它们政策行动的全部后果，如果它们希望推行一种更加明白无误和“理性”的政策。区别出不同的价格和税收政策的全部效应和各自后果，这将有助于澄清这些国家内部关于应该执行何种合意政策的争论。

我们认为，本书的分析还有另一种用处。在发展中国家，政府常常以平等主义的目标为基础来调整现存的政策。我们的分析提供了一个框架，在这个框架内我们可以确认这些政策是否总是与表述的目标相一致。这些国家在补贴穷人吗？还是它们只是补贴了那些生活在城市里的，尽管按西方的标准算穷人，但在本国实际上是富人的人？这些补贴只让城里人受惠是否反映了一个体制性偏见？考虑到这些政府的行为后果和它们所面临的预算约束，对这些在如此多的欠发达国家所见到的复杂的补贴和税收模式，政府失败只可以给出多大程度的解释？（可能它们是真的相信，它们能够补贴那些城市部门和农村部门的穷人。）揭露现有政策中的这些差异和不一致性是民主化过程中的一个重要部分，尽管它不能立刻导致政策发生变化。

我们在本书中用了大部分篇章来关注如下问题：如果一个国家可以 7
对农村和城市部门的居民实施差别税负，它应该怎样做？如果一个国家能够对不同的商品给予补贴和征税，它又应该怎样做？很显然，对不同商品按不同标准征税的能力可能被滥用（如被一群人用来剥削另一群人），也可能被用于实现有益的目标。给定政治过程的性质，我们不探讨多大可能被滥用这个问题。

然而，这些政治经济学的问题非常基本。尽管经济学的理论家们可能对这些问题要说的东西不多，但过去的两个世纪提供了丰富的经验，以这些经验为基础可以得出一些确定的判断：那些从事传统福利分析的学者所推崇的慈善的领导人似乎总是太少了，而不是太多了。因此，可能得出的结论也许有点勉强，有责任心的经济学家最好向大多数发展中国家建议，要发誓杜绝使用差别化的税收和价格政策的可能。这个结论不是只关心效率的产物（原则上我们可以说明存在能够提高效率的政府干预），而更应该说是关心政府干预的效果的产物。这种判断也取决于有关通过差别税制能够获得多大收益的看法。例如，我们会提供一些特定的重要情形，这时单一商品税或没有商品税是最优的。即使在这些结论中假设的条件没有完全满足，这些结论也说明，如果基本模型能够对经济做出哪怕大概的描述，充其量非单一税制也仅仅能得到有限的收益。

1.4 一般均衡分析

我们分析的一个核心特征是建构和使用简单的一般均衡经济模型。它的重要性来自几个原因：首先，许多政府在农业和工业部门实施一系列广泛的补贴和税负。在许多情况下，政府试图告诉所有的群体说它们是它的政策的收益人。前面我们已经提到，正是预算约束扮演了令人不快的角色，它迫使政府屈服于现实。这些预算约束也意味着不是社会中所有的群体都是转移支付和补贴项目的收益人（尽管某些无效的转移支付项目会使所有人都成为净损失者）。①这就需要一个一般均衡模型来确定谁是真正的净获益人，谁又是净损失者。②

---

① 出于同样的原因，在政府项目导致了生产更多的公共产品这个意义上，所有的人也可以是净受益者。

② 许多情况下，政府故意想模糊真正的问题。有些税种很难说谁是真正的支付者。比如，公司所得税便是如此。个人可能认为是公司交了税，而且政治家也试图劝告纳税人说这是事实。然而，我们知道，到最后，有些个人必须承担该税收的大部分。尽管不是很清楚这些人到底是公司的员工、股东还是消费者。政府也常常宣称是富人来缴纳或应该缴纳支持政府活动的大部分税负。然而，由于富人太少，一些中等或低等收入的个人必须且必需成为公共收入的净贡献者。

第二，对一个部门采取的行动往往会在另一个部门产生溢出效应，因 8
此需要一般均衡模型来考虑这些互动影响。对由于政策变化导致的全部反馈集合的描述就是所谓的政策归宿。尽管归宿分析在财政学文献中扮演了核心角色，但是它在发展政策分析中的应用却进展甚慢。我们发现，一个部门的各种税负政策具有重要的，而且常常是相互关联的反馈集合，这在早期的文献中被忽视了。比如：

(a) 它们影响来自经济中其他地方征收的税负和关税的税收收入；

(b) 它们影响工资，并直接影响工人的福利和间接影响利润和生产率；

(c) 它们影响免税商品的价格，并对福利产生许多间接反作用；

(d) 它们影响城市—农村的人口迁移，并再次间接影响工资和经济中两个部门的收入，因此也影响两个部门居民的福利；

(e) 它们影响就业，这对于工人的福利具有重要的含义。

第三，一般来说，政府常常不会只单独改变一项政策。比如，如果一种税负增加了，那么政府的支出也会增加，或者一些其他的税负会减少，或者政府减少借款。再一次，这需要一般均衡模型来追踪这些行为的后果。

1.5 本书的结构

本书分四篇。第一篇的内容是对问题的导言和阐述方法论工具。本书的一个核心内容是特定政策的合意性依赖于所分析经济的结构和政府能够采用的政策工具集合。第 2 章提供一个我们所观察到的作为欠发达经济体基本特征的描述，这些特征必须体现在任何试图提供政策建议的
模型中。本书可以视为一次应用福利经济学的练习，一次经济学家必须 9
就有关欠发达国家所面临的一系列重要问题发言的测验。它使用了许多近年来才发展起来的工具和方法。第 3 章对与我们关心的问题有关的理

论的各个方面给予了严格审视。

第二篇提供了一些基本模型，分析了这些模型中的定价和税收。结果表明，在开放经济情况下的分析最简单，开放经济中的政府能够对城市部门的商品按不同于农村部门的税率征税（即政府可以在两个部门之间引入一条税负边界）。因此，我们先分析这种情形。然后我们要说明，如果政府在城市部门和农村部门必须实施相同的价格，如何才能容易地对前面的分析进行修正。那些行政管理能力非常有限的欠发达国家就存在这样的约束。这个模型也很好地描述了美国内战前工业税问题和英国的《谷物法》大辩论。第 6 章将在封闭经济背景下探讨相同的问题。这个模型对于理解十月革命后一段时期苏联关于剪刀差大小的讨论也非常合适。这个模型的多个变体被用于[包括被 Osband（1985）用于对苏联，Li and Tsui（1987）用于对中国]价格剪刀差的研究。

第三篇和第四篇分别通过一般化农村部门和城市部门的模型来扩展基本的分析框架。第 8 章我们考虑到农村部门内部个体特性存在差异的情形，探讨了农村部门内不同的福利分配政策的效应问题。我们也涉及农村组织的不同形式（如扩展的家庭和收入分成制），以及存在农村失业的问题。第 9 章的问题是，给定农村部门存在许多投入品和产出品，应该如何对它们给予补贴或征税？

第四篇关注城市部门。第 10 章给出了一个关于城市工资和就业决定的模型。这个一般模型使我们可以识别税负政策变化对城市工资和就业引致效应的关键因素。第 11 章提供了一个关于工资—生产率假说中与税收分析有关的某些方面的简要讨论。然后第 12 章我们要问，当城市工资和就业的内生性被考虑进来后，城市部门的税收和补贴的具体结构应该是怎么样的？第 13 章讨论城市—农村人口迁移问题（这在许多欠发达国家至关重要），并说明如何修正前面的分析以纳入税收政策的人口迁移效应。第 14 章突出了发展的城市部门模型的一些核心特征，包括城市工资、人口迁移和失业的内生决定。这个模型简要概述这里采用的税收分析的一般工具。

第15章通过提供一个成本—收益分析和项目评估的一般性描述,阐 10
述了这个分析框架如何强化对税收以外的政策问题的理解。考虑到税收和定价干预(这在大多数欠发达国家广泛存在),以及这类经济的其他重要特征,我们重点分析劳动力的社会成本的决定因素。这个分析的全面程度远甚于迄今为止所有的有关社会成本的分析;实际上,几乎所有现存的关于劳动力社会成本的结论都是我们分析中的特例。

1.6 结论的性质

本书重点是提供一个概念性分析框架,在该框架内人们可以思考欠发达国家如何有效而公平地增加财政收入这一核心问题。正如我们前面说的,它给出了一个模型化表述,大多数更早的研究只是该表述中的特例。这个表述既强调了经济的特征,也强调了在形成既有政策决定时处于核心地位的价值判断。有关欠发达国家税收和其他政策设计的文献,往往疏于关注一些欠发达国家有别于发达国家的特征。我们的分析也有助于指出文献中的这些局限。

与现代财政理论有关的政策建议往往包括以下一些:不应该向进口商品征税,因为这种税负妨碍了生产效率;城市部门的不同商品应该按不同税率征税,因为考虑到它们的需求弹性不一样(根据1927年由拉姆齐阐述的有效税收原理);特别不应该对城市部门的食品给予补贴,除了偶尔作为对城市贫民的收入再分配的次优方式(在这种情况下,食品补贴应该集中在最贫穷者必需消费的食品上,比如小米而不是大米);影子工资应该远远低于市场工资——以反映广泛存在的失业,但是应该高于零——以反映投资比消费更有价值这一事实,并且反映提高工资支付会转移用于投资的资源。

这些结论中的每一个都值得怀疑。

(a) 由于政府征税能力的有限,贸易税是合意的。

(b) 以拉姆齐分析为基础的文献很少关注城市部门的税负结构。这类文献关注的是欠发达国家中次等重要的效应,像劳动—闲暇的消长关系
11 而忽略了头等重要的效应。比如,它没有考虑税负和定价政策对城市部门工资设定、城市—农村人口迁移和城市失业以及对工人的生产率的影响。①

(c) 较早的成本—收益分析文献是不充分的。它们不但忽视了雇佣更多城市工人对城市工资和失业影响的分析,也没有将与现存的税收政策有关的、通常很严重的扭曲效应考虑进来。②

本书提出的结论是由一系列"如果……那么……"的陈述组成,即"如果经济具有这样的特征,那么,给定特定的价值判断,下面的政策是合意的"。因此,"如果"的陈述是否适用于任何特定背景,以及相应地,"那么"的陈述是否恰当,这需要我们作出判断。本书不但强调欠发达国家所共有的经济特征,而且也强调它们的差别。我们提供的一般性工具的一大优点是,它很容易地包容了这些差别。比如,对模型做微小变化,就可以用它来分析那些工会在城市部门中很重要,或者不重要的经济体的税负政策。同样地,我们的模型做微小变化,就可以分析处理那种扩展型家庭方式在农业中占优势的经济体,或者收入分成更有效的经济体。

因此,虽然许多政策建议因国家不同而不同,但是也存在一些很重要的共同成分,值得我们特别关注。基准模型在理解政策设计方面扮演了

---

① 同样,这些效应在发展计划文献和相关的传统增长理论的文献中被忽略了。这些文献单独对可供投资的剩余的关注特别不够;当工人的福利被包含进来后,注意力完全集中在城市部门的工人身上。是否应该导入这些假设来简化分析,或是否它们反映了一种对农村部门的意识形态偏见——这种偏见马克思也有[see e.g. Marx and Engels(1984)],与我们无关。在此需要的是一种更加平衡的视角,我们将试图提供这种视角。

② 的确,正如第 15 章所讨论的,它论述了在城市部门雇佣更多工人的某些影响——这些影响是更早的成本—收益文献所关注的,实际上是由那些被忽视的影响所支配的。

关键性角色。比如,一般性分析关注生产率对不同商品的消费依赖性,我们则特别注意生产率依赖于个人效用这种特例,因为某一特定商品的消费影响生产率的方式与它影响个人福利的方式是完全一样的。同样,分析人口迁移的基准模型假设,人口迁移将一直持续到某个点上,在这一点上,城市部门和农村部门的预期效用会相等(考虑到两个部门价格和收入的不同)。根据这些基准模型,我们的一些研究发现:

(a) 如果不存在人口迁移、城市工资和生产率效应,以及给定公平主义的价值观,该价值观并不特别看重那些生活在城市部门的人,那么,只有向城市工人征的税才应该向农村部门征收。这个结论在存在人口迁 12
移,并且城市工资设定在市场出清水平之上时被强化了。

(b) 如果工资调整以保持城市效用水平不变,那么,当不存在生产率效应,或者如果生产率仅仅依赖于效用水平时,不应该对城市部门的不同商品征收差别化的税负。如果食品消费对城市工人的生产率具有特别强的影响,那么,应该对食品消费给予补贴。

(c) 对经济农作物(比如棉花、水果和种植园作物)和农业中使用的制造品投入(比如化肥、杀虫剂、拖拉机和其他工具性投入品),我们认为,不管是基于公平还是效率原因,需要对这些产出品和投入品给予征税或补贴的情况是很少的;对某些产出品和投入品征税同时补贴其他产出品和投入品的情况更是少有。这些结论依然成立,即使农民除生产经济作物之外还生产其他产品,即使农民除使用制造品投入之外还使用其他投入品。在决定农村工资的各种不同方式下,这些结论也都能够成立。

1.7 关于理论重要性的几点评论

政治家与官僚(那些处在对政策事务做出决策地位的人)和经济理论家的关系总是非常难处。前者常常无视后者的劝告,认为它们无关痛痒或不切实际;后者指责前者的政策反复多变,或被不必要的目光短浅和狭隘思想所左右,即便不算追求私利的话。对双方而言,这可能是见仁见智。包括政治家和官僚,任何人在做出任何政策建议时总要运用某一理论。当我们预言某个特定政策的后果时,通常只有有限的经验来支持我们的预言。即便当一个政策在过去被尝试过,人们也不能确保将来会产生相同的效果,因为世界总在变化。因此,本质问题是,经济中的决定政策在过去成功或失败与否的核心特征是否已经变化?这无疑总是一个判断性任务。经验资料无论以简单的或复杂的方式分析(用现代计量经济学技巧),都可以使我们对一系列可能结果更加清楚。即便如此,也必须对获得资料的环境与当前环境是否足够相像做出判断,便于结论在当前
13 具有可适用性。即使忽略了许多其他常有的争论(例如,资料的充分性、模型的适用性、统计技巧的适当性),我们在每一种情况下的判断也都是基于我们的世界观——我们的理论。

关键是人们给出的、内容于分析之中的各种假设的范围。好的理论总是试图清楚地确定其基本的假设,并从一套表达清晰的前提中引出建议。当然,任何事情都要付出代价,包括浓缩的代价:理论家的假设常常代表着一种总的对现实的高度提炼。

对政策制定者而言代价更高。正如人们常说的那样,有思想就有分歧。政策制定者提出的异议常常冠冕堂皇:对于一个理论家的政策建议,当另一个理论家运用不同的模型得出不同的政策建议时,他们的怀疑肯定会被强化。由于对包含在每个理论家的模型中的、看起来不恰当的假设无法做出判断,政策制定者只好举棋不定,不得不凭借自己关于世界的半吊子“理论”。

理论代表着一种重要的对世界的高度概括,这一事实并不被认为是一种批评。理论的目的就是要确定现实世界的那些特征,那些决定特定政策变化后果的核心因素的特征。但是,一个理论家如何知道什么是基

本因素呢？因此，在所有理论建构过程中，对于何为基本、何为不基本的问题，理论家也要赌一赌。尽管一个理论在开始多少有点猜想成分，但是，对好的理论（无论纯理论或应用性理论）的品质证明，就是要试图检验其有效性。在实验科学中，可以通过设计受控实验来检验理论，这种实验能够将理论的预言分离与识别出来，然后证实或反驳它。经济学（或者天文学问题）却做不到这一点，尽管存在一些社会实验的例子，却鲜有成功者。

现代经济理论的工具是用思想实验来代替实验室实验，经济学家建构一系列理想化的模型来探知，假设中细微的但似乎合理的变化是否导致结论的重大变化？有的情况（比如标准的瓦尔拉斯竞争理论，就是基于信息是完备的假设而建立起来的）看来理论并不具有说服力，那么需要建立更加一般化或可替代的理论。另一些情况（像本书所提供的理论）得出的结论显示理论是有生命力的。①这一分析技巧——检验内含于模型的
假设发生一系列广泛变化的结果，提供了支撑本研究的方法体系。这种 14
思想实验对那些希望自己的分析充满信心的理论家来说，是一个基本素质，而对本学科内几乎所有最勤勉的学生，也常常是必需的功课。由于学术期刊不鼓励发表那些验证模型稳健性的思想实验，使得读者简单地相信，理论家真的已经进行了穷尽各种可能的思想实验。

幸运的是在目前的背景下，我们的情况要更好，不同的欠发达国家存在许多不同的制度和经济体制。因此，一系列适合某个经济体制的各个假设可能是不同的，至少一些重要方面是如此。这样理论家的思想实验便存在着真实世界的对应物。我们认为，我们所建立的理论框架及基本的定性结论适用于各种各样的制度安排。比如，它们适用于收入分成制

① 在此人们需要小心行事，虽然我们检验了所有看上去很重要的假定发生变化的后果，作为分析基础的一个隐含的、没有完全说明白的假设，在决定理论的结论方面有可能扮演了重要角色。

经济、种植园经济以及自耕农占优势的经济；它们适用于城市工资刚性的经济，以及工资根据经济环境的特定变化而变化的经济；它们也适用于以不同水平的农村—城市人口迁移为特征的经济。的确，在许多情况下我们可以推导出一些观点，即使不考虑制度背景也能成立。当然，在不同背景下，对观点的解释可能是不同的；更重要的是，相关参数的取值可能对制度背景会相当敏感。

第 2 章

政府的政策目标与工具和欠发达国家的经济结构 15

本书所关注的问题之一，就是有关食品和其他农产品的政策，以及政府如何对待农村部门的生产者和城市部门的消费者。无论在欠发达国家还是一些发达国家，政府在设定农民获得的食品价格、城市居民支付的食品价格方面扮演着积极角色。因此，非常重要的一点是，要确认欠发达国家的哪些显著特征会影响到这些政策，什么是这些政策所宣称的目标，以及什么是政府安排实现这些目标的不同政策工具。

2.1　食品政策的公开目标

当政府试图改变不存在政府干预下的市场价格时，它所宣称的目标往往如下：

- 增加农民收入，因为他们常常位于经济中最贫穷者之列。
- 补贴最贫穷的城市居民，在大多数欠发达国家，直接的收入补贴往往被认为不可行，而食品补贴可能是帮助穷人的更有效方式。
- 向农业部门征税，以获取用于投资和创造公共产品的资源。长期以来的传统思想和做法认为，这种剩余创造方式对经济发展至关重要。最近，比较突出地倡导这种方式的人是李宽云（Lee Kuan Yew，例如，见 *The Economist*，1991）。
- 为了在一些特殊产品上实现某种水平的自足，以避免对国际市场的过度依赖。①

16 ● 抵消经济中的刚性影响，像国内市场的价格和工资刚性，或者缺乏通道进入自由国际贸易和借贷环境。

● 稳定消费者和生产者所面对的各种价格。②

● 实施从中间商向消费者和生产者，或者从一个地区向另一个地区的收入再分配。③

有些情况下，政府宣称的目标随实施的政策调整而变化。虽然政府宣称，食品补贴是为了帮助城市贫民，实际上可能并没有补贴贫民消费的粮食(像小米)，反而补贴了那些生活相对更好的人所消费的粮食(如大米)。另外一些情况下，政府由于能力有限而未能实现其目标。虽然市场委员会的目标是试图帮助生产者和消费者，但是，成本高昂的政策实施有时实际上反而伤害了这两个群体。

还有一些情况下，宣称的目标则显得不一致或有点混乱。④政府试图补贴每一个人，提高农民获得的价格并降低城市居民支付的价格，却没有搞清楚由谁来为这些补贴买单。事实上，对于这一系列复杂的税负和补贴政策的全部归宿，也并没有一个清晰的看法。一旦由许多政府执行部门来给不同商品定价时，这种混乱就变得更加复杂了。在社会目标和经济面临的约束条件互为矛盾的假设下，这些执行部门在行动时常常各自为政。

---

① 在本书中，我们没有探讨为什么政府要追求这一系列目标，或其目标可以根据更加基本的标准而被推导出来的程度。比如，我们怀疑食品自足的目标也许是被误导的。人们为之辩护的理由可能是担心削减食品进口的后果。然而，给定这种政策的成本，给定与食品削减可能性有关的适当假设和该经济对这类事件的回应能力，以及给定典型的风险厌恶程度，大多数国家很难为食品自足的目标做辩护。

② 见 Newbery 和 Stiglitz(1981)。本书中我们没有讨论价格稳定政策。

③ 这个目标常常与其他政治目标联系在一起，在许多欠发达国家，中间人(经纪人)是有别于那些政府控制的精英集团。

④ 一些发达国家的农业政策也显示出类似的不一致性。尽管这些政策常常被辩护为向小型和中等规模家庭农场提供帮助，实际上，设计出的政策是使富裕农民得到了大多数好处。

虽然政府追求的目标极为广泛，在此，我们将主要关注不同政策的以下含义：(a)政府的收入；(b)农村部门居民的福利；(c)城市部门居民的福利。根据标准的惯例，我们把政府收入看作可供投资的剩余。然而，记住一点很重要，即公共资金尽管是投资的重要部分，但不是唯一来源。来自城市部门和农村部门的私人储蓄，不仅具有潜在的重要性，而且实际上在经济发展中发挥着关键性作用。此外，政府并不会把所有储蓄的增量资金都用来投资。

2.2 把农业政策纳入视角 17

我们要谨记，政府用来向一些群体摊派发展成本，或向另一些群体给予补贴的一系列政策工具，这一点非常重要。经济学家可以做的一个贡献就是，要指出事物往往并不是它们看上去的那个样子。政府可以宣布，通过提供食品补贴补助了城市工人，通过提供化肥补贴补助了农民，以及通过提供信贷补贴补助了制造业；但一个基本事实是，并不是每一个人都能够得到补助。[①]我们可以按以下方式来考虑这个问题：把国民收入想象成一张饼。政府既可以改变居民中每个群体得到的饼的份额，也可以改变饼的大小。如果饼的大小保持不变，那么，某个群体得到更多，必然有群体得到更少。然而，要搞清楚作为政府行动的结果——最后谁的份额增加了，谁的份额减少了，往往非常复杂。

大多数政府政策影响的不但是如何分饼的方法，而且是饼的大小。因此，那些导致资源无效配置的政策，将不可避免地缩小饼的大小。在本书中，我们有兴趣来识别两种情形：一种情形下每个人切到的那块都能增

---

① 对于那些得到了相当大数量外国援助的国家而言，相比于那些没有获得这类援助的国家，其人口中所有的群体都能够得到更多补助。在人口中如何分配这类外国资助的问题与谁应该承担发展成本的问题，性质上是相同的。

大；另一种情形是，倘若那些最穷者得到的那块有足够多的增大，那么，一张稍微变小的饼是可以被接受的。

其他政策工具

政府不仅仅通过征税和补贴政策（哪些商品要征税，哪些商品要给补贴，按什么比率来进行？是否要对个人和公司收入征税？如果要的话，需要提供什么津贴，等等），而且通过一系列其他政策来影响国民收入的大小和分配。在许多欠发达国家，政府（通过向市场委员会这类准政府行政机构）主动地购买农民的农产品并将其卖给消费者。考虑到必需的交易和运输成本，收购价格和出售价格之间的差额，就是一种变相的征税或补贴。政府也提供最低价格，并且对于市场价格和保障价格之间的价差给予补偿，或者从市场购买一定程度的农产品，以确保市场价格等于最低价格。

18 政府也可以借助其他方式来进行干预：把价格（如外汇价格）定在市场不能出清的水平，然后，根据特定规则通过向需求者配给的方式，来处理由此导致的市场不均衡。一个非常重要的配给市场是信贷市场。大多数欠发达国家的政府在信贷分配方面扮演着核心角色，不但在政府行政机构之间是如此，对于私人部门也是如此。按低于市场的利率（往往真实利率为负）提供信贷，是政府向特定群体和个人提供恩惠，并由此进行收入再分配的方式之一。①

一些政府以低于市场出清水平的价格提供某些基本必需品，并对供应量进行配给。如果个人可以再出售他们的定额，这样的体制相当于向每个人提供了一份补贴，这份补贴等于市场价格与规定的定额价格之差乘以定额数量。如果再销售受到限制，个人的获利则会发生变化。另一

---

① 然而，请注意，即便在竞争性的资本市场也可能存在信贷配额，只要信息是不完备的。（参见 Hoff 和 Stiglitz，1990；Stiglitz，1990；以及 Stiglitz 和 Weiss，1981，1986）

个一直被广泛使用的政策工具，是通过排队来供应补贴性商品（尤其是食品），个人要获得这些商品就必须等候。排队常常被认为是改善了公平状况，其根据是，只有穷人才能使用这些商品，因为他们的时间价值比较低，从而愿意排队。另一方面，限制再销售定额常常被批评为帕累托低效，因为提供交易机会不会有人因此而变得更糟糕。这类观点并不正确，因为它们不是在与可替代的政策工具进行明确比较的基础上得出的。①

对政府政策的限制

为了讨论和评价不同的政府政策，就需要知道政府在处理问题时所拥有的全部政策工具的性质，而不仅仅是那些与农业定价有关的政策工具。发达国家和欠发达国家很重要的一个区别方法，就是政府可运用的一系列政策工具是不同的。比如，如果政府政策的主要目标是公平，倘若政府能够运用所得税来进行收入再分配，那么总的来说，对商品征税和补贴就是一种无效率的手段。②但是大多数欠发达国家政府难以征收非常 19
复杂的所得税；一定要这么做将导致巨大的管理和连带成本（如有关记录的保存）。③还可能出现大量逃税现象，并导致巨大的不公平和无效率。不愿意征收所得税的另一个原因是，收入（按照已申报的，或根据税法可申报的）可能难以反映“合意”的税基，如支付能力。对政府政策工具的这

① Sah(1987)根据穷人和富人的福利情况，比较了分配某种数量有限商品的方式——不可交易的定额、可交易的定额、排队和无干扰的市场的几种结果。他认为，穷人喜欢的政策工具的先后顺序是：可交易的定额、不可交易的定额、排队和市场。相反，富人则认为市场是最好的方式。即便存在管理成本或以前有过的某些税的情况下，这些比较依然可以成立。

② 见 Atkinson 和 Stiglitz(1980)，他们的观点并不基于被 Friedman(1955)等人所使用过的谬误观点。这么做，会给经济带来更多扭曲。只要还存在扭曲情况，消除一项扭曲可能、但也可能不代表福利的改善。这是次优理论的重要教训（见 Meade，1995，Lipsey 和 Lancaster，1956—1957）。虽然没有人能够计算扭曲，但很清楚，至少在一些重要情形下，没有哪种商品税是令人满意的。

③ 在此，应该强调一下发达国家和欠发达国家的一个差别：在发达国家，基于各种其他原因，大多数企业保持了各类记录（监督或控制大组织内的子单位）。因此，实施所得税所要求的保持各类记录而要增加的成本，就相对更小（见 Stiglitz，1987b）。

些限制，在接下来的讨论中将成为我们考虑的主要因素。

大多数欠发达国家还存在其他一些限制。比如，政府无法轻易地监督农村部门的交易行为；因此，对农业部门的交易进行征税就不可行，或者至少管理起来成本太高。一旦征收，一般也会出现广泛逃税行为。因此，对农村部门的工资收入进行课税常常是不可行的。①基于同样的原因，对城市部门工人获得的收入课税，也只是对政府雇员和公司部门职员才可能。在典型的欠发达国家，这类个人只构成城市人口的一部分。有时候政府甚至会发现，要对城市部门内的买卖行为课税，管理成本都非常高。唯一容易管理的税，是那些本国与其他国家的贸易税。即便如此，可能还存在相当可观的走私和逃税（如通过压低报价）。

很多时候，政府总想对有钱人就食品之类的商品收取比穷人更高的价格，但这依然基本是不可行的。②因此，后面大多数分析中，我们都假设政府对一个部门只能实施单一税率。

后面的一些分析，我们将假设政府能够对城市和农村部门之间的贸易进行课税。因此，农村部门的价格可以不同于城市部门。③在一些国
20 家，政府通过销售税来执行这种政策。另外一些国家，则通过公共市场委员会来执行这种政策，公共市场委员会可以控制在城市部门销售特殊商品和控制在农村部门购买特定农产品。这个假设是否合理，取决于国家本身。即使在非常好的环境下，一些部门间的贸易也能逃避税务管理人

① 在发达国家最近许多有关税收的文献中，通常假设政府能够对所有的交易课税，包括对所有类型劳动服务的买卖（见 Diamond 和 Mirrlees，1971）。对这种假设的批评见 Stiglitz 和 Dasgupta（1971）。

② 这应该与发达国家最近有关税收文献的一种流派进行比较，该流派应用了非线形税收安排。征收这类税，要预先假定建立税收套利的二级市场非常困难（见 Katz，1984）。对于大多数商品而言，这种非线形的税收安排是不可行的。实际上，美国最近的税制改革讨论强调税法的简化，这种情况只能是单一税率所得税安排的结果。税法的许多复杂内容和大量的管理成本，都归因于不同个人所面对的边际税率不同。

③ 这个假设依然应该与发达国家税收理论惯常的观点进行比较，传统观点假设所有的消费者必须面对同样的价格。

员的网络。这里的问题是：部门间贸易进行逃税和避税的范围到底有多大？

对工资政策的限制 许多欠发达国家的城市工资显得远远高于农村工资。来自发达国家的经济学家往往建议这些国家降低向城市工人支付的工资，而欠发达国家政府则说它们对此无能为力。本书第四篇（如第10章和第11章），我们要讨论之所以这样的各种可能的经济原因（并不局限于存在工会这一原因）。进一步地，我们还要讨论，为什么对于许多当前的欠发达国家，假设政府能够对城市工资征税或给予补贴是不合适的。如果政府不能够直接降低实际工资，那么，也有理由假设它不能通过征税的方式，间接地做到这一点。

无力控制人口迁移 城市高工资的一个后果就是，工人被引导从农村向城市部门迁移，并导致城市失业。在这一背景下，对政府的一个重大限制，就是它不能直接控制这种迁移。有时候政府试图这么做：它们通过法律禁止人们迁移到城市，除非他们已经得到一份工作，它们企图把找不到工作的人遣送回农村的老家（像在坦桑尼亚）。这些计划大部分都收效甚微。因为被送走的劳动者很快又都回到了城市。只有运用通常极权主义体制才有的镇压手段，才能控制这种人口迁移。

不同政策的等价效果

税收理论的一个重要结论是，看上去很不一样的税种，相互之间是等价的。比如，基于一系列假设，销售税等同于增值税，也就是说，两者具有
相同的效果。消费税则等同于工资税。①在这些情形中，能够相互替代的 21
税种，只有在不存在与征税有关的管理成本时才是真正等价的。然而，不同税种的管理成本（及其发生的范围）很不一样，甚至差别非常明显，增值

① 假设一个人既不留下遗产，也没有获得遗产，一生中，他根据单一税率的消费税所支付税额的当前贴现值，将等于他根据同样税率的工资税所支付的税额。

税和销售税之间就是如此。

同样，在欠发达国家，看上去很不一样的政策可能产生同样的效果，意识到这一点很重要。一个控制消费者和生产者食品价格的市场委员会，与那些向消费者和生产者征税和补贴的政策，具有某些相同后果。这使我们既能够用“应该对两个部门征税”这样的话，也可以用“市场委员会应该执行价格政策”这样的话，来表达我们的一些结论。

类似地，我们很早就认识到，对农业部门征收出口税对该部门造成的伤害，与征收制成品的进口税所造成的伤害是一样的：改变了它们的贸易价格。美国宪法起草者没有意识到这种等价性，由于担心以工业为主的北方运用这种税为自己牟利，而让以农业为主的南方付出代价，他们禁止征收出口关税。然而，由于对工业品征收进口关税，不久就出现了他们所担心的相同效果。

相当多的政府没有意识到一点：相对价格，而且只有相对价格才是最重要的。政府常常建立一系列令人困惑的征税和补贴制度，使得大家很难搞明白，到底谁得到了补贴，谁又承担了税收。出于同样的原因，这种困惑可能也有一个妙处：所有的群体都认为是他们自己得到了补贴。

2.3 欠发达国家的经济结构

欠发达国家之间在资源、制度和经济体制上存在许多差别。过去二十年形成的一个一般性观点是，欠发达国家至少共同拥有一些关键特征。任何模型如果打算对欠发达国家的征税和定价政策的后果进行分析，并对这些政策给予评价，它就必须反映这些特征。

农业的重要性和二元经济

一个使欠发达国家区别于发达国家的关键特征，就是农业的重要地位。在美国，农业在总产出和就业人口所占的比例都不到5%；而一个典型的欠发达国家，农业在总产出中的比重超过了60%，占就业人口的比重则超过了70%。过去二十年，人们越来越关心提高农业生产率。这与发展过程中更早期的观点正好相反，原来的观点几乎就是加快工业化进程和不断推进城市化的同义词。

城市和农村的生活存在显著差别。那些生活在城市的人，可以享受 22
到各种农村所不能享受的服务（也可能还有娱乐）。另一方面，城市贫困可能使得生活状况远不如农村地区。然而，尽管有这种贫困存在，农村贫民还是持续地涌入中心城市。他们可能认为，城市的远景生活如此美好诱人，暂时承担一些高昂成本也是值得的。人口迁移导致了许多欠发达国家的城市高失业率状况，给这些国家的政府带来了经济和政治上的双重难题。

一个经济理论要想抓住有关发展中国家的这些基本因素，至少它必须建立在一个两部门模型（包括城市部门和农村部门）基础上。①而且，它必须考虑到从农村部门向城市部门进行人口迁移的可能性，并把任何政策变化对这种人口迁移水平的影响包括进来。②

市场不完备

关心发达经济的理论家常常假设存在"完备的市场"，而欠发达国家

---

① 这并不是说，对一个经济的全部描述只能局限于两个部门。经济理论化的艺术是找到可能的最简单的模型，该模型能够抓住当前问题的主要因素。对我们的大多数分析而言，模型中增加其他部门只会把问题搞复杂而不是更清楚。要注意的是，有的情况下也可以认为两个部门都是农业部门，不过一个是"原始的"农业部门，另一个是更发达（工业化或种植园）的农业部门。对于有些问题，这种区别不重要，但是对于另外一些问题这很重要。在后面的讨论中，我们将考虑向城市部门和农村部门征收差别税率的可能性。只有如果这两个部门在地理上被分隔开来，这一政策才可行。

② 对Little和Mirrlees(1968)OECD指南（见第15章）提倡的成本—收益分析方法的主要批评，是没有考虑对人口迁移的影响。

城市失业的持续存在，仅仅表明该假设在这些国家不适用的证据之一。任何模型如果它的假设会推导出不存在任何失业的结论，那么，对于那些高失业水平是其核心问题之一的国家，该模型便无法为相关政策建议提供分析基础。①同样，假如只有一种方式经济是“完备”的，那么，就有多种方式使它变得“不完备”。许多刚性现象的存在不但引起了失业问题，而且还导致了其他资源无效配置。

发展经济学家最关心的刚性，就是城市部门真实工资的刚性问题。然而，简单地注意到这种刚性问题及后果还不够，我们需要解释为什么工资是刚性的。是由于政府的工资限制？是由于存在工会？还是由于企业发现，如果他们将工人工资提高到市场出清水平之上会提高工人生产
23 率——这样它们的工人会减少流动，从而获得高质量劳动力？通过这样或那样的机制，工人的生产率依赖于他们所得到的工资，这一假说被称为“效率—工资”假说，或者更一般地称为“工资—生产率”假说。在本书中，我们对于这个假说的标准陈述做了若干贡献。该假说的各方面内容，都与第 11 章的税收分析高度相关。

工资为什么是刚性？这决不是闲聊无事的学者的好奇，而是具有深刻的理论含义。如果工资刚性的原因是最低工资立法，那么，经济学家的首要政策建议，可能就是要废除这种限制：这将减少不公平而提高经济效率。事实上，政府似乎不太乐意这么做，这使那些信仰最优政府政策的人陷入到一个尴尬境地。当政府都拒绝了一个明显是福利增进的政策建议，一个对其后果的理解不是那么复杂的政策建议时，还要说政府可能听从经济学家复杂而细致的、关于如何设计差别税率的教训，这看上去有道理吗？而且，如果存在使工资不能降低的政治约束时，政府宣布存在其他政治约束，使它不能提高特定税率或不能降低特定价格，这看上去不也是

① 这些完备市场假设是否非常适用于发达国家，也是一个有争论的问题。

合理的吗？因此，我们在进行税收分析时，需要把这些约束考虑进去。

另一方面，当企业把真实工资定在市场出清水平之上，因为工人的生产率由此提高时，税收政策需要既考虑到对企业工资设定行为的影响，也要考虑到对工人生产率和失业的间接影响。

农村部门

大多数欠发达国家的农村部门具有一些显著特征，任何看上去合理的模型都需要把这些特征包含进来。在许多国家，农场由扩展的大家庭来管理，这种家庭内部成员之间主要是分享生产成果：每个人得到平均产出，而不是个人的边际贡献，这会导致一个扭曲，政策分析需要考虑到这一点。另外，一些欠发达国家一定程度上盛行着分成制，分成制意味着劳动者得不到其额外努力的全部边际价值，这可能导致劳动的供给不足。如果事实如此，政府政策就需要考虑这一点。一项政策如果减少了努力的边际回报，那么，相比于劳动者自己拥有农场的情形，收入分成情形下该政策导致的福利损失会更严重，因为它加剧了现存的无效率状况。①

为了掌握政府政策变化的全部后果，理解对工资刚性的解释很重要， 24
同样，理解对农村组织不同形式的解释也很重要。我们将在第 8 章讨论这些问题。

可供投资的剩余、私人投资和政府消费

在本书中，我们沿用长期的传统用法，即把政府收入简单地理解为“可供投资的剩余”用来增加经济中资本存量的资金。我们在当代人的消费和可供投资的剩余，即后代人的消费之间进行权衡取舍。不过，应该强

---

① 即人们可以视地主的份额为向劳动者产出的课税。既然福利损失的增加等于实际税率的平方，如果对农民经济征收 5%的税率，那么农民自己拥有土地情形的福利损失将远远低于收入分成制情形，后一种情形农民要把自己产出的 50%交给地主。

调的是，不是所有政府的收入都用来投资，也不是所有农村和城市部门工人的收入都用于消费。比如，对农村部门课税会减少农村的私人投资。基于两个原因，后代人的课税收获会变得更小：第一，私人投资减少了；第二，一部分政府收入被用于当前的消费。只要政府的边际消费倾向小于农村和城市部门劳动者的边际消费倾向，我们给出的定性属性就仍然成立。如果不存在与课税有关的任何无谓损失，我们依然可以认为，这种利益的权衡关系将不受影响，相应地，最优税率也保持不变。

下面可以看到这一点。在随后的分析中，我们把最优税率与城市部门和农村部门当前消费的社会评价度（social weights，分别记为β^U和β^r），以及与投资的影子价格（记为δ）联系起来。假设政府从城市工人手里转移1美元收入给自己，且城市工人收入中的储蓄比重为s^u。那么，城市工人损失的当前效用的社会价值为$(1-s^u)\beta^u$。而可供投资的剩余增加值的社会价值为$\delta(1-s^u)$。在下面的分析中，很显然，相关的东西就是相对社会评价度。这个相对社会评价度等于$(1-s^u)\beta^u/(1-s^u)\delta=\beta^u/\delta$。这不受私人储蓄的影响。

然而，如果税收存在扭曲效应，与任何税率相关的代际间收入再分配（未来消费对当前消费）的收获会更低，因此，我们推断最优税率也要降低。如果政府的投资效率低于私人部门，则会更强化这个结论。为什么政府难以直接控制农村部门？解释该现象的原因也可以说明，相比于农民，政府在进行农村投资方面可能更缺乏效率——除了提供像道路和灌溉系统这种基本的基础设施之外。即便政府以贷款形式向农村部门提供资金，情况也同样如此。政府仍然必须判断，哪些农民最有可能把贷款用于生产性用途，而且它仍然必须监督贷款是否按规定方式使用。如果不存在对违约的严厉惩罚，则会加剧这些问题的存在。

更进一步，所谓工业化是真正发展的唯一途径的意识形态观点，常常给部分政府官员造成倾向于城市的偏见，导致许多政府把它们的投资集中投向城市部门，即便这个国家的比较优势是在别的领域。从而人们不禁要担心，政府手中用于投资的1美元的价值，可能远远低于农民手中用于投资的1美元价值。在那种情况下，尽管不存在与税收有关的无谓损失，应该向农村部门征收的税收水平，要远远低于随后章节分析所建议的水平，甚至可能需要向城市工人课税来补贴农民。

为了说明这点，假设 s^r 是农村个人的储蓄率，回顾一下前面的说法，从农民手里转移1美元到政府手里，所减少的当前农民消费的社会价值为 $\beta^r(1-s^r)$，同时增加投资的社会价值为 $\kappa\delta-s^r\delta$，这里 κ 是相对于私人投资支出的、政府投资支出的效率系数(假设 κ 并不一致)。下面，考虑从城市工人手里转移1美元到农民手里，假设城市工人不储蓄，那么，这一转移所减少的当前消费的社会价值等于 $\beta^u-(1-s^r)\beta^r$，而所增加的投资的价值等于 $s^r\delta$。如果 $\delta>[\beta^u-(1-s^r)\beta^r]/s^r$，这样一个转移是合意的。正如通常假设的那样，如果从社会的观点看，投资比消费更有价值(即 $\delta>\beta^u$)，那么，对于足够大的 s^r，这样一个转移是合意的。

很清楚，在随后的章节中，我们所导出的对这个公式的略微修正，可以使我们同时考虑私人投资和政府消费。重复一下，运用“可供投资的剩余”这一术语，并不意味着我们认为政府的支出是投资资金唯一的甚至最好的来源，也不意味着政府的收入都用在投资上，特别是边际收入。

经济的开放性

任何看上去合理的模型，必须考虑进去的另一个经济特征是贸易开放度。虽然许多欠发达国家很小，而且对贸易非常依赖，发展中国家人口的很大一部分，却生活在其两个最大国家——中国和印度。在模型中，将 26
这些国家设置为开放的或不开放的是不是合理，这是一个多少存在争议的问题。也有一些其他国家选择非常严厉地限制进口，像巴西。假设一些欠发达国家将继续它们现存的贸易政策，经济学家必须考虑不同政策的后果。最后，即便那些很小的国家，也常常发现它们出口的市场非常有限。如果经济学家建议它们尽可能多地按照世界价格出售任何商品，它们难免要满怀疑虑地审视一下。这些“活生生的事实”也需要被纳入到模型中。

更一般的问题是，边际上，一国出口的需求弹性是多少？即便它可能不等于0，许多情形下也实在是太小，从而一个边际上封闭的小经济模型，可能比一个面对无限需求弹性的开放经济模型更加合适。

2.4 结论

关于欠发达国家任何模型的基本成分，上面的列举并不彻底。我们在这里把它列出来，既是为了指出本书将会讨论的问题范围，也是要说明，为什么标准的新古典模型，它们常常是为发达国家所建构的——可能会有很大的局限，如果用于检验欠发达国家的财政政策。这个讨论也想解释一点，即人们所建构的任何模型都应该适应制度设置的多样性。本书所给出的模型便具有这一特征。

第3章

一个应用福利经济学的方法

27

3.1 导言

本书的一个贡献是，运用和发展现代财政学的原理分析欠发达国家。因此，我们重点借鉴了两类传统理论知识：与财政学有关的理论和与发展经济学有关的理论。在承前启后的本章中，简要评论一下作为本研究背景的财政学的四大主要流派，对我们的分析将非常有用。

3.2 理论背景

一般均衡分析

这一领域的一个核心理论贡献是哈伯格(Harberger, 1962)的经典文章，他分析了在公司部门课税对资本的影响。在文章中，他追踪了课税对资本从公司到非公司部门转移的影响，以及所导致的工资和相对价格的变化。一旦明确了这些影响，便有可能确定税赋是如何作用于工人和资本所有者的。

我们的问题和哈伯格的问题之间存在明显相似点：本书关注两部门(城市和农村)，并分析政府实施的各种政策对一个部门或另一个部门的影响。不过，我们之间也有一些重大差别。哈伯格假定要素是完全流动的；我们假定资本基本上是不流动的，[①]而劳动力仅仅是部分地和不完全

① 后来的工作(如McLure, 1971, 1974)扩展了哈伯格的模型，考虑了要素不完全流动的情况。

流动的。他假定存在充分就业，工资和价格的调整可以使市场出清；我们则考虑到外生和内生的工资刚性问题。他假定两个部门的企业都追求利润最大化，而且家庭（消费）和生产是分开的；相反，欠发达国家的农村部
28 门的大多数家庭既生产又消费。当然，哈伯格假设的是一个封闭经济①；我们将既考虑到封闭经济，也考虑到开放经济。对我们的论题而言，哈伯格的主要贡献在于他以一种清楚的方式，对简单一般均衡模型的强调，该模型可以评价任何政策对经济中每一个重要群体的影响。

我们在前面已经强调过，一般来说政府不能够、也不会仅仅改变一项政策行为。从事税负归宿分析的经济学家已经意识到了这一点，并且相应地发展出一系列不同的归宿概念。一个例子就是所谓的平衡预算归宿分析，它假设当政府增加税收时也相应地增加支出。我们的分析运用了许多种概念。有的时候我们假设政府的收入固定不变，只是一个税种被另一个代替。另外一些情况下，我们假设政府收入的增加或减少，只是简单地增加或减少了可供投资的剩余。在解释基于这种方法的结论时，人们应该牢记我们在前面一章中对“可供投资的剩余”概念的宽泛解说。

庇古福利经济学和最优税收

第二个思想流派是庇古福利经济学，它可以被视为一个继续 19 世纪功利主义思想的尝试，功利主义想设计能够使个人效用最大化的社会制度。这一研究工作已经持续了一个多世纪，埃奇沃斯（Edgeworth, 1897）认为，功利主义具有很强的税负设计暗示，特别是在税负制度的累进性（progressivity）方面。埃奇沃斯假设政府将征收一次性总付税，不过，后来的研究者使用了更符合现实的假设。在这一流派中，庇古向他的学生拉姆齐提出了这样一个问题：“一组什么样的商品税可以最小化由这些税

---

① 从那以后，他的模型的各种变体被扩展运用到开放经济（比如，见 Stiglitz, 1988）。

所导致的无效率?”①后来,莫利斯(Mirrlees, 1971)分析了当政府只能征收所得税时的最优所得税安排,他关心的是激励效应(即收入—闲暇的交替关系)。阿特金森和斯蒂格利茨(Atkinson and Stiglitz, 1976)给出了一个对商品税和所得税分析的综述。他们认为,如果没有所得税,这将会对合意商品税政策的性质产生重大影响。

因此,庇古—拉姆齐结论对那些广泛使用所得税的国家而言,不是特 29
别合适;另一方面,原则上它们适用于欠发达国家,这些国家的所得税不太重要。然而,正如我们将要显示的,欠发达国家的经济结构与拉姆齐和庇古(及其追随者)所假设的情况差别太大,以至于他们的结论基本上失效。

新福利经济学

为本研究提供了知识背景的第三个流派是新福利经济学,它部分地是对上面所描述的庇古福利经济学的一个回应。新福利经济学从观察到的“不同人之间的效用比较是没有意义的”入手,由此得出结论认为,功利主义效用加总的方法是无意义的。根据这个观点,经济学家可以描述不同政策的后果,但是一般不能给出价值判断。只有当有些人的处境在一种状况下比另一种状况要好,并且没有人变得更坏的情况下,即当第一种分配是对第二种分配的一个帕累托改进时,经济学家才能够说一种分配比另一种分配要好。②

---

① 尽管拉姆齐分析在庇古关于公共经济学的经典教科书中有讨论,但是,直到 Meade(1955)、Boiteux(1956)、Baumol 和 Bradford(1970),以及 Diamond 和 Mirrlees(1971)的研究,它才成为一个受关注的焦点。Diamond 和 Mirrlees 对此做出了重大贡献,他们把拉姆齐分析扩展到一个清晰的一般均衡背景中。然而,为了这么做,他们设定了许多其他假设,有些假设在后面会讨论到,这些假设使他们得到的结论与拉姆齐早先得到的结论多少有些不同。最近几年也出现了一些对最优税收的考察,其中包括 Atkinson 和 Stiglitz 的一篇文章。

② 新福利经济学的经典成果包括在 Little(1950)和 Van de Graaff(1957)的著作中。

新新福利经济学

第四个流派可以被称为新新福利经济学。这个正在兴起的流派借鉴了前三个流派的许多内容。比如，它继续了强调税收一般均衡影响的哈伯格传统。它又在几个重要方面不同于新福利经济学和更近的最优税收理论：

(a) 它试图分析政府可行的税收工具的范围，而不是视其为当然。

(b) 它考虑了市场不完备(如工资刚性)和经济中存在的可替代的不同组织，它不但试图考虑到它们，而且试图解释它们。

更像最近的最优税收文献，而不像新福利经济学。该流派承认，一般来说，非单一一次性总付税是不可行的。更像新福利经济学，而不像最优税收文献，它寻求帕累托改进。给定可行的对税负工具的限制，那种如果不让其他人变得更坏，就不能让某些人变得更好的税负结构，被称为帕累托效率的税负结构(见 Stiglitz，1987a)。

30 更像有关最优税收的文献，而不像新福利经济学。该流派承认，在许多情况下，对政策的选择需要做出个人间的福利判断。经济学家在提供系统性方法做出这种判断方面是有帮助的。

3.3 针对欠发达国家的应用福利经济学

本书更符合新新福利经济学的宗旨。在下面的段落中，我们要讨论这个方法的各个方面是怎样格外符合我们在本书中所关心的问题。

受限制的税收工具

不像许多财政学文献，本书试图避免随意对可行政策工具集合作出假设。[①]我们将讨论为什么特定的税赋政策集合在特定欠发达国家的环

---

① 比如，为什么一次性总付税不可行的原因非常简单，政府不能观察到每个人的禀赋(如能力)，因此，它不能根据个人的禀赋状况来征收一次性总付税。

境下可能是，或可能不是可行的。一旦建立了对可行的、政府能够实施的政策集合的约束，新新福利经济学就可以问道：什么是可能的帕累托效率的分配，而什么又是对应的帕累托效率的政策？

根据关于可行税赋政策工具的不同假设，税赋政策的分析会发生相当戏剧的变化。比如，我们已经说过，只要对收入和商品都课税，帕累托效率的商品税集合看上去将显著地不同于拉姆齐所分析的结果（他在分析中假设只有商品税是可行的）（见 Atkinson 和 Stiglitz 1980）。有一种重要情形就是可能根本都没有商品税。更一般地，帕累托效率的商品税结构取决于任何商品和一般等价物商品之间的边际替代率如何随着闲暇的变化而变化，而不像拉姆齐所认为的那样，取决于需求和供给弹性。当然，给定其不存在一次性总付税和所得税假设，拉姆齐是正确的。①

与信息相关的对可行税赋政策的约束　成本和不可获得的信息，无疑是可行政策工具集合的最大约束来源。这解释了为什么政府不能够根据个人的能力来有差别地征收一次性总付税，以及相应地，为什么如果政 31
府想进行收入再分配的话，它们必须借助扭曲性税收。

在非公司化的企业，任何税务当局都无法确定企业的这一美元的收入是对劳动力的回报，而那一美元的收入是对资本的回报。虽然对资本的边际回报或劳动力的边际回报的观念可以给出很好的概念性定义，但是，这种差别在操作上是没有任何意义的。因此，对于这两种回报只能征收统一税赋。在公司型企业情况则不是如此，这些企业必须说明是否这 1 美元的收入是对资本的回报——用于分红或利息分配；而那 1 美元是对劳动力的回报——用来支付工资。这些说明所产生的后果不仅仅被用来确定税赋负担。

大多数政府对于折旧（当一台机器老化以后其价值的减少）只提供一

① 在拉姆齐的模型中，存在一个“代表性个体”，不存在有力的理由说明，为什么不能征收一次性总付税。

些简单规则;这些规则往往并不符合真实的经济折旧,即一种资产价值真实减少的情况。无法做到真实的经济折旧,被认为导致了经济扭曲。但是,这种不足至少可以部分地归因于人们无法精确地测算真实经济折旧。与其通过一个高成本程序来评估每项设备的价值,税务当局不如诉诸一种相对粗略的简单规则。

在设计税赋结构时,对可行税赋集合的一个重要约束是不存在100%的利润税。对这一约束的一个解释是,政府无法分辨纯利润和准租金(对资本的回报、对企业家才能的回报,等等)。原则上,一个100%的纯利润税不会有任何扭曲,但实际上,毫无疑问它会产生明显扭曲。不存在100%的纯利润税的后果非常重要。拉姆齐假设不存在纯利润税,结果发现,最优税收结构主要依赖供给弹性。相反,戴蒙德和莫利斯(Diamond and Mirrlees, 1971)假设在私人部门存在规模报酬不变,因此,没有利润可以征税,这样就发现最优税收结构仅仅依赖需求的弹性。当他们的模型扩展到报酬递减的工业部门时,只有存在100%的利润税时,最优税收结构仅仅依赖需求曲线特性的结论才是成立的。斯蒂格利茨和达斯贾普塔(Stiglitz and Dasgupta, 1971)能够导出一个有关最优税收结构的公式,该公司既可以化解出假设存在100%利润税的戴蒙德—莫利斯结论,也可以化解出假设没有利润税的拉姆齐结论。

管理成本:对税基的一个解释 刚才给出的例子是信息成本对可行的税赋集合设置了重要约束集的状况。在某些其他情况下,对各种不同的税基课税是可行的,但是管理某类税赋的成本会远远低于另一类的成
32 本。出于所有操作上的目的,这似乎也是一种对可行税赋集合的约束。因此,许多国家监督本国的进出口贸易。因为通常只有很少几个港口能够处理大型装船业务,所以监督成本很低,因而对外贸易就容易被课税。另一方面,对国内生产和消费的监督以及课税成本则很高。所以说,许多欠发达国家常常征收外贸税的原因,不是故意要打击国际贸易,而是因为

它提供了一个以较低交易成本来提高政府收入的办法。

政治约束 正如上面讲到的，从更基本的原因（信息成本、交易成本和税负套利等等）中导出对可行税赋集合的约束，这是最好不过的。另外，许多政府还表示，它们必须处理政治约束。比如说，许多欠发达国家的城市工资（包括政府雇员的工资）高于市场出清水平。减少这些工资将提高公平和效率。[①]然而，政府会说要它们改变这一点，在政治上没有可能性。我们对这种表示该如何对待？在我们的分析中该如何考虑这些约束？在第10章和第12章，我们将用较长篇幅来讨论这些问题。这里我们只是简单地提一下，如果假设政府根据政策建议者的提议来消除这些扭曲现象，这种政策分析无法得到严肃对待。本书采用的方法是要问：给定工资不能够减少到市场出清水平的条件下，政府的税赋政策应该是什么样的？工资被减少的可能性很小的情况下，政府政策又应该是什么样的？

我们无法对某些观察到的约束给出充分的解释，不等于约束不存在。像工资持续高于市场出清水平，这个表面上持续的奇怪现象至少说明，认为工资处在非市场出清水平只是暂时现象的模型一定存在不对的地方。我们最好建构一个至少要包含这一约束，而不是忽略它的模型。前一种情况下，政策建议可能有时会误入歧途（因为所考虑的政策变化可能影响约束的种类），后一种情况下的政策建议几乎肯定能切中问题要害，因为它们是根据一个反事实模型得出的。为什么长颈鹿长着一个长脖子，或血液是如何经过长脖子输送到大脑的？我们对于原因不能给出充分的解释，并不意味着长颈鹿没有一个长脖子；任何对长颈鹿及行为的分析都必须把这个活生生的事实考虑进去。

---

① 那些提倡城市高工资的人常常使用平等的观点，而忽视了这样的工资会减少就业这一事实。当工资被降低，但是更公平地分配给了潜在的工人时，支付的工资总量或者不变，或者会增加，这取决于劳动力需求的工资弹性是否等于或大于一。

33 **欠发达国家可行的税赋政策工具的变化** 正如本书所反复强调的那样，欠发达国家的结构给可行税赋集合施加了许多约束条件。与此同时，一些发达国家不可行的税种可能在欠发达国家却是可行的。在发达国家，对于不同的群体和地区实施差别税率往往不太可能，因为市场会有效地破坏任何实施歧视性税赋的企图。在许多欠发达国家，对城市和农村部门实施差别税率则是可行的。我们将在第 4 章考虑这种可行性。因此，缺乏功能发挥良好的市场，这一事实使得欠发达国家可以征收一些发达国家不能征收的税。①

一般均衡效应

我们与更早的哈伯格方法一样，都要对一般均衡价格效应给出分析，只有最近关于最优税收的一个文献，根据一些非常特别的假设对这种分析进行了探索。通过假设完全的商品税集合和通过假设 100%的利润税，这一文献事实上可以把生产价格和消费者价格的决定因素区别开来。然而，这样一个分隔是不可能的，除非可以对每一项交易都征税。只要不存在一个完全的商品和要素税集合，一般均衡效应就极端重要。比如，当农村部门的工资不用被课税时，那么，那些影响农村劳动力需求和供给的政府政策的变化，也将影响农村的工资。而且，它具有重要的分配效应，我们需要考虑到这种效应。相反，在一个存在完全的要素税集合的世界里，任何这种分配效应将被对农村工资课税的变化抵消掉；因此，最优条件可以以一种忽略工资效应的方式被表述出来。②

---

① 比如，美国资本市场功能的改善，降低了政府对资本所得课税的能力，特别是降低了对各种资本所得按不同税率课税的能力。

② 在设计最优所得税的分析中，也显示出一般均衡效应的极端重要性（见 Allen 1982；Stern 1982；Stiglitz 1982b）。

制度

现在人们广泛意识到，欠发达国家的经济制度存在巨大差别。一个大家庭制农业经济与一个收入分成制经济具有非常大的不同。当然，最好对这些制度型特征给出解释，比如，收入分成制可以归结为缺乏特定的风险市场和监督投入存在困难（Stiglitz, 1974*b*）。但是，即便人们不能解释这些制度特征，我们最好还是要意识到它的存在，而不是去假设收入分成制经济与家庭农场或种植园农场的情况是一样的。 34

同样显示，社会成本（城市部门增加的就业所导致的净机会成本）关键依赖于从农村部门向城市部门进行的人口迁移的性质和城市部门的工资如何决定。①本书反复强调，要评价欠发达国家价格变化的后果，把这些经济关系和制度考虑进来非常重要。

个人之间的福利比较

我们分析的第一阶段讲的是，任何政策变化对每个个人或由个人组成的群体的影响是如何决定的问题。除了讲到，任何政府政策如果能够改进帕累托，那么是合意的之外，这个分析并不涉及福利判断。不幸的是，很少有政策变化是帕累托改进的，尽管有些欠发达国家推行的政策导致了重大资源配置不当，从而帕累托改进的范围相比于其他一些欠发达国家可能要大得多。然而，更一般的情况是，政策演变过程中一个群体的所得，越来越必然被其他群体的所失抵消掉。正如“二战”刚结束时，英国财政大臣胡格·道顿（Hugh Dalton）所说的那样：“这像一个难解的微积分问题，但是……政治家必须竭尽全力处理好它，因为操作上不存在可替代办法。”（1954, p.142）

在这类情况下，需要某些做出福利判断的方法。本书寻找了一些系

① 见 Harberger(1971)和 Stiglitz(1974a, 1982c)。

统地做出判断的办法，并试图描述这种规范性表述，它可以通过做出越来越强的规范判断而得到。因此，可以这么问：如果有人认为，一个加剧了不平等、却没有提高平均收入的政策变化不是合意性变化，他们会赞同什么样的政策变化？有许多政策改革仅仅需要这种不明显的福利比较。还有一些政策变化，不同个体——即使他们都是平等主义者，也会有看法上的分歧。在这种情况下，通过运用社会福利函数，我们仍然有系统的办法来进行福利比较。

在最后一点上，我们的方法变得与最优税收理论很相像。社会福利函数可以被视为一条捷径，一条能够把对经济中不同群体的所有效应归结为一个简单统计的捷径。我们知道，没有任何简单的统计能够提供一个对经济的充分描述，但是，各种效应如此复杂，因此需要一些简化手
35 段，而社会福利函数提供了做到这点的办法。同时，我们的观点（反映在本书中以社会福利函数为基础进行分析的那些章节中）是，这种分析如果以一个对社会福利函数的相对弱限定为基础将更加有用。一个常常被最优税收理论所使用的强假设例子是，假设收入的社会边际效用是收入水平的固定弹性函数，它不取决于价格。这个假设代表了一种价值判断，相比于个人主义的伯格森—萨缪尔森社会福利函数，人们对这种假设更难以认同。伯格森—萨缪尔森社会福利函数假设，社会福利仅仅依赖于每个个体得到的福利水平，而且，这是一个递增的凹个人效用函数（即如果个人的效用更高，则社会福利更高，而且社会对不公平有一些厌恶）。

对这一规范分析的一个完全不同的、我们认为具有创新意义的运用，是发现欠发达国家所推行的实际政策与伴随的平等主义政治赞歌是否相一致。我们提供了如何观察到这种不一致的许多例子。当然也很明显，这种方法论可用来研究发达国家背景下各种政策的潜在不一致性（比如所得税），正如在欠发达国家一样。

第二篇

部门间税收政策

第4章

开放经济中的农村—城市部门价格 39

4.1 导言

本章我们开始分析下面这个基本问题：城市和农村部门的人们应该如何分担经济发展中的财政负担？我们考虑的是，一个能够以固定国际价格与世界其他地区开展贸易的经济，而且在该经济中城市和农村部门之间存在一个税负边界。后一个假设意味着，政府可以对两个部门征收不同的税赋集合，以及作为结果两个部门的市场价格可以不同。在这个经济中，上面提到的问题换个方式可以这么问：在农民接受的价格、城市居民支付的价格和国际价格之间的关系应该是什么样的？

本章的分析基础是最简单模型，该模型能突出与农村和城市部门课税或补贴有关的重要利益消长关系。在以后各章中，我们将扩展和修正该模型来考虑目前故意留下来的许多设想。当前的模型抽象掉了部门内个人和商品的差异性，以及部门间要素——像劳动力和资本的流动。为了简化分析，当前我们还假设，城市工资以工业品计价是固定的，在此我们用工业品做为计价物。①此外，当前的分析也抽象掉了价格和工资对生产率的效应（即价格和工资的变化对工人净产出所产生的效应）；这些效应将在本章的结尾纳入进来。

在基本模型中，农民出售他们的农业剩余来购买工业品。对农村部

① 税赋政策对城市工人和可供投资的剩余的效应，部分地取决于城市工资决定机制；比如，城市工资如何根据价格而调整。本书第四篇对这些方面进行了广泛讨论。

门征税降低了农民的福利:政府向农民的剩余(记为 Q)征税所得到的收入,正好等于税率乘以 Q。随着课税增加,正常销售的剩余将减少。如果它减少到一定程度,政府总收入也会减少。我们认为,如果当前的税负高于一个为正的临界水平,那么通过降低税率政府可以改善农民的处境,并增加政府收入。换句话说,超过某一既定临界水平的税率是帕累托无效率的。

40 如果国际价格固定,农民接受的价格就等于食品的国际价格减食品税。因此,高于某一临界标准的税负是帕累托无效率的结论等同于另一个结论,即存在某一临界的农业价格 $\bar{p}^r$,低于 $\bar{p}^r$ 的价格都是帕累托无效率的。我们认为这一临界价格比国际价格更低。换言之,存在一个对农村部门压榨程度的限度(见图 4.1)。

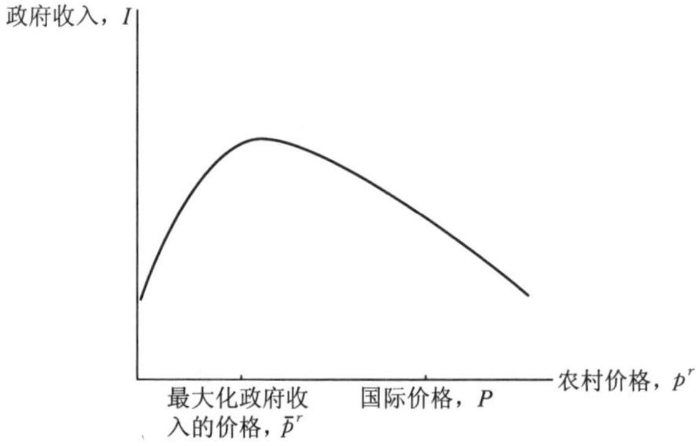

存在一个关键的农村价格 $\bar{p}^r$,它低于国际价格 P,凡是低于 $\bar{p}^r$ 的价格都是帕累托无效的。

图 4.1 帕累托无效情形

同样,通过在城市部门征收食品购买税,政府收入会增加,但是城市居民福利会降低。通过该税收得到的政府收入等于购买数量乘以税款,在这里,税款等于城市居民支付的食品价格减国际食品价格。随着城市消费者要支付的税款增加，他们将减少其需求。①再一次，可以很容易看出，存在某一关键税负水平，如果现有税负超过了这一临界水平，那么，降 41
低税率可以同时改善城市居民和政府的状况。高于这样一个临界水平的城市税负是帕累托无效率的。同样地，高于某一临界水平的城市食品价格也是帕累托无效率的。

如果城市价格低于临界水平，则存在一个消长关系：降低价格会改善城市工人的处境，但是会减少政府收入（而且因此减少投资和潜在的后代福利）。同样，如果农村价格高于临界水平 $\bar{p}^r$，也存在一个消长关系：价格提高会改善农民处境，但是也会减少政府收入。因此，政府应该如何设定城市和农村的价格将取决于价值判断——对未来消费（投资）的社会意愿的价值判断，它与这两个部门中每一个部门当前消费的社会意愿有关。我们的分析显示如下，首先，如果政府认为投资或其他公共支出，和城市部门消费的边际价值相同，那么，它对城市部门就既不应该征收食品税也不应该补贴食品。其次，如果政府认为农村部门的消费和投资的边际价值相同，那么，它对农村部门既不应该征税也不应该补贴。

在发展的早期阶段，一般认为，边际意义上投资的价值要大于消费。②在这类情形下，我们认为应该对城市和农村部门都要征税，即支付给农民的价格应该低于国际价格，而城市消费者支付的价格应该高于国际价格。这个结论看上去与许多欠发达国家的现行政策相矛盾，它们往

① 在欠发达国家，税收减少的可能非常大，由于一般来说不是所有商品都可以征税或征同样的税。比如，如果提高高价格（高等级）谷类食品税率，有些过去吃得起这种谷类食品的人，将转吃低等级谷类食品或那些从农村带到城市而不用课税的食品。这个对政府收入的有害效应可能因人口迁移的变化而加剧：课税会减少向城市移民的压力，由于城市税收减少了城市居民福利，而且，这种情况会减少城市部门的总消费。如果增加对农村产出的课税，则会引起一个反方向移民效应。我们将在后面各章研究这些移民效应。

② 简单地说，当前的分析仅仅关注作为“可供投资的剩余”的公共储蓄。在导言部分，我们讨论了这种分析如何能够被解释和扩展来考虑农村和城市部门的私人储蓄与投资。

往给城市部门以食品补贴，但是对农村部门征税。①

而且，在许多欠发达国家，农村部门的真实收入远远低于城市部门，在这些情况下，常常观察到的政策的明显不一致性甚至更严重。我们认为，如果农民的处境比城市工人更差的话，那么，根据平等主义的社会福利函数（即该函数对不公平显示出一定的厌恶），仅仅当对农村部门进行补贴时才应该对城市部门进行补贴。然而，向城市部门征税的同时补贴农村部门是合意的，这样反过来说并不正确。

当然，税或补贴的最优规模不仅仅取决于两个部门中与消费有关的投资的边际价值，而且也取决于特定的行为反应，特别是城市部门需求的价格反应和农村部门销售农产品剩余的价格反应。

42 下一节我们建立一个简单模型并推导出这些结论。我们能够描述农村和城市部门价格变化的效应。我们也能够根据两类参数集合来描述最优价格和税赋集合，这两类参数分别体现了消费者和生产者的重要行为反应，而且能够得出投资与消费的社会边际价值。

4.2 简单模型

分析一开始，我们考虑一个存在两种总计商品和两个总部门的经济。食品或有关食品的产品由农业或农村部门（以上标 r 来代表）来生产。一种一般化的既可以用来消费也可以用于投资的工业品，则由工业或城市部门（以上标 u 来代表）来生产。这两种商品都可以与世界其他地区进行自由贸易。以工业品（作为计价物）为计价单位计算的农产品国际价格记为 P。

---

① 在后面章节中，我们将试图评价，这个被观察到的模式是否可以用没有包括在当前简单模型中的某些特征来解释。

农业部门

农业部门由同质性耕作家庭组成，给定他们出售剩余的价格，由家庭成员决定提供多少劳动力。我们把这个价格记为 p^r。很清楚，农民能够获得的效用水平是这一价格的函数。我们把一个代表性农民的效用水平记为$V^r(p^r)$。①农业产出的一部分在农业内部消费，剩余部分出售给工业部门或国外。单个农民的这一剩余记为 Q。由于农业生产者当前被假设为是同质的，我们也假设 Q 的取值为正；我们将在第八章放松该假设，把农村的异质性问题纳入到分析中来。剩余 Q 是农民接受的价格的函数。我们把剩余的价格弹性记为：

$$\varepsilon_{Qp}^{r}=\partial\ln Q/\partial\ln p^{r}$$

经济理论对于 ε_{Qp}^{r} 的正负号没有限制。特别地，人们不能够排除剩余的供给曲线向后弯曲的情形，这时，替代效应(即更高的价格导致个人为了销售而生产更多)赶不上收入效应(即更高的价格使个人处境变好，由此导致他们工作更少而消费更多自己生产的产品)。我们的注意力集中在经验所支持的情形上，这种情形下价格的提高会增加出售的剩余(见本 43
章的附录)。也就是说，$\varepsilon_{Qp}^{r}>0$。然而，该公式在下面对 $\varepsilon_{Qp}^{r}<0$ 的情形也能够重新给出解释。

我们假设，政府几乎没有政策工具可以影响农民的行为；它不能直接控制他们的产出和消费。我们相信对于大多数欠发达国家这个表述是正确的，因为在这些经济中大部分耕作是在数目众多的小块土地上进行的，而且，政府监督和控制农民行动的能力似乎完全受到限制，因此，只有间接的激励手段在管理上才是可行的。②我们也假设复杂的定价方案也不

① 和本章其他关键表达式一样，间接效用函数的推导概括在本章的附录中。

② 任何时候，我们当前的分析都不涉及集体农业、或政府管理的帕拉斯塔托(parastatals)式农业。在这些情形下控制农村的消费是可行的，但是，在我们看来，能够直接控制产出的假设(在有关计划经济的文献中经常这么做)是不精确的。

可行。非线形定价方案，举个例子，这时支付给农民的单位价格取决于他的销售量，不仅牵涉到巨大的管理成本，而且通常会导致地下（不可计算的）交易。因此，我们将自己限制在对于所有农民，不管他们交易的数量多少，都支付相同价格的方案上。①

工业部门

与农业部门相反，我们假设，政府对于工业部门有很多可行的政策工具。实际上，极端的假设是认为政府具有充分的政策工具，因此，直接和间接控制生产的差别实际上不可忽视。在许多欠发达国家，政府不仅是最大的工业生产者和雇佣者，而且，向私人生产者的利润课税并且有时还控制它们的价格和产量。然而，上面的直接控制假设并不完全令人满意：
44 比如，尽管政府可以对利润课税，但是它无法征收 100％的利润税。②事实上，政府是否能够控制它所拥有的国有化工业，且不说跨国公司？提出这样的问题是恰当的。③我们假设政府能够监控工业部门，这部分是为了简化分析，部分是为了使得城市和农村部门的差别显得更鲜明。正如我们后面要讨论的，这一分析经过修正可以针对政府对工业部门的监控是有

---

① 应该很显然，倘若这种方案是可行的且是没有代价的（比如，它们不涉及额外的管理成本），非线形的税赋—补贴定价方案在帕累托意义上比线形定价要更好。很简单，因为这类情形下，一种非线形方案相比于线形定价方案提供了更多的工具给政府，拥有更多的工具政府不可能做得更糟糕。根据同样的逻辑，倘若提供这种方案没有代价，严格的非线形定价方案，像那些通过配额和定额执行的方案，是对标准定价的合乎需要的补充。在越现实的环境中，合乎这种政策的情形就越小。比如，要使得非线形方案有效果，它们必须伴随限制再销售的管制。这类管制不但成为腐败的诱因，而且，如果严格实施的话，将导致大量的官僚无效率。政府仍然会有限地使用一些非线形方案，特别是对城市部门的食品定额方面。见 Sah(1987)对包括配额在内的几类非价格工具的分析与比较。见 Sah 和 Srinivasan(1988)对补贴城市食品定额所产生的收入分配后果的分析，它考虑到了整个经济的一般均衡效应。

② 对此有很好的理由。比如，一方面，很难区别纯利润和对资本的回报；另一方面，也很难区别纯利润和对企业家努力和承担风险的回报。

③ 有关欠发达国家政府严格监管公有企业的能力是有限的，见 Sah 和 Weitzman (1991)的分析。

限的和间接的情形。①

相比于农业中的农民，工厂制度能够对工人进行更加有效的监督。如果说在工厂中对工人的工作努力不太容易监督的话，至少对工作时间的监督是没有问题的。有时候，为什么流水线制度提高了生产率？一个备受争议的主要观点是它有利于监督工人。

在下面要分析的简单模型中，对政府而言，城市工资率（记为 w^u）是给定的，不过它可以控制出售给城市部门的食品价格 p^u。因此，我们可以把一个产业工人的福利表示为 $V^u(p^u, w^u)$。为了分析上的简洁，我们假设由于技术原因，一个工人的工作时间 L^u 是固定的。②一个工人得到的收入为 w^uL^u，价格 p^u 是给定的，这样他能够决定该消费多少食品。该消费量用 $x^u(p^u, w^u)$ 来代表。城市食品消费的价格弹性为 $\varepsilon^u_{xp} = -\partial \ln x^u / \partial \ln p$，由于我们假设消费品是正常品，该数值为正数。

可供投资的剩余

当前政府可获得的用于投资的收入，为工业产出的价值与支付给工人工资的差，③加上来自农民供给的食品数量和城市消费者购买的食品数量的净税收

$$I = \underbrace{N^u(Y - w^uL^u)}_{\text{工业利润}} + \underbrace{(P - p^r)N^rQ(p^r)}_{\text{农村税收收入}} + \underbrace{(p^u - P)N^ux^u(p^u, w^u)}_{\text{城市税收收入}} \tag{4.1}$$

---

① 我们往往把政府人格化，把它作为一个单一的个体来谈论。实际上，政府是一个复杂的制度集合，包括许多处在不同位置、委派了特定权利和义务的个人，他们追求的特定利益与其他人有关公共利益的概念可能不相一致。比如，国有化的产业部门常常给它们的工人支付高于市场水平的工资，这种做法是扩大了不公平（通过扩大这类工人和私人部门相当技能工人的差别），还是缩小了不公平（通过减少这类工人和私人部门相当技能工人的差别），这取决于个人的观点。

② 通过说明工人可以工作其意愿的小时数，而且工人的劳动力的供给根据 $L^u(w^u, p^u)$ 而给定，我们可以很容易得到相应于城市部门工人可变的劳动时间的分析。关于工人可以工作的最大化小时数方面，如果工人是被定额的，那么我们可以运用一个类似的公式。

③ 这里的一个假设是，政府拥有充分的权力来占有所有非经济的产业利润。

45 其中，N^r 是农民数量，N^u 是工人数量，Y 是单位工人的产出[式(4.1)的推导见本章附录]。尽管贯穿本书我们都用符号 I 来表示可供投资的剩余，但是，正如我们在导言一章中所做的解释，我们并没有假设全部的剩余必须用到生产性投资上。

4.3 对农业和工业价格变化的分析

帕累托改进的价格改革

我们的模型中包括三类群体：农民、产业工人和政府，政府通过控制可供投资的剩余，在此代表后代人。对于给定的每组 p^r 和 p^u 的值，我们可以计算出相应的 V^r、V^u 和 I 的结果组合(见图 4.2)。我们首先要说明，特定的价格变化可以改善社会中所有群体的处境。

注意，农村食品价格的提高可以改善农民的处境。它不影响产业工人，由于他们支付的食品价格是独立地设定的。①因此，农村价格的变化仅仅通过来自农村剩余的税收来影响投资。特别要注意，虽然农村价格的提高会减少对现存农村剩余的税收收入，但是，它总体上会增加税收收入，因为给定一个正的农村剩余对价格的反应，价格上升会增加农村剩余。通过对式(4.1)求 p^r 的微分，我们能够得到提高农村价格可以导致增加可供投资的剩余(即 $\partial I/\partial p^r > 0$) 的条件。②条件为

$$p^r < P/(1+1/\varepsilon^r_{Qp}) \equiv \bar{p}^r \tag{4.2}$$

① 存在这种独立性，是因为经济在对外贸易方面是开放的。如果经济在边界上是封闭的，那么，一个帕累托改进式价格改革必须要农村和城市价格同时发生变化，除非政府拥有额外的控制工具。

② $\frac{\partial I}{\partial p^r}=N^r\left[(P-p^r)\frac{\partial Q}{\partial p^r}-Q\right]=N^rQ\left[\frac{(P-p^r)}{p^r}\frac{p^r}{Q}\frac{\partial Q}{\partial p^r}-1\right]=N^rQ\left[\frac{P-p^r}{p^r}\varepsilon^r_{Qp}-1\right]$

因此，如果农业部门的食品价格小于 $\overline{p^r}$，那么，提高价格是合意的。因为它将不仅改善农民的福利，也可以增加政府的收入，而不影响产业工人的福利（见图 4.1）。这是一个被称为帕累托改进改革的例子。

46

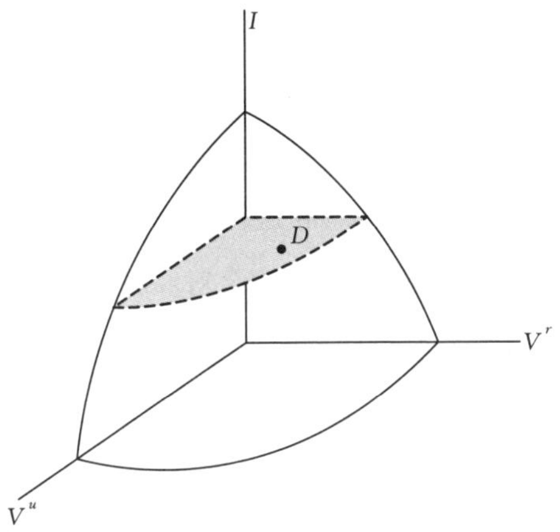

如果当前价格使得社会处在像 D 这样的点上，那么，帕累托改进的价格改革是可能的。

图 4.2　效用可行性图

从式(4.2)，很清楚地看出

$$\bar{p}^r < P$$

即临界价格水平 $\overline{p^r}$ 要低于国际食品价格。

根据税赋，我们可以得出对上面改革规则的一种更简单的表述。我们用 $t^r = (P - p^r)/p^r$ 表示在农村部门对食品的税率。因此，如果满足

$$t^r > 1/\varepsilon_{Qp}^r \tag{4.2a}$$

则农村食品价格的提高将是帕累托改进的。即，如果当前农村食品税率超过农村剩余的价格弹性的倒数，则农村食品价格的提高是帕累托改进的。

同样，降低城市食品价格将改善产业工人的处境而不会影响农民。如果 $\partial I/\partial p^u < 0$，则它能够增加政府收入。根据式(4.1)，相应的条件是

(a) 食品的城市需求弹性大于 1，以及(b)

47 $$p^u > P/(1-1/\varepsilon^u_{Qp}) \equiv \bar{p}^u \tag{4.3}$$

即如果需求弹性大于 1，以及如果城市食品价格高于 $\overline{p^u}$，那么，降低城市食品价格对社会而言是合意的。[①]在这种情况下降低 p^u 会提高可供投资的剩余并改善城市工人的福利，同时不会对农村部门构成影响。然而，请注意，如果食品的城市需求弹性小于 1，那么提高 p^u 会降低城市工人的福利并增加可供投资的剩余。在这种情况下，在城市工人福利和可供投资的剩余的规模之间总是存在一种消长关系。[②]再一次，上面改革规则的陈述可以根据税赋条件来简化。如果 $t^u = (p^u - P)/p^u$ 表示为城市部门的食品税，那么，如果满足

$$t^u > 1/\varepsilon^u_{xp} \tag{4.3a}$$

则降低城市食品价格将是帕累托改进的。即，如果城市食品税超过了城市消费的价格弹性的倒数，那么，降低城市食品价格是帕累托改进的。

由此，我们已经推导出两类帕累托改进的价格或税赋改革规则：

1. 如果农村部门的食品价格小于 $\bar{p}^r$，那么价格至少应该提高到等于 $\bar{p}^r$ 的水平。

---

① 式(4.3)是从下面派生的式子中所推导出来的

$$\frac{\partial I}{\partial p^u} = N^U\left[(p^u - P)\frac{\partial x^u}{\partial p^u} + x^u\right] = N^u x^u\left[\frac{p^u - P}{p^u}\frac{p^u}{x^u}\frac{\partial x^u}{\partial p^u} + 1\right]$$
$$= N^u x^u\left[\frac{P - p^u}{p^u}\varepsilon^u_{xp} + 1\right] = N^u x^u\left[\frac{P}{p^u}\varepsilon^u_{xp} - \varepsilon^u_{xp} + 1\right]。$$

② 然而，请注意后面给出的对这一结论的修正，它是由价格变化的生产率效应而引起的。

2. 如果城市部门的食品价格高于 $\bar{p}^u$，且需求的价格弹性大于 1，那么，价格至少应该降到等于 $\bar{p}^u$ 的水平。

这些价格改革规则具有几个优点。第一，它们对农村食品价格确定了一个更低的界限，对城市食品价格确定了一个更高的界限。第二，它们允许各自独立地解决农村和城市的价格改革问题。第三，这些规则的运用不需要太多信息。除了世界价格之外，仅仅还需要需求弹性和供给弹性。这些规则不需要有关不同个人的所得和所失的社会权重，而它对于实现最优价格是必需的。此外，运用这些改革规则(以及我们后面将导出的其他实现帕累托改进的规则)所需要的行为参数值(即需求和供给的弹 48 性)只与当前的均衡有关，这个均衡能够根据需求函数和供给函数的局部属性计算出来。我们应该拿它和下面要讨论的最优定价规则相对比，在那些规则中，相关弹性参数值是基于社会最优标准计算出来的。要做到这一点，人们需要知道需求函数和供给函数的普遍属性。

另外，在比上面讨论的模型更具有一般性的模型中，这些规则同样成立。这里需要的主要条件是

$$\frac{\mathrm{d}V^r}{\mathrm{d}p^r} > 0 \text{ 和 } \frac{\mathrm{d}V^U}{\mathrm{d}p^u} < 0 \tag{4.4}$$

比方说，用 V^r 和 V^u 分别代表整个农民群体和整个工人群体的总福利。那么，式(4.4)意味着如果农民产出的价格上升，他们的总福利则增加；如果产业工人消费食品的价格上升，他们的总福利则减少。只要满足这些条件，上述价格改革的规则就能够成立。

例如，不管产业工人之间的收入分配如何，城市食品价格改革的规则是成立的。同样地，不论农业土地在农民之间是如何分配的，只要没有农民是数量巨大的食品净购买者，农村食品价格改革规则也是成立的。当然，一旦存在不公平——比如在土地所有权上，就会存在劳动力服务的买卖。因此，p^r 的变化会影响农村工资。我们认为，即便在这样一个农村

部门的分拆模型中，在合理的环境下我们当前的结论也是成立的（见第8章）。进一步，正如我们后面要看到的，当价格影响了个体的生产率，以及当两个部门之间存在人口迁移时，我们可以直接扩展应用这些改革规则。

然而，在本节我们希望确立的主要观点，不是前面推导的价格改革规则在任何环境下都是有效的（当然，如果经济现实与当前模型差别太大的话，它们不会有效），而是人们常常能够找出一系列规则，来确定那些改善了社会中所有群体福利的价格改革。

福利增进的价格改革

前面我们说明了，为何只要有有关农村剩余和城市需求的弹性方面的知识，就足以筛选掉无效的价格政策。然而，上述规则却不能够辨别出大量有效的价格政策。在这些政策之间做选择，会牵涉到农民、城市工人和后代人的利益权衡。本节我们要说明如何来分析这些此消彼长的利益权衡。为了做到这一点，我们运用伯格森—萨缪尔森福利函数来加总个人的效用

49

$$\Psi = N^r W(V^r) + N^u W(V^u) \tag{4.5}$$

其中 $W(V)$ 是定义在单个个人层面的社会福利函数，而且这个函数按照 V 而言是递增的凹函数。①社会总福利等于代表性农民的社会福利乘以农民总数，加上代表性城市工人的社会福利乘以城市工人总数。运用某一贴现率，我们把这一包括从现在到适当的将来时间的社会福利贴现到当前。这个贴现后社会总福利的最大值等于下面表达式的最大值

$$H = \Psi + \delta I \tag{4.6}$$

---

① 如果农村和城市的个人之间的社会福利并非隐匿性的（anonymous，即归属于个人的社会福利不仅仅取决于他的效用水平，而且也取决于他的社会地位），那么，两个部门各自的函数 W 是不相同的。

其中，δ 是社会的边际投资的价值。①通过求 H 对 p^r 和 p^u 的微分，②我们容易看出

$$\frac{\partial H}{\partial p^r} \gtrless 0，当\ p^r \lesseqgtr P\mu^r \tag{4.7}$$ 50

$$\frac{\partial H}{\partial p^u} \gtrless 0，当\ p^u \lesseqgtr P\mu^u \tag{4.8}$$

其中

$$\mu^r = 1\Big/\left[1+\left(1-\frac{\beta^r}{\delta}\right)\frac{1}{\varepsilon^r_{Qp}}\right] \tag{4.9}$$

$$\mu^u = 1\Big/\left[1-\left(1-\frac{\beta^u}{\delta}\right)\frac{1}{\varepsilon^u_{xp}}\right] \tag{4.10}$$

$\beta^i = \lambda^i(\partial W/\partial V^i)$ 是部门 i 的劳动者收入的社会边际效用，而 λ^i 则是部门

---

① 式(4.6)代表效用意义上的当前国民收入。见 Arrow 和 Kurz(1970)对这个汉密尔顿公式的标准表述。在本章中所得出的结论在每一个时点上都是成立的。同样的公式也可以用来跟踪跨期的最优价格和其他变量的变化路径。这里我们假设，投资是用来增加工业部门的资本存量。然而，我们可以很容易分析投资分配的其他形式。比如，我们的定价规则将保持不变，如果政府收入的一部分投资于技术创新或修建农村基础设施，但是政府不能直接向用户收费。

② 运用 nn.14 和 15，可以得到如下的推导结果

$$\begin{aligned}\frac{\partial H}{\partial p^r} &= N^r\frac{\partial W}{\partial V^r}\frac{\partial V^r}{\partial p^r}+\delta\frac{\partial I}{\partial p^r} = N^rQ\left[\frac{\partial W}{\partial V^r}\lambda^r+\delta\left(\frac{P-p^r}{p^r}\varepsilon^r_{Qp}-1\right)\right]\\ &= N^rQ\beta^r\left\{1+\frac{\delta}{\beta^r}\left[\frac{P-p^r}{p^r}\varepsilon^r_{Qp}-1\right]\right\}。\end{aligned}$$

$$\frac{\partial H}{\partial p^u} = N^u\frac{\partial W}{\partial V^u}\frac{\partial V^u}{\partial p^u}+\delta\frac{\partial I}{\partial p^u} = N^ux^u\beta^u\left[-1+\frac{\delta}{\beta^u}\left(1-\varepsilon^u_{xp}+\frac{P}{p^u}\varepsilon^u_{xp}\right)\right]。$$

在上面的推导中，我们利用了一个事实，即 $\partial V^r/\partial p^r = \lambda^r Q$ 和 $\partial V^u/\partial p^u = -\lambda^u x^u$ 。具体的细节见本章附录。我们假设 μ^r 和 μ^u 为正。根据式(4.9)，当 $\varepsilon^r_{Qp} > \beta^r/\delta - 1$ 时，μ^r 为正。我们认为这个条件在欠发达国家的早期发展阶段可以得到满足，因为投资的社会权重比农村收入的权重要高。根据式(4.10)，当 $\varepsilon^u_{xp} > 1-\beta^u/\delta$ 时，$\mu^u > 0$。这个条件并不总是能满足，特别是如果城市的食品需求弹性(相对于价格的)非常小，且如果政府不关心城市工人(即如果 β^u/δ 接近于 0)时。如果 $\mu^u < 0$，那么应该提高城市的购买价格。然而，请注意，当前的模型抽象掉了价格对劳动者生产率的影响。正如我们后面要看到的，当把这些生产率效应考虑进来后，城市购买价格的提高超过一定水平并不是合意的，即便政府不关心城市工人的福利状况。

i 的劳动者收入的(正)私人边际效用。

式(4.7)意味着,根据当前农村食品的价格是低于还是高于 $P\mu^r$ 而提高或降低该价格,这会改进社会福利。相同地,改变城市食品价格的规则由式(4.8)给定。这些规则比我们更早得到的那些规则更加详细。这并不奇怪,因为式(4.2)和式(4.3)仅仅局限于对帕累托效率的考虑。由于考虑到社会福利问题,当前的规则需要更多的信息。特别是,除了我们前面的改革规则所需要的两类行为参数(ε^r_{Qp} 和 ε^u_{xp})之外,它们还需要两类社会评价参数(相对于投资的社会权重的有关农村和城市收入的社会权重)。

解释　价格改革规则式(4.7)和式(4.8)中的关键参数是 μ^r 和 μ^u。根据式(4.9),很清楚,如果在农村部门消费的社会边际价值小于投资的社会边际价值,那么 μ^r 小于1。同样,式(4.10)显示,如果在城市部门消费的社会边际价值小于投资的社会边际价值,那么 μ^u 大于1。在这些情况下,通过(a)如果城市购买价格低于国际价格就提高该价格;(b)如果农村出售价格高于国际价格就降低该价格,我们能够提高社会福利。

平等主义的价格改革

如果农民收入的社会边际效应大于城市工人收入的社会边际效应(即 $\beta^r > \beta^u$),那么,我们能够推导出一个关于城市和农村部门价格(或税
51 收)的条件,如果这个条件不能满足,那么,就存在价格改革的需要。这些价格改革涉及农村和城市价格的提高,价格提高使投资保持不变,但增加了社会福利。

为了推导这一规则,我们回顾一下,农村部门出售食品的税记为 $t^r = (P - p^r)/p^r$,而相应地,城市部门购买食品的税记为 $t^u = (p^u - P)/p^u$。价格变化对可供投资的剩余的效应由下列表达式给定(见 fn.14 和 15)

$$\frac{\partial I}{\partial p^r} = N^r Q(t^r \varepsilon^r_{Qp} - 1) \text{ 和 } \frac{\partial I}{\partial p^u} = N^u x^u (1 - t^u \varepsilon^u_{xp}) \qquad (4.11)$$

我们假定帕累托改进的价格改革的可能性[见前一节，特别是式(4.2a)和(4.3a)]已经穷竭。这就是说，当前的价格使得式(4.11)的第一个表达式为负，而第二个表达式为正。这相当于

$$t^r < \frac{1}{\varepsilon^r_{Qp}} \text{ 和 } t^u < \frac{1}{\varepsilon^u_{xp}} \tag{4.12}$$

下一步，我们决定提高农村的价格，同时相应提高城市的价格，这将使得可供投资的剩余保持不变。根据式(4.11)

$$\left(\frac{\mathrm{d}p^u}{\mathrm{d}p^r}\right)_I = -\frac{\partial I}{\partial p^r}\bigg/\frac{\partial I}{\partial p^u} = -\frac{(t^r\varepsilon^r_{Qp}-1)N^rQ}{(1-t^u\varepsilon^u_{xp})N^ux^u} > 0 \tag{4.13}$$

上式符号取正值是根据式(4.12)得出的。

这样一个价格变化对社会福利的效应由下列表达式给定

$$\left(\frac{\mathrm{d}H}{\mathrm{d}p^r}\right)_I = \frac{\partial H}{\partial p^r} + \frac{\partial H}{\partial p^u}\left(\frac{\mathrm{d}p^u}{\mathrm{d}p^r}\right)_I = N^rQ\beta^r - N^ux^u\beta^u\left(\frac{\mathrm{d}p^u}{\mathrm{d}p^r}\right)_I \tag{4.14}$$

把式(4.13)代入式(4.14)中，得出

$$\left(\frac{\mathrm{d}H}{\mathrm{d}p^r}\right)_I = N^rQ\left(\beta^r + \beta^u\frac{t^r\varepsilon^r_{Qp}-1}{1-t^u\varepsilon^u_{xp}}\right) \tag{4.15}$$

现在，回顾一下式(4.12)，以及 $\beta^r > \beta^u$，根据式(4.15)可以得出

$$\left(\frac{\mathrm{d}H}{\mathrm{d}p^r}\right)_I > 0, \text{ 如果 } t^r\varepsilon^r_{Qp} - t^u\varepsilon^u_{xp} > 0 \tag{4.16}$$

这个结论具有一些有用的含义。我们假定政府得到的收入为正，那么，存在两种可能的改革：

(a) 假如 $t^r > 0$ 且 $t^u < 0$，在这种情况下，式(4.16)显示，提高农村的价格和城市的价格将改善社会福利。这就是说，如果目前正对农村部门 52
征税而对城市部门给予补贴，那么减少对农村的征税和减少对城市的补贴是合意的政策。

(b) 假如 $t^r > 0$ 且 $t^u > 0$，在这种情况下，式(4.16)显示，提高农村的

食品价格和城市的食品价格将改善社会福利。只要当前两种税的比率 t^r/t^u 超过两个部门弹性的比率 $\varepsilon_{xp}^u/\varepsilon_{Qp}^u$。

这些规则和前面的价格改革规则一样，在信息的要求方面非常地少。除了农民收入的社会边际效用大于城市工人社会边际效应这一定性价值判断外，它们最多还只需要两类价格弹性的数据。我们感觉，实践上可以找到许多例子来运用条件式(4.16)对现存价格进行改革。

最优价格

最优价格是指那种价格，在该价格上改革的可能性已完全被穷竭。用图形来表示，最优点代表效用可能性平面上(见图 4.2)与社会无差异曲线相切的那一点。规则式(4.7)和式(4.8)一个立竿见影的后果是，最优点可以用下面的表达式来代表

$$p^r = P\mu^r \tag{4.17}$$

以及

$$p^u = P\mu^u \tag{4.18}$$

这样，根据福利评估度和价格弹性，我们就得到了一个形式非常简单的最优定价公式。农业部门的最优价格仅仅取决于农民收入的社会权重(相对于投资)和农业剩余的价格弹性。同样地，工业部门的最优价格仅仅取决城市工人收入的社会权重和他们对农产品需求的价格弹性。

上述规则具有一些自然含义。在发展的早期，一般认为投资的社会权重要超过私人收入的社会权重，即 $\delta > \beta^r$ 且 $\delta > \beta^u$，在这种情况下：

(a) 农民应该得到低于国际食品价格的价格，而且城市居民应该支付高于国际食品价格的价格。也就是说，两个部门都应该被征税。

(b) 一个更高的农业剩余的价格弹性，意味着对农民应该支付更高的价格。这是因为提高价格引起的公共收入的边际减少量更少。同样，一个更高的工业部门食品的需求弹性，意味着对城市居民应该收取更低

的价格。这是因为价格提高引起的公共收入的边际增加量更少。

(c) 农民收入的社会权重越小,农业部门的销售价格应该越低;城市 53
居民收入的社会权重越小,他们支付的价格应该越高。更一般地,当且仅当一个部门的社会权重超过了投资的社会权重时,才应该对它给予补贴。

(d) 即使政府不关心农民和城市居民的福利,它能够榨取的社会剩余数量也有一个限度。通过运用式(4.17)和式(4.18),以及在式(4.9)和式(4.10)中设定 $\beta^i/\delta=0$,可以得到能够导致投资最大化的价格。我们很容易证明,投资最大化的农村价格和城市价格分别是 $\bar{p}^r$ 和 $\bar{p}^u$。

图 4.1 描述了可供投资的剩余和农村销售价格之间关系的一个特殊情形。总之,这种关系不必是严格凹的。然而,如果弹性 ε^r_{Qp} 对于农村销售价格 p^r(在所考虑的价格范围内)不是非常敏感,那么很容易说明,对于 p^r,I 只有一个极大值。更一般化的观点——通过改变价格 p^r 所能够攫取的可供投资的剩余存在一个最高上限——也是成立的,即便对于 p^r,I 具有多个极大值的情况下。

暗含的税率

前面导出的最优定价的公式也可以通过税率表达,回忆一下

$$t^r=(P-p^r)/p^r$$

是针对农民产出的税率。如果我们把农民的食品产出和消费量分别记为 X 和 x^r,那么,单位农民的市场剩余为 $Q= X-x^r$。进一步,如果我们定义

$$\varepsilon^r_{Xp}=\partial\ln X/\partial p^r \text{ 和 } \varepsilon^r_{Xp}=-\partial\ln x^r/\partial\ln p^r$$

分别作为农民的食品产出和消费量的价格弹性。①那么,剩余弹性可以表

① 由于农民劳动小时数的选择是内生的,弹性 ε^r_{Xp} 和 ε^r_{xp} 并不是收入保持不变的标准局部弹性。

述为

$$\varepsilon_{Qp}^{r}=(1+a)\varepsilon_{Xp}^{r}+a\varepsilon_{xp}^{r} \tag{4.19}$$

其中，$a=x^{r}/Q$ 是农民消费量对剩余的比率。运用这些定义，根据式(4.9)和式(4.17)可以得出最优农村税率

$$t^{r}=\frac{P-p^{r}}{p^{r}}=\left(1-\frac{\beta^{r}}{\delta}\right)\frac{1}{(1+a)\varepsilon_{Xp}^{r}+a\varepsilon_{xp}^{r}}=\left(1-\frac{\beta^{r}}{\delta}\right)\frac{1}{\varepsilon_{Qp}^{r}} \tag{4.20}$$

相应地，根据式(4.10)和式(4.18)可以得出最优城市税率

54

$$t^{u}=\frac{P-p^{u}}{p^{u}}=-\left(1-\frac{\beta^{u}}{\delta}\right)\frac{i}{\varepsilon_{xp}^{u}} \tag{4.20$'$}$$

上述关于税率的表达式与传统税负文献的表达式有一些类似之处，但是也存在一些重大差别。根据式(4.20)，税率的大小与产出和消费的价格弹性成反比例关系。这种依存关系与一些最早的有关税收的文献，比如拉斯基和庇古的那些文章①中所认为的依存关系很相似。然而，在当前的政策问题和标准的税收问题之间存在一个基本的差别，标准的税收问题中生产和消费决策是由厂商和消费者分别做出的。在后一种情形下，产出和消费的弹性具有的相关重要性严重依赖于政府对利润的税收。比如，如果当利润全部通过征税而被拿走时，产出弹性在税负公式中没有出现(见 Stiglitz 和 Dasgupta，1971；以及 Atkinson 和 Stiglitz，1980，p.467)。

在当前考虑的问题中，政府几乎不可能区别农业部门内部的生产者和消费者，因为农民既是生产者，同时也是消费者。因此，关键的弹性是市场剩余的弹性。尽管这一弹性可以根据产出和消费弹性而重新表述，像在式(4.20)中那样，不过它是相关的合并效应。应该不奇怪，在标准的

---

① 在庇古公式中，税率的大小与需求和供给弹性的倒数成正比(见 Akinson and Stiglitz)。

一般均衡模型的表述中，至关重要的东西是净贸易：对农民而言这就是他们的市场剩余。

改革分析与最优定价

要实现上面得到的这类最优定价公式，一个重要的条件是，我们需要最优情况下相关参数值的知识。如果我们认为我们离最优还有一段距离，那么，最优情况下的弹性和社会权重值与它们当前均衡的值可能有相当大的不同。因此，在资料缺乏的前提下，以及相关函数可能完全非线性的特征，在当前可获得信息的基础上，要估算出最优情形下的值是不可能的。

这一观察导致一些经济学家得出结论认为，适当的政策就是进行序贯式渐进改革，或者更为强烈地认为只有"改革"分析才是中肯的。然而，这样的观点忽略了政策中同样重要的一个方面：政策变化是有成本的。
如果厂商和消费者要做出理性的经济决策，他们就需要知道，将来政府可 55
能主要执行哪类政策。与未来政府政策有关的不确定性会带来巨大的成本。进一步说，频繁的政策变动也会带来巨大的成本。这些成本不但包括政府执行政策的直接成本，而且包括消费者、厂商和农民为了适应这些政策所付出的间接成本，以及个人试图通过不同时间的差别税率来获利而导致的转换性扭曲。因此，"最优政策"并非总是需要有一个不断校正的过程，而更应该是在我们已经识别的要素之间小心地权衡。

4.4　价格—生产率效应

最近的文献发展出一些假说，认为工人获得的工资会影响他们的净生产率。导致这一关系的各种可能原因中，被人们讨论过的有工资对营养（以及由此对健康）、质量、努力程度，以及工人流动的效应。有关这些效应的一个全面描述将拖后到第十一章。然而，本阶段我们十分必要以一种初级方式，来考察一下这些效应对定价和税收的影响。

过去，人们在固定价格情形下来分析工资对生产率的效应，并且认为生产率伴随着工资的增长而增长，至少直到某一点之前是如此。本书的贡献之一，就是要对这种认为价格会影响劳动者生产率的假说给出一个重要概述，产生这种影响的经济原因与那些导致工资影响生产率的原因相类似。在对税收和定价政策进行分析的背景下，这一概述尤为重要，因为除了其他一些影响，它特别强调这些政策的价格—生产率效应。在此，我们提供一个简单的分析框架来评估这些效应，并检验它们在税收和定价分析上的影响力。

城市工人的产出表示为

$$Y = Y(k,\ L^u,\ p^u,\ w^u) \tag{4.21}$$

其中，上述表达式中右边的前两项变量代表传统性投入，分别是资本 k 和单位工人的劳动小时数 L^u。后两项变量以简化形式代表城市购买价格和工资对单位工人净产出的效应。我们定义

$$\sigma_p = -\frac{\partial \ln Y}{\partial \ln p^u} \tag{4.22}$$

为产出对城市购买价格的弹性。为了表述上的简洁，我们假定 σ_p 为正，
56 即提高食品价格会降低生产率。这一假定是标准假定——在固定工资的情形下生产率随着工资的提高而增加——的自然对应。

融合了上述对价格改革规则和最优价格的价格—生产率效应后，结果是相当有直觉力的。提高城市食品购买价格对可供投资的剩余的效应，现在由下面的表达式所给出（它一般化了在 n.15 所推导出的表达式）

$$\begin{aligned}\frac{\partial I}{\partial p^u} &= N^u\left[\frac{\partial Y}{\partial p^u} + (p^u - P)\frac{\partial x^u}{\partial p^u} + x^u\right] \\ &= \frac{N^u Y}{p^u}\left[-\sigma_p + \alpha^u \gamma^u\left(\frac{P - p^u}{p^u}\varepsilon^u_{xp} + 1\right)\right]\end{aligned} \tag{4.23}$$

其中

$\alpha^u = p^u x^u / w^u L^u =$ 城市工人收入消费在食品上的份额

和　$\gamma^u = w^u L^u / Y =$ 城市工人收入占城市产出的份额

相应地，我们前面的结论所需要做的修正，可以体现为下面的说明。

(a) 帕累托无效率的定价

$$\frac{\partial I}{\partial p^u} < 0\text{，当满足条件}$$

$$p^u > P \Big/ \left[1 - \left(1 - \frac{\sigma_p}{\alpha^u \gamma^u}\right) \frac{1}{\varepsilon_{xp}^u}\right] \equiv \bar{p}^u \tag{4.24}$$

和
$$\varepsilon_{xp}^u > 1 - \frac{\sigma_p}{\alpha^u \gamma^u} \tag{4.25}$$

就像在式(4.3)中那样，任何高于 $\bar{p}^u$ 的价格都是帕累托无效率的。在式(4.24)和式(4.3)之间进行比较马上就会发现，当价格—生产率效应被考虑进来后，这一临界价格水平降低了。这正是我们所期望的，因为降低城市购买价格后存在一个生产率上的获利。式(4.24)也说明，为了使上述帕累托改革成立，城市需求弹性不再需要大于 1。即便 ε_{xp}^u 的数值很小，在城市购买价格足够高时(这里我们预期 σ_p 很大)，修正后的条件——即式(4.25)可以被满足。

(b) 其他改革规则和最优价格

回顾改革规则(4.8)，城市购买价格的提高或降低，能否改善社会福利取决于当前价格 p^u 是小于还是大于 $P\mu^u$。再回顾一下表示最优价格的表达式(4.18)：$p^u = P\mu^u$。这些结论只要满足下面的条件也是成立的①

$$\mu^u = 1 \Big/ \left[1 - \left(1 - \frac{\sigma_p}{\alpha^u \gamma^u} - \frac{\beta^u}{\delta}\right) \frac{1}{\varepsilon_{xp}^u}\right] \tag{4.26}$$
57

① 和前面一样(见 n.19)。

再一次，式(4.26)和前面的式(4.10)之间的比较说明，相比于没有考虑价格—生产率效应的最优价格，考虑以后的城市购买价格应该更低才是合理的。

附录

在本附录中，我们介绍一下本章所分析模型的基本细节，其中有一些在后两章中也是非常有用的。

农业部门

A 是单位农民拥有的农业土地。单位农民的农业食品产量为 $X \equiv X(A, L^r)$，其中 L^r 是一个农民的可变劳动小时数。(x^r, y^r) 记为一个农民消费的农产品和工业品的数量。$Q \equiv X - x^r$ 是单位农民的农产品剩余。Q 取正值。p^r 代表以工业品为单位的农产品的销售价格。一个农民的预算约束是

$$p^r Q = y^r \tag{4.A1}$$

一个农民的效用函数是 $U^r(x^r, y^r, L^r)$，他的间接效用水平表示为 $V^r(p^r)$，得自

$$V^r(p^r) = \max_{x^r, y^r, L^r} U^r + \lambda^r \{p^r [X(A, L^r) - x^r] - y^r\}。 \tag{4.A2}$$

根据包络定理得出

$$\partial V^r / \partial p^r = \lambda^r Q \tag{4.A3}$$

其中，λ^i 为部门 i 中为正的个人收入的边际效用。

为了理解为什么不能够根据对效用和生产函数的标准约束来预测剩余弹性 $\varepsilon^r_{Qp} = \partial \ln Q / \partial \ln p^r$ 的正负号，我们必须首先考虑这种更简单的情

形，即农民面临一个固定市场工资并买卖劳动力服务。那么，提高 p^r 对剩余会产生三方面效应：增加产出，因为其价格提高了；增加消费，因为来自土地的净利润或地租增加了（我们这里假设农产品是正常品）；以及减少消费，因为消费品的价格提高了。因此，总体效应是模糊的。在我们当 58
前的模型中，假设农民在自己的土地上劳动，这增加了一个引起模糊结果的来源："隐性工资"，$p^r \partial X / \partial L^r$，也会因为 p^r 的增加而发生变化，而且我们无法根据效用函数和生产函数的标准约束来预测由此对剩余所产生效应的正负号。像比如劳动力供应曲线可能向后弯曲。不过，一个扩展的经验文献认为，农民的剩余与剩余的价格呈正相关关系。对整体经济的剩余的一个早期研究来自伯尔曼（Behrman, 1968）；最近的有关农耕家庭行为的微观经济计量研究的文集来自辛格、斯圭尔和斯乔斯（Singh, Squire 和 Strauss, 1986）。

工业部门

一个城市工人的消费被记为（x^u, y^u），其工资率和劳动小时数分别为 w^u 和 L^u。因此，他的预算约束为

$$p^u x^u + y^u = w^u L^u \tag{4.A4}$$

一个城市工人的间接效用 $V^u(p^u, w^u)$，被定义为

$$V^u(p^u, w^u) = \max_{x^u, y^u} U^u + \lambda^u (w^u L^u - p^u x^u - y^u) \tag{4.A5}$$

其中，$U^u \equiv U^u(x^u, y^u, L^u)$ 表示为工人的效用水平。根据包络定理得出

$$\partial V^u / \partial p^u = -\lambda^u x^u \tag{4.A6}$$

可供投资的剩余

最后，我们推导关于可供投资的剩余的表达式(4.1)。如果把 T_x 和

T_y 分别表示农产品和工业品的净进口，那么，贸易平衡意味着

$$T_y = -PT_x \tag{4.A7}$$

其中，P 为固定的国际贸易价格，以工业品为单位计算的可供投资的剩余为

$$I = N^u Y - N^r y^r - N^u y^u + T_y \tag{4.A8}$$

其中，Y 为一个城市工人的产出，把式(4.A1)、式(4.A2)和式(4.A7)代入前一式中，就可以得到式(4.1)。

第 5 章

开放经济中的价格剪刀差

59

5.1 导言

前一章的分析假设,政府能够在城市和农村部门维持各自不同的价格集合。很明显,如果两个部门之间的交通运输成本很低,那么,两个部门之间所存在的巨大价格差将滋生人们强烈的税赋套利动机。举个例子,如果城市价格比农村价格要高,农民将尝试直接向城市部门销售农产品以获取价格差,这样地下市场就会发展起来。同样,如果城市价格比农村部门要低,农民就会产生倒卖的动机,即在城市部门购买食品然后再以高价卖给政府。对城市部门的食品配给可以用来缓解后一个问题,但是难以避免巨大的管理成本。

上面描述的一些税赋逃避现象是不可避免的。如果该现象过于普遍,则政府收入会远远低于意想收入,并且,政府(或者至少其税赋——定价政策)的正当性会受到怀疑。无论如何,在农村和城市部门维持不同价格集合明显问题多多,这意味着,一些欠发达国家政府可能不得不让两个部门实行同样的价格集合。

这类环境下政府面对的问题,与拿破仑战争之后的英国政府、国内战争之前的美国政府所面对的一些问题是一样的。前一种情形的问题是,使得农产品价格高于国际价格的《谷物法》是否应该被废止。后一种情形的问题关心的是工业品关税应该设多高。苏联政府在前集体化时期也面临过同样的问题,当时一个重大问题是,价格应该扭曲到什么程度以利于压榨农村部门。事实上,"剪刀差"术语正是源于苏联大讨论,讨论中它被广泛地用来代表工业品价格对农业品价格的比率。被关注的比率是指经济整体范围的比率。给定当时苏联政府有限的管理能力，在农村和城市部门设置不同的比率（像在第 4 章中所做的那样）被认为是不可行和高成本的。

60 很明显，在一般均衡模型中，是农产品价格上升还是工业品价格下降，这本身并没有差别。同样，进口工业品的关税所产生的效应，与出口农产品的关税效应是相似的。①因此，通过对第 4 章的基本模型做简单修正，我们就可以用它来分析这些等价政策的后果。②根本的不同在于，现在，在城市和农村部门之间只有一组价格集合。我们继续把现实经济作为一个开放经济来进行模型处理。封闭经济情形对于理解苏联的工业化讨论，以及今天某些——当然不是全部——非社会主义欠发达国家的定价和税收政策更加合适。我们将在下两章来讨论后一种情形。

5.2 价格剪刀差的变化对可供投资的剩余的影响

我们把整个经济的农产品价格（以工业品为计价单位）用 p 表示。回顾上一章的符号表示，这意味着：$p \equiv p^r = p^u$。那么，可供投资的剩余可以表示为

$$I = N^u(Y - w^u L^u) + (P - p)(N^r Q - N^u x^u) \tag{5.1}$$

即可供投资的剩余等于城市部门的利润加上来自出口税或进口税的收入。

为了后面的使用，我们定义 $\theta = (N^u x^u - N^r Q)/N^u x^u$ 为农产品的净进口与城市食品消费的比例。一个负的（正的）θ 意味着国家出口（进口）

① 人们并不总是能够意识到这类等价效应。比如，正如我们前面注明过的，美国宪法的起草人就没有意识到一些这样的等价效应。

② 在此，我们将抽象掉管理成本的不同，这些管理成本与那些不同的等价政策有关。

农产品。而且，$1>\theta$，因为假设农村部门的农产品剩余总是为正值。另一个我们将广泛使用的符号是税率或补贴率 $t=(P-p)/p$。注意当前问题的一个有趣特征：如果对一个部门征税，那么对另一个部门就要补贴。如果 t 为正(负)，那么意味着对农村部门征税(补贴)且对城市部门补贴(征税)。

通过对式(5.1)求 p 的微分可以得到价格变化对可供投资剩余的效应

$$\frac{\partial I}{\partial p}=-(N^rQ-N^ux^u)+(P-p)\left(N^r\frac{\partial Q}{\partial p}-N^u\frac{\partial x^u}{\partial p}\right)+N^u\frac{\partial Y}{\partial p}$$

我们对该微分进行重新整理，得到

$$\frac{\partial I}{\partial p}=N^ux^u\left\{\theta+t[(1-\theta)\varepsilon_{Qp}^r+\varepsilon_{xp}^u]-\frac{\sigma_p}{\alpha^u\gamma^u}\right\} \quad (5.2)$$ 61

其中，$\sigma_p=-\partial\ln Y/\partial\ln p$ 是价格变化的生产率效应，$\alpha^u=px^u/w^uL^u$ 是城市工人收入用于食品的份额，$\gamma^u=w^uL^u/Y$ 是工资占城市产出的份额，$\varepsilon_{Qp}^r=\partial\ln Q/\partial\ln p>0$ 是农业剩余的价格弹性，以及 $\varepsilon_{xp}^u=-\partial\ln x^u/\partial\ln p>0$ 是城市食品消费的价格弹性。

如果提高贸易价格 p，则会产生三个明显的效应。这些效应反映在式(5.2)右边大括号中的三个项上。第一，提高国内农业食品价格会减少或增加关税收入，这取决于当前该国是食品出口国还是进口国。第二，提高价格意味着农村剩余的增加和城市消费的减少，由此导致对农业食品出口的增加(或净进口的减少)。因此，如果当前农业食品的国内价格低于国际价格，净关税收入会增加；反之，则会减少。第三，提高价格会减少可供投资的剩余，这是由于它对生产率的负面影响所致。①

① 当价格提高导致城市工资增加时，这一效应的性质可能不一样。在这里我们忽略这种因素引起的变化，并且假设以(等价物)工业品为单位的城市工资保持不变。更详细的讨论见第10章。

当然,贸易价格对可供投资剩余的整体影响取决于上述效应的合并情况。不过,我们预期,如果贸易价格降低到低于某一水平时会减少可供投资的剩余。如果 p 很低,农村剩余将很小而城市需求将很大,国家将要进口食品(即如果 p 足够低,$\theta > 0$)。而且根据定义,国内价格将低于国际价格(因此,$t > 0$)。对于这类情形的特殊结果,我们由式(5.2)推导出下面的表达式

$$\frac{\partial I}{\partial p} \gtrless 0,\ 当\ t \equiv \frac{P-p}{p} \gtrless \frac{-\theta + \frac{\sigma_p}{\alpha^u \gamma^u}}{(1-\theta)\varepsilon^r_{Qp} + \varepsilon^u_{xp}} \tag{5.3}$$

为了理解上述表达式的一些含义,我们假设价格—生产率效应可以忽略不计(即,$\sigma_p / \alpha^u \gamma^u$ 接近于0)。那么,由式(5.3)可以得到:

如果当前该国是一个农产品的进口国,且如果其当前国内价格低于国际价格,那么,提高价格将增加可供投资的剩余。

相反地,如果当前该国是一个农产品的出口国,且如果其当前国内价格高于国际价格,那么,降低价格将增加可供投资的剩余。

62

5.3 价格剪刀差变化的福利效应

很清楚,根据前面提出的观点,贸易价格的变化对于农村和城市部门的居民福利会产生一个相互对立的效应。农村部门居民由于农产品价格上升所得的,即

$$\frac{\partial V^r}{\partial p} = \lambda^r Q > 0$$

反之,城市部门居民的所失,即

$$\frac{\partial V^u}{\partial p} = -\lambda^u x^u < 0$$

因此，像前面那样，我们运用汉密尔顿公式来评价社会福利

$$H = N^r W(V^r) + N^u W(V^u) + \delta I \tag{5.4}$$

其中，$N^r W(V^r) + N^u W(V^u)$ 是一个加总的伯格森—萨缪尔森社会福利函数，代表了当前消费的社会价值，而 δ 是可供投资的剩余的边际社会评价。对式(5.4)进行微分并利用式(5.2)，我们得到

$$\frac{1}{N^u x^u \delta}\frac{\partial H}{\partial p} = \frac{\beta^r(1-\theta)}{\delta} - \frac{\beta^u}{\delta} + \theta + t[(1-\theta)\varepsilon^r_{Qp} + \varepsilon^u_{xp}] - \frac{\sigma_p}{\alpha^u \gamma^u} \tag{5.5}$$

像前面那样，其中，β^i 是第 i 部门的个人收入的社会边际效用。

假设没有政府干预(即 $t \approx 0$)，且投资的社会权重超过了当前消费的社会权重(即 δ 大于 β^r 和 β^u)，我们来分析上述表达式。式(5.5)可以重新整理为

$$\frac{\partial H}{\partial p} \gtreqless 0,\ 当\ \beta^r \gtreqless \beta^u - \frac{\theta(\delta - \beta^u)}{1-\theta} + \frac{\delta_p \delta}{\alpha^u \gamma^u (1-\theta)} \tag{5.6}$$

我们关注以下四种情形①：

(a) 首先，考虑一个天然的比较优势是农业经济：即当 $t = 0$ 时，$\theta < 0$。那么，式(5.6)说明，只要农村收入相对于城市收入是如此之低，以至于农村收入的社会边际效用大大超过城市收入的社会边际效用，那么，农产品价格的略微提高就会增加社会福利。

(b) 相反，可以证明，如果该经济的天然优势是工业化生产，且如果 63
生产率效应不明显，那么，只要农村收入远远大于城市收入，农产品价格的略微降低就会增加社会福利。只有当存在很大的价格—生产率效应

① 在评估式(5.6)和后面的式(5.7)时，应该强调，等式右边的变量，包括 θ，它们都是 p 的函数。一般而言，它们都不是常量，一旦 p 发生变化，θ 甚至可能改变正负号，当 p 很低时，该国是一个食品的进口国；而当 p 很高时，该国则是出口国。

时，这个结论才可以反过来说。

(c) 当不存在生产率效应时，如果该国的对外贸易可以忽略不计，那么，应该对工业还是农业征税，取决于农村部门的收入高于还是低于城市部门。

(d) 如果城市工资水平使得 $\beta^u=\beta^r$，且对外贸易可以忽略不计，那么，由于价格—生产率效应，对农业部门总是应该征税。

因此，根据当前的简单模型，给定一个平等主义的社会福利函数，在国内战争前夕的美国，对工业品出口征收关税是不是一项非理性政策，这主要取决于两个部门之间收入差别的大小和国际贸易的相对重要性。①

5.4 最优价格剪刀差

现在解最优价格或最优税是一非常容易的事

$$t\equiv\frac{P-p}{p}=\frac{\dfrac{\beta^u}{\delta}-\dfrac{\beta^r(1-\theta)}{\delta}-\theta+\dfrac{\sigma_p}{\alpha^u\gamma^u}}{(1-\theta)\varepsilon_{Qp}^r+\varepsilon_{xp}^u}\tag{5.7}$$

当然，上述表达式右边的变量都是按最优税率来取值的，因此，对于农业出口或进口只占城市食品消费的很小比例，以及生产率效应不明显的情形，在最优水平上我们得到下面的结果

$$t\approx\frac{(\beta^u-\beta^r)/\delta}{\varepsilon_{Qp}^r+\varepsilon_{xp}^u}\tag{5.8}$$

在这类情形下，当且仅当农村部门的个人收入小于(大于)城市部门时，才应该对食品给予补贴(征税)。税收或补贴的大小由投资的社会价值来决定。

① 请注意，为工业品关税所做的主要辩解是保护幼稚工业，我们的分析并没有将它纳入进来。我们同意普遍的共识，即对幼稚工业观点的引用要远远多于对它的辩护。

5.5　结论 64

在农村和城市的相对价格必须相等的经济中，相比于前一章所讨论的情形，即两个部门的价格是各自独立地设置，定价政策所涉及的一系列利益消长关系要更为复杂。在当前情形中，农村和城市部门之间的利益总是存在直接的冲突。另外，在计算贸易价格对可供投资剩余的效应时，现在必须同时考虑价格变化对两个部门各自的效应。

本章的贡献是从三个方面来理解这些问题。首先，我们确定了一些直觉条件，在这些条件下，农产品价格的提高或降低会清楚地导致可供投资剩余的增加。比如，结果显示，如果该经济当前进口（出口）农产品，对农业部门的税收（补贴）并不能产生可供投资剩余的最大化。

其次，我们提供了应该或不应该对农业征税的定性条件。特别地，在许多欠发达国家，它们的农村收入远远低于城市收入，并且经济的天然比较优势是农业，我们认为，这种情况下不应该向农业部门征税。另一方面，如果存在一个可能的情形，即农村部门收入的社会边际效应低于城市部门收入的社会边际效应（可能是这种情形，当大多数农业土地归种植园或大地主所有，且当提高食品价格产生的绝大部分利益没有归农民时），并且该国的天然比较优势是工业，那么，我们认为这些情形下应该向农村部门征税。

第三，我们推导出一个简单的公式来体现最优价格剪刀差的特征，这一公式用城市需求的价格弹性、农村剩余的价格弹性、价格—生产率效应和国际贸易的大小等变量来表示。

第6章

封闭和局部封闭的社会主义经济的价格剪刀差

65

6.1 导言

本章要在一个封闭经济的背景下，处理上一章所检验过的相同问题。在开始分析之前，我们需要解决两个问题：

1. 为什么一个经济体是开放的还是封闭的会有所不同？

2. 什么样的假设更适合于当今的欠发达国家？

封闭经济与开放经济的不同体现在一个重要方面：在封闭经济中，如果市场要出清，每种商品的国内需求必须等于国内供给（在关于社会主义经济的文献中，这些条件有时被称为物质平衡等式）。在前一章，我们不必担心食品的需求是否等于其供给，或者制造品的需求等于其供给：因为存在一个简单的、整体平衡的支付约束。这意味着政府可以在不改变城市工资或经济中其他一些变量的情况下，改变食品价格。相反，在封闭经济中，如果政府降低食品价格，供给会减少而需求会增加：为了实现均衡，就必须通过某种方式来减少需求。本章所要探讨的模型中，需求减少的主要方式是通过降低城市工资，即食品价格的变化总是伴随着城市工资的变化。这个平衡机制的基础是假设政府有能力改变城市工资。这个假设更适合于社会主义国家，而不适合于非社会主义的欠发达国家。当然，我们也会研究其他的平衡机制。

一般来说，一个经济体是更加适合开放经济模型还是封闭经济模型，这样的问题没有最后的答案。没有哪个经济体是彻底开放的——总会存在一些非外贸商品。当然,上一章的分析不仅假定了一个开放经济,而且也假定进出口价格是一样的和固定的。这个假设当然不是非常准确,不少商品进出口价格的差别非常大。大多数出口非农产品的国家都不相信 66
它们能够以一个固定价格销售任意多的出口商品。甚至对于农产品,也必须培育市场,①并且政府常常调动许多资源来做这件事。

同时,任何经济体都不是完全封闭的。大多数国家通过进口来弥补部分食品短缺。不过,最重要的不是贸易的规模(这是相对于国民收入而言),而是政府在边际上改变贸易规模的能力。如果政府做不到这点(比如,因为国家出口商品的短期需求严重缺乏弹性,或因为国家面临国际信贷市场的约束,这些约束限制了它的贸易能力),那么,在这些经济体中分析价格剪刀差,就非常近似于在一个封闭经济中做这一分析。②

另一个一般性问题是,是不是某些商品的价格政策,比如食品价格对工资或其他商品价格的影响,在某种意义上讲政府不能或没有完全抵消掉。除了在特定的理想条件下,完全抵消是不可能的。因此,在我们看来,上一章的模型应该被视为一个限制性情形,它只是有利于帮助巩固我们的观点。但是在一些有趣的情形中,将需要一种对这里所讲到的那种部门间联系的分析。本章中,我们所应用的模型是一个极端情况,该模型在边际上不存在对外贸易。然而,它的重要结论可以扩展到一国能有限地增加或减少其某些可贸易商品对外贸易的情形。

我们对封闭(或局部封闭)经济感兴趣的最后一个原因是,这类模型对于重大历史事件具有相当的洞察力,比如苏联关于剪刀差规模的讨论。在下一章,我们将展示这里所发展的模型,如何可以用来诠释这次讨论。

---

① 的确,即便像大米这种多半为同质的谷物,其质量也是五花八门,因此,市场必须培育。泰国大米肯定不是美国大米的完全替代品。

② 为什么市场均衡,特别是与主权债务有关的市场均衡,总是具有信贷配额特征的相关讨论,见 Eaton、Gersovitz 和 Stiglitz(1986)。有关许多欠发达国家存在信贷配额的经验证据,见 Eaton 和 Gersovitz(1981)。

6.2 模型

现在，除了多一个代表农产品供需均衡的明确方程之外，本章的模型与上一章所提供的模型是一样的。

农村食品剩余＋净进口＝城市食品消费

$$N^r Q + T_x = N^u x^u \qquad (6.1)$$

67 其中，T_x 是食品净进口的数量（它可以为负，也可以为正）。整个分析中 T_x 都保持不变。换句话说，我们假设经济在“边际意义上为封闭的”。一个完全封闭的经济作为特例，用 $T_x=0$ 来代表。和上一章一样，我们假设农村和城市部门的价格是相同的，即 $p=p^r=p^u$ 表示整个经济中以工业品为计价单位的食品价格。

运用前面所定义过的符号，可供投资的剩余表示如下

$$I = \underbrace{N^u(Y - w^u L^u)}_{\text{工业部门的利润}} + \underbrace{(p-P)T_x}_{\text{税收收入}} \qquad (6.2)$$

对应价格变化的工资调整

首先，我们计算城市工资 w^u 的变化，为了能够维持式(6.1)中农产品市场的数量平衡，该变化必然伴随贸易价格的变化。设

$$\varepsilon^u_{wp} = \frac{\mathrm{dln}\, w^u}{\mathrm{dln}\, p}$$

代表弹性形式的工资变化。那么，对式(6.1)进行微分、整理，[①]得到

① 式(6.1)的全微分为

$$N^r \frac{\partial Q}{\partial p}\mathrm{d}p = N^u\left(\frac{\partial x^u}{\partial p}\mathrm{d}p + \frac{\partial x^u}{\partial w^u}\mathrm{d}w^u\right)$$

因此，

$$N^r Q \frac{\partial Q}{\partial p}\frac{p}{Q}\frac{\mathrm{d}p}{p} = N^u x^u\left(\frac{\partial x^u}{\partial p}\frac{p}{x^u}\frac{\mathrm{d}p}{p} + \frac{\partial x^u}{\partial w^u}\frac{w^u}{x^u}\frac{\mathrm{d}w^u}{w^u}\right)$$

现在，注意 $N^r Q = (1-\theta)N^u x^u$，并运用书中对各类弹性的定义，我们可以得到式(6.3)。

$$\varepsilon^u_{wp} = [(1-\theta)\varepsilon^r_{Qp} + \varepsilon^u_{xp}]/\varepsilon^u_{xm} \tag{6.3}$$

和以前一样，其中 $\theta = (N^u x^u - N^r Q)/N^u x^u$ 表示为农产品的净进口量与工业部门的消费量之比，$1 > \theta$，并且 $\varepsilon^u_{xm} = \partial \ln x^u / \partial \ln(w^u L^u)$ 表示城市食品需求的收入弹性。封闭经济的特例中 $\theta = 0$。

由式(6.3)，很明显，$\varepsilon^u_{wp} > 0$。也就是说，在一个贸易数量受到限制的经济中，农产品价格的降低必然伴随城市工资的降低。原因很简单。降低农产品价格会减少农村剩余，并增加城市食品需求。为了平衡需求和供给，必须降低城市工资。甚至正如我们所预计的，式(6.3)显示，当农 68
民的剩余弹性更大时，或者当与城市消费有关的农产品净进口更小时，相对于农产品价格的降低，城市工资的减少会更大。(见图 6.1)

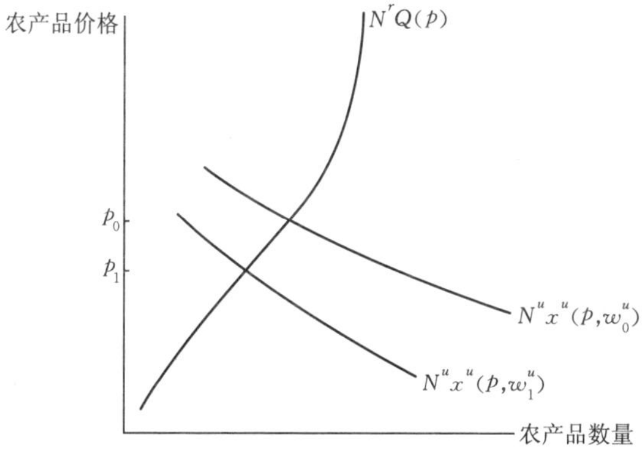

向上倾斜的曲线代表农产品的农村剩余。向下倾斜的曲线代表两个不同水平的城市工资，w^u_0 和 w^u_1 时的城市需求，这里 $w^u_0 > w^u_1$。在初始均衡情况下，如果农产品价格从 p_0 下降到 p_1，那么，需求将大于供给。为了在新的价格水平上求得均衡，需要把城市工资从 w^u_0 降到 w^u_1。相对于任何价格的降低，当代表剩余供给的曲线更加陡峭时，所需要的工资的降低要更小。

图 6.1　农产品市场的均衡

个人福利效应

很清楚，当农产品价格降低时，农民的处境变坏了。另一方面，对城市工人的效应一开始是模糊的:他们面对更低的价格,但是他们的工资也降低了。现在我们要显示,工资效应总是会超过直接的价格效应。因此,在一个可贸易数量受到限制的经济中,农产品价格的降低既损害了农民,也损害了工人。

对一个城市工人的全部效应如下

69

$$\frac{dV^u}{dp}=\frac{\partial V^u}{\partial p}+\frac{dw^u}{dp}\frac{\partial V^u}{\partial w^u} \tag{6.4}$$

该式可以重新表述①为

$$\frac{dV^u}{dp}=\lambda^u x^u \rho \tag{6.5}$$

其中

$$\rho=-1+\frac{\varepsilon^u_{wp}}{\alpha^u} \tag{6.6}$$

且 $\alpha^u=px^u/w^uL^u$ 是食品消费占一个城市工人支出的份额。把式(6.3)代入式(6.6)中,我们得到

$$\rho=[(1-\theta)\varepsilon^r_{Qp}+e^u_{xp}]/\alpha^u\varepsilon^u_{xm}>0 \tag{6.7}$$

其中,e^u_{xp} 是城市部门食品的替代性价格弹性。②由式(6.5),因此可以得出 $\frac{dV^u}{dp}>0$。

对生产率的效应

在前面有一章中,我们讲到价格的变化能够改变生产率。但是,正如

---

① 在式(6.5)的微分过程中,我们运用了两个等式:$\partial V^u/\partial p=-\lambda^u x^u$ 和 $\partial V^u/\partial w^u=\lambda^u L^u$。

② 这里我们运用了替代性弹性和非替代性弹性之间的斯拉斯基(Slutsky)关系:$e^u_{xp}=\varepsilon^u_{xp}-\alpha^u\varepsilon^u_{xm}$。而且,为了避免一些非关键性细节,我们假设 e^u_{xp} 为正(而不是它通常所显示的为非负)。在这里,和其他地方一样,需求的价格弹性被定义为需求的对数对价格求导所得的绝对值。

我们刚刚发现的，价格的变化涉及工资的变化，而工资的变化也可能对生产率产生影响。本小节的一个目标，就是要试图明确这些生产率效应的性质。

代表单位工人净产出的简化式为

$$Y \equiv Y(k, L^u, p, w^u)$$

其中，上面等式右边的后两项参数代表生产率效应。我们在前面定义

$$\sigma_p = -\partial \ln Y / \partial \ln p \text{ 且 } \sigma_w = \partial \ln Y / \partial \ln w^u$$

如果没有更多的限制条件，我们无法预测 p 或 w 的提高是会提高还是降低生产率。原因如下，假设生产率是随着各种商品的消费数量的增加而提高。那么，一种商品价格的提高会增加一些商品（总体上是替代品）的消费量，同时会减少另外一些商品（总体上是互补品）的消费量。结果是，一般而言，对生产率的全部效应的性质是无法预测的。

在此我们考虑两种特别的解释。按照第一种解释，一个工人的生产 70
率取决于他的效用水平，并且随着效用水平的提高而提高。也就是说

$$Y = Y[k, L^u, V^u(p, w^u)], \text{ 这里 } \frac{\partial Y}{\partial V^u} > 0$$

在这种情形下，农产品价格的提高会降低生产率；反之，城市工资的提高会提高生产率。很容易证明①如下的表述

$$\sigma_p > 0, \sigma_w > 0, \text{ 且 } \sigma_p - \alpha^u \sigma_w = 0 \tag{6.8}$$

按照第二种解释，一个工人的生产率取决于他的食品消费的数量，并且随着数量的增加而提高。也就是说

---

① $$\sigma_p = -\frac{p}{Y}\frac{\partial Y}{\partial p} = -\frac{p}{Y}\frac{\partial Y}{\partial V^u}\frac{\partial V^u}{\partial p} = \lambda^u \frac{\partial Y}{\partial V^u}\frac{p x^u}{Y}$$

$$\sigma_w = \frac{w^u}{Y}\frac{\partial Y}{\partial w^u} = \frac{w^u}{Y}\frac{\partial Y}{\partial V^u}\frac{\partial V^u}{\partial w^u} = \lambda^u \frac{\partial Y}{\partial V^u}\frac{w^u L^u}{Y}$$

$$Y=Y[k, L^u, x^u(p, w^u)], \text{ 这里 } \frac{\partial Y}{\partial x^u}>0$$

在这种情形下也一样，农产品价格的提高会降低生产率；反之，城市工资的提高会提高生产率。进一步，我们可以直接得到①下面的表述

$$\sigma_p>0, \sigma_w>0, \text{ 且 } \sigma_p-\alpha^u \sigma_w>0 \tag{6.9}$$

最后，为了以后的应用，考虑到式(6.3)引致的工资效应，我们确定价格变化对生产率的全部效应。它由下面的表达式给定

$$\frac{\mathrm{d}Y}{\mathrm{d}p}=\frac{\partial Y}{\partial p}+\frac{\partial Y}{\partial w^u} \frac{\mathrm{d}w^u}{\mathrm{d}p}=\frac{Y}{p}(\sigma_w \varepsilon_{wp}^u-\sigma_p) \tag{6.10}$$

现在，我们考虑工人的生产率取决于其效用水平的特殊情形。把式(6.6)和式(6.8)代入到式(6.10)中，并且对得到的表达式进行重新整理，我们得到

71

$$\frac{\mathrm{d}Y}{\mathrm{d}p}=\sigma_p \rho>0$$

也就是说，提高农产品价格的全部效应是提高了城市工人的生产率。这正是我们所预计的，因为提高价格会导致工人效用水平的提高，由此又提高了他的生产率。

对可供投资的剩余的效应

农产品价格的变化对可供投资的剩余的全部效应是

---

① $$\sigma_p=(\partial \ln Y / \partial \ln x^u) \varepsilon_{xp}^u \text{，且}$$
$$\sigma_w=(\partial \ln Y / \partial \ln x^u) \varepsilon_{xm}^u$$

因此，

$$\sigma_p-\alpha^u \sigma_w=(\partial \ln Y / \partial \ln x^u) e_{xp}^u$$

这里，e_{xp}^u是城市部门食品需求的补偿性价格弹性。与前面的解释一样，我们假设 e_{xp}^u为正。

$$\frac{\mathrm{d}I}{\mathrm{d}p}=\frac{\partial I}{\partial p}+\frac{\mathrm{d}w^u}{\mathrm{d}p}\frac{\partial I}{\partial w^u} \tag{6.11}$$

运用对 I 的表达式(6.2),上述表达式可以估计为

$$\frac{\mathrm{d}I}{\mathrm{d}p}=N^u\left(\frac{\mathrm{d}Y}{\mathrm{d}p}-L^u\frac{\mathrm{d}w^u}{\mathrm{d}p}\right)+T_x \tag{6.12}$$

食品价格的提高对可供投资的剩余将产生三方面的效应:

(a) 导致更高的工资,更高的工资则会减少可供投资的剩余。

(b) 导致政府从食品进口中获得更多的关税收入(或者降低食品补贴方面的支出),这将增加可供投资的剩余。

(c) 也影响生产率。如果生产率取决于城市工人的效用或其食品消费量,那么,生产率会提高。在这种情况下,可供投资的剩余也会增加。

净效应则显得模棱两可。现在我们要指出的是,倘若生产率效应不是太大,那么净效应为负。也就是说,农产品价格的提高使得农民和城市工人的福利都增加了,但是这需要后代人付出代价(可供投资的剩余)。工资的增加超过关税收入的增长(或者城市食品补贴的减少)会导致利润的减少。

把式(6.10)代入式(6.12),并且定义 $\theta=T_x/N^u x^u$,然后我们对式(6.12)重新整理如下

$$\begin{aligned}\frac{\mathrm{d}I}{\mathrm{d}p}&=\frac{N^uY}{p}(\sigma_w\varepsilon^u_{wp}-\sigma_p)-N^u\frac{w^uL^u}{p}\varepsilon^u_{wp}+N^ux^u\theta\\&=-N^ux^u\left[\frac{1}{\alpha^u\gamma^u}(\sigma_p-\alpha^u\sigma_w)+\rho\left(1-\frac{\sigma_w}{\gamma^u}\right)+(1-\theta)\right]\end{aligned} \tag{6.13}$$

回顾一下,这里 $\gamma^u=w^uL^u/Y$ 是工资占工业产出的份额,并且 $\alpha^u=px^u/w^uL^u$ 是城市工人花在食品上的支出占其收入的份额。 72

对上述等式可以做出几个解释。首先,注意到由于 $1-\theta>0$,且 $\rho>0$,由式(6.13)可以得出:当不存在工资—生产率效应时,农产品价格的提

高会导致可供投资的剩余的减少。

甚至存在生产率效应时，倘若这种效应并不是非常大，上述结论就能够继续成立。由式(6.8)和式(6.9)，可以记得当生产率取决于效用水平或者食品消费量时，$\sigma_p - \alpha^u \sigma_w \geqslant 0$。在这些情形下，由式(6.13)可以得到：农产品价格上升导致可供投资的剩余减少的一个充分条件是 $\gamma^u \geqslant \sigma_w$。

充分条件 $\gamma^u \geqslant \sigma_w$ 具有一个自然的解释。考虑到城市工资增加对工业利润的影响，工业利润的净增加可以表述为

$$\frac{\partial}{\partial w^u} N^u (Y - w^u L^u) = N^u \frac{Y}{w^u} (\sigma_w - \gamma^u)$$

因此，条件 $\gamma^u \geqslant \sigma_w$ 意味着，给定当前的价格和城市工资水平，生产率效应的大小相当于，当城市工人的收入增加 1 美元，他的净产出的提高至多不会超过 1 美元。①

农业剩余具有较高价格弹性的后果

由式(6.7)，我们回顾一下对 ρ 的定义，很明显，只要生产率效应不是太大(即只要 $\gamma^u \geqslant \sigma_w$)，当 ε_{Qp}^r 变大时，式(6.13)右边的绝对值也会变大。也就是说，当农民的剩余弹性更大时，提高贸易价格所导致的可供投资的剩余的增加会更大。既然当 ε_{Qp}^r 变大时，贸易价格的降低会使得城市工资的减少量变大，这自然毫不奇怪。但是，这些结论显然与第 4 章的那些结论截然相反。当时，农村和城市部门的价格是相互独立地设置的。在那里，较小的剩余弹性使得政府收入对于价格变化具有更高的敏感性。比如，当存在较小的农村剩余弹性时，如果降低农产品的价格，政府可以大

---

① 人们不禁认为，这一条件总能够得到满足，因为如果它得不到满足，那么，厂商(或政府)通过提高城市工资就能够增加工业利润。然而，在当前的模型中，城市工资不是以这种方式形成的。而是对应任何给定的价格，城市工资都要进行调整，以平衡对农产品的供需。正如我们后面将看到的，当政府为了最大化可供投资的剩余而最优地设置价格时，条件 $\gamma^u \geqslant \sigma_w$ 不能得到满足。

大提高其收入(而且,其导致的与提高政府收入有关的农民的无谓成本会更小)。现在,在一个只存在一项价格工具 p 的封闭经济中,农村剩余弹 73
性越大越有利于提高政府收入,因为它会更多地降低城市部门工资。

6.3 对价格剪刀差的改革

上面的分析显示,贸易价格的改变会对个人福利和可供投资的剩余产生方向相反的影响。降低贸易价格虽然会增加可供投资的剩余(如果生产率效应不是太大),但同时会降低农民和城市工人的福利水平。结果是,帕累托改进的贸易价格改革基本上是不可能的。因此,在后面的分析中,我们要研究贸易价格变化对个人福利和可供投资的剩余的联合效应。由于政策改革分析的目标是确立能够改善社会整体福利的规则,任何规则如果应用它所需要的信息越少就越有用。我们这里得到的价格改革规则仅仅需要有限的信息。

改革分析的第一步是定义社会总福利。为了做到这一点,我们再一次运用加总的伯格森—萨缪尔森社会福利函数 ψ 来相加个人效用

$$\psi = N^r W(V^r) + N^u W(V^u) \tag{6.14}$$

这里,W 对于 V 是递增的凹函数。设 δ 为边际投资的社会价值,那么,社会总福利的当前价值由汉密尔顿公式给出

$$H = \psi + \delta I \tag{6.15}$$

对上式进行有关 p 的扰动,同时确保城市工资一个对应扰动来保持式(6.1)中农产品的供需均衡。运用式(6.5)和式(6.13),得到

$$\frac{\mathrm{d}H}{\mathrm{d}p} = \beta^r N^r Q \quad \text{农业部门的获益}$$

$$+ \beta^u N^u x^u \rho \quad \text{城市部门的获益}$$

$$-N^u x^u\left[\frac{1}{\alpha^{u}\gamma^{u}}(\sigma_p-\alpha^u\sigma_w)+\rho\left(1-\frac{\sigma_w}{\gamma^u}\right)+(1-\theta)\right]$$

可供投资的剩余的损失 (6.16)

和前面一样，$\beta^i=\lambda^i\partial W/\partial V^i$ 记为 i 部门劳动者边际收入增加的社会价值。式(6.16)右边的三项分别代表由于农产品价格的提高所导致的农村部门
74 的福利增加、城市部门的福利增加和可供投资的剩余的损失。对这些收益和损失的计算，自然要通过它们各自的社会评估度来得到。

对于 $\frac{\mathrm{d}H}{\mathrm{d}p}$，回顾式(6.6)有 $\rho=-1+\varepsilon^u_{wp}/\alpha^u$，并重新整理式(6.16)，可以得到另一个可替代的表达式

$$\frac{\mathrm{d}H}{\mathrm{d}p}=N^u x^u\left[\beta^r(1-\theta)-\beta^u+\delta\left(\theta-\frac{\sigma_p}{\alpha^u\gamma^u}\right)\right] \quad \text{直接效应①}$$

$$+N^u x^u\left[\beta^u-\delta\left(1-\frac{\sigma_w}{\gamma^u}\right)\right]\frac{\varepsilon^u_{wp}}{\alpha^u} \quad \text{引致的工资效应} \qquad (6.17)$$

上述表达式清楚地把贸易价格变化所产生的两种不同的效应区分开来。第一项是 p 提高所产生的直接效应，它有利于农民，损害了工人，当该国是一个净进口国(或者出口国)时会提高(或者减少)政府税收，并且降低工业生产率。第二项代表引致的城市工资增加的效应，它有利于城市工人，提高了工资且提高了工业生产率。

现在可以通过式(6.16)和式(6.17)，得到保证相对价格的具体变化会增加社会福利的充分条件。为了简化起见，下面的讨论抽象掉了生产率效应，不过要把这类效应纳入进来很容易。抽象掉生产率效应以后，将式(6.17)重新表述为

---

① 在计算直接效应时，我们运用等式(6.1)和对 θ 的定义来得到 $N^rQ/N^ux^u=1-T_x/N^ux^u=1-\theta$。

$$\frac{\mathrm{d}H}{\mathrm{d}p}=N^{u}x^{u}[(\beta^{r}-\delta)(1-\theta)+(\beta^{u}-\delta)\rho] \tag{6.18}$$

记得 $\rho>0$，且 $1>\theta$，因此得到

$$\frac{\mathrm{d}H}{\mathrm{d}p}<0\text{，当 }\beta^{r}\leqslant\delta\text{ 且 }\beta^{u}\leqslant\delta\text{ 时} \tag{6.19}$$

（至少满足一个严格的不等式），且

$$\frac{\mathrm{d}H}{\mathrm{d}p}>0\text{，当 }\beta^{r}\geqslant\delta\text{ 且 }\beta^{u}\geqslant\delta\text{ 时} \tag{6.20}$$

（至少满足一个严格的不等式）。

由式(6.19)和式(6.20)，我们发现，损害或有利于农民的贸易价格的变动是否合意，这取决于可供投资的剩余的社会评估度，是大于还是小于农村和城市收入的社会评估度。请注意，即使不考虑农村收入的社会评 75
估度是大于还是小于城市收入的社会评估度，该规则也是成立的。也就是说，即使不考虑两类劳动者中到底哪一类的处境变坏了，当 1 美元政府投资的社会边际价值超过了两个部门 1 美元消费的社会边际价值，那么，损害农民的价格变动所带来的社会收益将超过社会损失。

这些规则最重要的一点是，它们不需要有关行为参数的知识，像农村剩余和城市消费对价格变化的反应。根据现存制度中的边际社会评估度，即根据当前 1 美元农村和城市收入对 1 美元政府投资的社会评估度，这些规则可以被单独使用。另外，值得一提的是，由于抽象掉了对城市工人的生产率效应，有关激励和效率的问题在这些改革中毫无意义。

6.4 最优价格剪刀差

现在，我们可以明确最优价格结构的一些特征。为了简化分析，我们继续忽略生产率效应。假设存在一个社会福利的唯一内部最大值，正如

式(6.15)中所定义的那样。在社会福利最优时,我们有 $\mathrm{d}H/\mathrm{d}p=0$。根据式(6.19)和式(6.20),这意味着最优价格结构必须满足

$$\beta^r > \delta > \beta^u \text{ 或者 } \beta^u > \delta > \beta^r$$

也就是说,如果可供投资的剩余的边际社会评估度没有处在农村个人收入的边际社会评估度和城市个人收入的边际社会评估度之间,那么,当前的价格体系不是最优,通过价格政策的变化可以对之加以改善。①这个结论需要和项目评估文献中常常持有的一个观点进行对比,该观点认为,投资的社会评估度应该大于消费的社会评估度。②当贸易价格可以被用来作为一项政策工具,以及当政府选择使贸易价格最优化时,这个观点并不正确。

基于税率或补贴率的解释

分析最优贸易价格的一个办法是考虑隐含税收问题。通过比较市场价格和影子价格,而不是比较生产者和消费者的价格,有时能得到意外的见解。特别是当生产者和消费者的价格一致时更是如此。事实上,一个
76 农村劳动者既是生产者又是消费者。因此,在下面的分析中,我们把"税负"定义为生产一个产品的社会机会成本和该产品的市场价格之差。如果记 η 为农产品的影子价格,那么,以投资所表示的该产品的影子价格为 η/δ。因此,税率可以定义为

$$t=\left(\frac{\eta}{\delta}-p\right)/p$$

由此,当 $t<0$ 时,城市部门要交税而农村部门得到补贴。

为了分析最优税负,我们把农产品市场均衡条件式(6.1)与式(6.15)

---

① 为了使我们的解释保持清晰,我们排除了 $\beta^r=\beta^u=\delta$ 这种例外情形的可能性。

② 见 Yotopoulos 和 Nugent(1976, p.385)对这种观点的概述。

明确地合并起来，得到下面的拉格朗日函数

$$\mathcal{L} = \psi + \delta I + \eta(N^r Q + T_x - N^u x^u) \tag{6.21}$$

这里，ψ 由式(6.14)给定，p 和 w^u 是控制变量，回顾式(6.2)和对农产品净进口的定义，$T_x = N^u x^u - N^r Q$，我们用下面的表达式来表示可供投资的剩余

$$I = N^u(Y - w^u L^u) + p(N^u x^u - N^r Q) - PT_x \tag{6.22}$$

根据式(6.21)和式(6.22)，经过一些处理后，我们可以得到对于 p 和 w^u 的内部最优一阶条件的各自表达式（本章的附录中给出了求导过程）

$$-t = \frac{(\beta^r - \beta^u) + \theta(\delta - \beta^r) - \delta\sigma_p/\alpha^u\gamma^u}{\delta[(1-\theta)\varepsilon^r_{Qp} + \varepsilon^u_{xp}]} \quad 和 \tag{6.23}$$

$$\frac{\beta^u}{\delta} = 1 - \frac{\sigma_w}{\gamma^u} + t\alpha^u\varepsilon^u_{xm} \tag{6.24}$$

下面，把式(6.24)代入式(6.23)，后者可以改写为

$$t = \frac{(1-\theta)(1-\beta^r/\delta) + (\sigma_p - \alpha^u\sigma_w)/\alpha^u\gamma^u}{(1-\theta)\varepsilon^r_{Qp} + \varepsilon^u_{xp}} \tag{6.25}$$

我们还记得 $1 > \theta$，并且，根据式(6.8)和式(6.9)，因为考虑到生产率假说，有 $\sigma_p \geqslant \alpha^u\sigma_w$。由式(6.25)，如果 $\delta > \beta^r$，则 t 为正值。相反，当 $\beta^r > \delta$ 且 σ_p 和 σ_w 可忽略不计时，t 为负值。下面考虑一种特殊情形，这时社会要最大化可供投资的剩余，也就是说，$\beta^i/\delta \to 0$。在这种情形下，由式(6.25)可得 t 为正。接下来，根据式(6.24)，最优状况下 $\sigma_w > \gamma^u$。这样，我们马上可以得到下面的结论。请注意，这些结论完全独立于对外贸易的规模和进出口方向。

(a) 当农民收入的边际社会评估度小于可供投资的剩余的边际社会 77
评估度时，要向农民征税。

(b) 当农民收入的边际社会评估度大于可供投资的剩余的边际社会评估度，且城市生产率效应不明显时，要给农民补贴。

(c) 当城市生产率取决于效用水平时，最优税率与生产率效应的大小无关。如果农民收入的边际社会评估度大于可供投资的剩余的边际社会评估度，则税负为负；反之，则税负为正。

(d) 在一个只关心可供投资的剩余最大化的经济中，农民要被征税。城市工人所面对的工资和价格是这种情况，现有工资中的一个提高将大于产出的相应增加。

最后一个结论乍一看似乎与直觉不符，因为人们会期望一个社会将至少愿意把城市工资提高到某个点，在这点上，通过提高生产率，它能够得到大于它的付出的补偿。这个说法不正确的原因是，提高城市工资也会增加城市工人的食品消费。接下来这会导致公共收入的损失，因为最优食品价格会低于影子价格(即 $t>0$)。这种间接的政府收入效应，使得社会通过提高城市工资来充分获取生产率提高的收益并不是合意的。

下面考虑这种不存在生产率效应的封闭经济的特殊情形(即 θ_p、σ_p 和 σ_w 接近于 0)。由于更高的 β 对应着更低的效用水平，很明显，在这种情形下，式(6.23)限定了两个部门之间的最优税或补贴的位置。处境变好的劳动者应该被征税，处境变糟的劳动者应该被补贴。这个结论与经济中的行为反应和投资的社会价值无关。更进一步，即使不考虑农民和城市工人到底谁的处境更好了，这个结论仍然成立。

后面我们会看到最后那个结论的重要性。假设有一个国家，其农民的处境比城市工人更糟(通常情况就是如此)，但是农民却被征税，城市工人却被补贴。那么，在最后一个结论所依据的假设集合之下，这样一种税收模式与平等主义的社会福利函数不可能一致，这种社会福利函数给每个人的福利以相同的评估度，而不考虑他的社会地位。

在更加现实的情形中，如城市部门生产的现代资本品能高效地用到农村部门，而且政府可以在部门间的投资分配上进行选择，上述有关贸易价格的结论本质上保持不变。举个简单的例子，考虑这种情况，两个部门 78
都得到投资，而且农村部门的资本回报会增加。那么可以证明，我们推导出的税收规则继续表现出最优的特征。当然，资本的分配情况会以一种相当复杂的方式影响税的规模。资本从城市向农村部门的转移，不但会影响边际社会评估度，而且会潜在地影响剩余弹性、城市需求弹性和生产率对工资的敏感性。①

式(6.25)提供了一些非常重要的意外发现，但是，由于下面要指出的原因，它们多少有点偏颇。比如，回想一下，当生产率取决于工人的效用水平时，$\sigma_p - \alpha^u \sigma_w$ 等于零；而当生产率取决于食品消费量时，它的值为正。因此，式(6.25)认为，如果生产率对工人的食品消费比对其他商品的消费更加敏感，那么，最优食品价格会更低。既然当工人的生产率对食品消费更加敏感时，降低食品价格得到的边际社会收益会更高，那么，这正是人们所预期的。

式(6.25)也意味着，当农民的剩余弹性更大时，最优税率或补贴率会更小。既然一个更高的 ε^{r}_{Qp} 意味着对于一个给定的贸易价格的变化，农产品剩余会出现更大的变化(以及因此在城市工资和工业利润上所引致的变化)。

另一种描述

在上面的分析中，我们用贸易价格作为控制工具。因此，分析局限于价格剪刀差问题的背景下。不过，这里可以用另外几种办法描述同样的问题。首先，考虑控制名义城市工资。可以证明，名义城市工资的增加，

---

① 为什么这种见解是偏颇的，原因如下。请注意，式(6.25)右边的变量是税率的内生函数。这一内生性把一个精确的评价——关于这里所考虑的两种生产率假说下最优税率是如何不同的——搞复杂了。文章中刚刚讲到的结论是基于简单地认为在两种被比较的情况中，像 β^r、δ 和 θ 这些变量没有明显的不同。对于后面要讲到的结论，我们也提请类似的注意。

会相应导致贸易价格有利于农村部门的一个变动。其次，只要没有其他分析工具(除了相对价格和城市工资)，如果把可供投资的剩余 I，或者农村剩余 Q 看作政策分析的焦点，那么，分析的经济意义保持不变。在这些情形下，分析的问题有时被称为“投资问题”和“销售剩余”。最后，我们可以在分权的经济背景下重新解释我们的分析。为了明白这一点，首先，我们想象政府指导其公共部门的管理者，根据他们所面临的名义价格去最
79 大化利润，但是采用一种对工业品的商品税或者城市工资税。那么，很自然政府可以控制贸易价格。尤其前面分析的最优情况，可以通过这种方法来实现。接着，我们假设工业产量为私人所有，但是政府征收 100%的利润税，并且还征收上面所提到的两种税收中的一种。那么，通过一个私人市场的均衡，合意的公共政策就能够实现。①

6.5 存在外贸产品和非外贸产品的经济

前面的分析是基于一个简化的假设，即一种单个总计商品(a single aggregate good)由两个部门中的一个来生产。这种假设使我们的注意力集中在两个部门之间与贸易价格变化有关的利益权衡上。的确，正如我们下一章将看到的那样，这些利益权衡是长期存在的有关农业和工业冲突的辩论基础。

本章分析的一个假设是，当一国所面临的国际贸易机会有限，那么，贸易价格的变化需要伴随着城市工资的变化，这样才能保持对农产品的

---

① 公共企业的最优定价和私人企业的最优税收之间的关系的讨论文献，如见 Stiglitz 和 Dasgupta(1971)，如果没有征收 100%的利润税(它们很少征收)，那么，考虑到这一点，需要对最优税负规则做出修正。

刚才描述的两个方案——公共部门管理者最大化公共企业的利润和存在 100%利润税时私人厂商最大化利润，都忽略了基本的激励问题。尽管这些理想状况在税收和定价的讨论中居于核心地位，但是，我们需要相当谨慎地对待它们。

供需均衡。我们现在考虑一个更一般的情形，这时两个部门中的每个部门都生产和消费许多产品，而且一些产品对外贸易而另一些则不。

一般情况下，我们可以通过(a)一个像式(6.2)的投资等式，和(b)一系列代表每个边际非外贸产品的需求和供给之间平衡的等式来代表经济的均衡。[在前面的分析中，式(6.1)代表单个非外贸——农产品的需求和供给之间的平衡。]如果一个边际非外贸产品的价格发生变化，那么，平衡的恢复需要至少一些其他产品(外贸或非外贸)的价格也发生变化，或者城市工资发生变化。

正式地，我们通过贸易条件的平衡和一系列非外贸产品的市场出清等式来代表经济的均衡。用向量 P 和 p 分别表示外贸产品的国际和国内价 80
格。用向量 q 和 t 表示生产者价格和对非外贸产品的税负。用向量 Q^r 表示单位农民的非外贸产品剩余。用向量 x^u 表示单位城市工人非外贸产品的消费量(为了简便，我们假设所有非外贸产品都由农村部门生产，并且所有工业品都是外贸产品)。用 T 表示贸易品的净进口。则，非外贸产品的市场出清等式为

$$N^r Q^r(p,\ q+t)-N^u x^u(p,\ q+t,\ w^u)=0 \tag{6.26}$$

可供投资的剩余为

$$I=(Y-w^u N^u)+(p-P)T \tag{6.27}$$

其中，Y 是工业部门产出用国际价格计算(根据计价商品)的全部价值。很明显，当政府改变外贸商品的国内价格，或者对非外贸商品征税，那么，通过改变一些其他的外贸商品的国内价格，或者对一些其他商品征税，它能够平衡市场出清等式(6.26)。

为了明白上述模型的一个含义，假设有一类食品，如小米是非外贸产品。但是，另一类食品如大米是外贸产品。当政府降低小米的价格时，这类产品的农村剩余会减少，同时城市需求会增加。政府想实现市场上小

米的供求平衡，要么减少城市工资，要么降低大米价格（这将导致个人把需求从小米转移到大米）。这两种政策的福利后果存在显著的不同。前一种情况下，城市工人的处境可能更糟，农民的处境毫无疑问更糟糕，而投资是增加还是减少，取决于城市工资支付上的减少是否超过了可能的税收损失。后一种情况下，城市工人的处境毫无疑问更好了，如果存在大米剩余，则农民的处境更糟了，而可供投资的剩余会减少。

请注意，前面的观点假设可以对非外贸产品征税。对于大多数几乎全部限于在农村部门生产和消费的非外贸产品（包括低质的谷类食品）而言，情况并不总是如此。由于各种各样的经济原因（导言部分做了详细说明），政府要对这类产品征税或给予补贴根本不可能（或者成本太高）。这并不意味着，这些产品对于分析定价和税收没有关系。政府税负和价格政策的变化，对这类非外贸产品的价格产生引致效应。然后，这些引致效应又
81 会影响农村部门这些产品的生产者和消费者。在第 8 章，我们会显示如何能够很容易地把这些引致效应纳入到对税收和定价政策的分析中来。

在本章前面部分所提供的模型中，政府的政策工具受到严格的限制。要想得到农产品的市场均衡，只能依靠调整城市工资。实际上，政府常常凭藉其他政策工具，尤其是配额。配额可以被认为是一种采用非线形定价计划的方法，也就是说，对于配额内数量（有时是 0）采用低价格而对于剩余部分采用高价格。当配额可以在二级市场交易时（政府往往很难禁止这种交易，即便禁止是合意的），而且当两个部门之间并没有有效税收边界时，这类配额计划等于向城市居民提供了一项一次性补贴。除了处置失业之外，这种补贴相当于提高城市工资。

6.6 结论

本章的中心思想是，当存在非外贸产品时——或当存在对外贸规模

的严格限制时，政府不可能只改变一个价格(剪刀差的大小)。为了保持非贸易品需求和供给之间的平衡，必须改变一些其他商品的价格或者城市工资的水平。本章的重点放在一个简单模型上，模型中，城市工资的调整是为了确保食品的需求等于其供给。在有关扩大剪刀差即增加对农村部门的税的效应的结论上，这会产生一些鲜明的效果。引致的工资效应强化了这类税对政府收入的正效应，并且它们远远抵消了价格变化对城市部门的直接福利效应。在下一章中，我们将展示如何进一步运用这个分析，更清楚地认识苏联工业化辩论的某些内容。

附录 82

式(6.23)和式(6.24)的求导

由式(6.14)、式(6.21)和式(6.22)

$$\mathcal{L}=N^rW[V^r(p)]+N^uW[V^u(p,w^u)]+\delta[N^u(Y-w^uL^u)$$
$$+p(N^ux^u-N^rQ)-PT_x]+\eta(N^rQ+T_x-N^ux^u) \qquad (6.A1)$$

$\mathcal{L}$对于 p 的偏导数可以重新整理

$$\frac{1}{\delta}\frac{\partial\mathcal{L}}{\partial p}=\frac{\beta^r}{\delta}N^rQ-\frac{\beta^u}{\delta}N^ux^u+N^u\frac{\partial Y}{\partial p}+(N^ux^u-N^rQ)$$
$$+\left(p-\frac{\eta}{\delta}\right)\left(N^u\frac{\partial x^u}{\partial p}-N^r\frac{\partial Q}{\partial p}\right) \qquad (6.A2)$$

$$=N^ux^u\left\{\frac{\beta^r}{\delta}(1-\theta)-\frac{\beta^u}{\delta}-\frac{\sigma_p}{\alpha^u\gamma^u}+\theta+t[(1-\theta)\varepsilon^r_{Qp}+\varepsilon^u_{xp}]\right\}$$
$$(6.A3)$$

设后一个表达式等于 0，我们得到式(6.23)。下一步，$\mathcal{L}$对 w^u 的偏导数可以被重新整理为

$$\frac{1}{\delta}\frac{\partial \mathcal{L}}{\partial w^u}=\frac{\beta^u}{\delta}N^u L^u+N^u\left(\frac{\partial Y}{\partial w^u}-L^u\right)+\left(p-\frac{\eta}{\delta}\right)N^u\frac{\partial x^u}{\partial w^u}$$

$$=N^u L^u\left(\frac{\beta^u}{\delta}+\frac{\sigma_w}{\gamma^u}-1-t\alpha^u\varepsilon^u_{xm}\right) \tag{6.A4}$$

设后一个表达式等于0，我们得到式(6.24)。

第 7 章

苏联的工业化讨论和集体化 83

7.1 导言

十月革命以后，如何为支持工业化而筹集所需资源成为苏联的一个关键性经济问题。需要工业化这并不是争论的话题，当时的一个共识是，社会主义过渡这一必然过程的下一个阶段就是工业化。另一方面，适当的收入来源问题（尤其是价格剪刀差在榨取农村部门资源中的作用），在随后的苏联工业化讨论中则成为了引起激烈争吵的问题。每一个重要的苏联领导人都不能不把握好这个问题。①尽管讨论充满了火药味，却非常重要，因为它使苏联提前一步遭遇了今天许多欠发达国家面临的极为困难、但关键的城乡利益权衡问题。

苏联大讨论过分强调把对农民的价格剪刀差作为可供投资的剩余来源的重要性，低估了通过对城市无产阶级的工资压榨来增加可供投资的剩余的可能。不过，考虑到早期苏联政府偏爱无产阶级这一普遍偏见，上面的偏见就不足为奇了。②值得奇怪的是，大讨论缺乏对农民行为反应的关注。由于早期苏联政府面临的经济情况（尤其是农村食品剩余供给的急剧波动）③，已经显示了激励的重要性——恰如列宁所警告的④，这种对激

---

① 比如，Bukharin（1920）、Lenin（1919）、Preobrazhensky（1926）、Stalin（1926）和 Trotsky（1909）。对这个大讨论的一个评论见 Erlich（1960）。

② 马克思本人就有这种偏见。“资产阶级……创造了大量城市，相比于农村，极大地增加了城市人口，并因此从愚昧的农村生活中解救出相当大一部分人口。”（Marx and Engels 1848：p.488，楷体是我们强调的）。

③ 见 Dobb（1966，ch.7）对一部分这类事件的描述。

④ “要增加产量和谷物的收成是不可能的……除非通过改善农民阶级的状况。”（1921，p.593）

励的不关心特别令人费解。我们前一章的分析已经清楚地证明,正如它可能的那样,农民的行为反应对于任何价格剪刀差的分析都是至为重要的。

在开始我们的讨论之前,可能有必要提请注意,“价格剪刀差”这一术语不但在苏联大讨论中被广泛使用,而且它本身就源于此。和我们前面所讲过的一样,价格剪刀差指的是农产品价格与工业品价格的相对关系。
84 苏联 1922—1924 年工业价格和农业价格的一个曲线图(见图 7.1),显示了为什么这些价格变动一开始会被称为一把闭合的价格剪刀,而后又被称为一把张开的价格剪刀。在本书中,有时该术语用来表达的一种明确意义是,不利于(或者,有利于)农业的价格剪刀差的变动,是农产品价格相对于工业品价格下降(或者上升)的另一种简单表达方式。

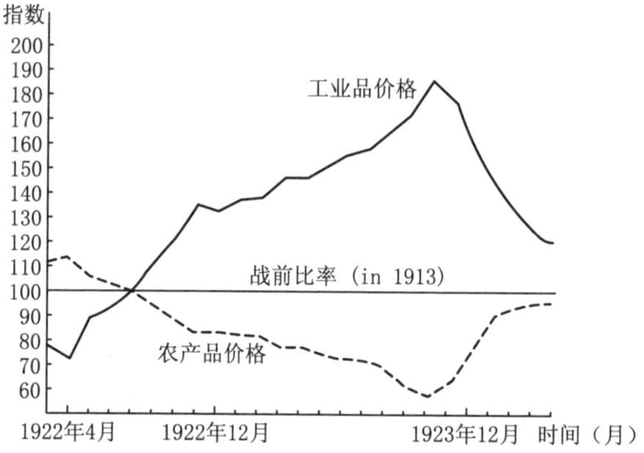

资料来源:Dobb(1966, ch.7).

图 7.1　工业品和农产品零售价格的比率

7.2　普列奥布拉任斯基的命题

苏联工业化讨论的发起人之一就是叶夫根尼·普列奥布拉任斯基(Ergeny Preobrazhensky)。不同于讨论中的大多数参与者,他将自己的观点建立在一个同时存在农村部门和国有工业部门的明晰模型上。①除了贸易价格，他还讨论了许多其他政策工具，比如铁路关税、印钞和信贷政策的作用。除了他所面对的最重要的争论焦点之外，他分析的中心部分就是他所提出的一系列命题，这些命题涉及贸易价格的影响和作用。本节的目标，就是运用上一章的分析来阐明这些命题中的一部分。下面的讨论以第 6 章的模型为基础，该模型中农村和城市的价格是相同的，并且贸易方面存在边际性限制。在我们看来，外贸上存在限制的模型，而不是不存在限制的模型，更适合于用来理解我们所考虑的那个时期苏联的境遇。这个问题和其他关于模型适当性的问题会在后面讨论。为了简便，本章中我们的讨论抽象掉了工资和价格的变化对工人生产率的效应。 85

第一命题

普列奥布拉任斯基最重要的主张是，通过不利于农民的贸易条件变动，国家可以增加其资本积累。为了引用的方便，我们将这一观点称为普列奥布拉任斯基第一命题。这个命题自然非常基本，因为它认为运用贸易价格作为社会资本积累的工具是可行的。

我们还记得，贸易价格不利于农民的变动意味着 p 的降低。上述观点因此可以表示为 $\mathrm{d}I/\mathrm{d}p<0$。式(6.13)表明该观点是正确的，因为降低贸易价格需要城市工资的相应降低，并因此增加可供投资的剩余。

更进一步，根据我们前面对式(6.13)的讨论，如果农村剩余的价格反应更大，那么，贸易条件不利于农民的变化会导致可供投资的剩余更大幅度地增加。这个结论需要与一些研究者的建议进行比较，他们的建议认为，如果农村剩余具有高价格敏感性，则通过价格剪刀差增加对农民的压

① 见 Preobrazhensky(1926)和 Filtzer(1979)主编的他的文集。正如 Dixit(1973，p.325)正确指出的那样，Preobrazhensky 的文字模型，可以被认为是两部门发展中经济的现代模型的先驱。

榨,并不会导致增加积累(比如,见 Lipton, 1977, pp.129—130; Mitra, 1977, p.54)。不过,这里相关的是农村农产品剩余与政府可供投资的剩余之间的区别,以及政府剩余与城市工人消费之间的区别。如果农村剩余的价格反应更大,农产品相对价格的下降会导致农村剩余更大幅度地减少。接下来,这要求城市对农产品的需求有一个更大的缩减。城市工资更多的减少必然导致可供投资的剩余更大数量的增加。①

86 **第二命题**

普列奥布拉任斯基的另一个重要主张的经济含义可以表述如下:通过贸易条件不利于农民的变动,可以增加积累而不会导致城市无产阶级的经济状况恶化。我们把这一观点称为普列奥布拉任斯基第二命题,按照我们使用的符号,它可以表述为 $dV^u/dp \leqslant 0$, 且 $dI/dp < 0$。根据式(6.5)和式(6.7),这个观点显然是不正确的。也就是说,价格压榨在伤害农民的同时,也伤害了城市无产阶级。更进一步,式(6.5)和式(6.7)显示,当农村剩余的价格反应更大时,贸易价格不利于农民的变动会导致城市工人福利的下降更大。再一次,关键是农产品的需求和供给的平衡所产生的约束作用。②这一约束决定着贸易价格和城市工资可行的结合方式,并因此决定了贸易价格变化的全部后果。

---

① 不过,当外贸不受限制时,一个相似的结论并不总是成立的。实际上,正如我们在第 5 章中的分析,特别注意式(5.2)所指出的,当贸易条件发生不利于农民的变动时,开放经济中可供投资的剩余可能不会增加。即便有人像我们在这里做的那样抽象掉了生产率效应,这也是正确的。也是根据式(5.2),当剩余的弹性 ε^r_{Qp} 更大时,可供投资的剩余对价格的敏感性(即 dI/dp 的大小)是增加还是减少取决于税收体系(即取决于对农民是征税还是补贴)。因此,那些强调农村剩余弹性对可供投资剩余价格敏感性负效应的人,可能考虑的是开放经济中特定的亚情形。也可以说,他们可能考虑的是其他可替代的平衡经济的工具。

② 不过,可能有些政府没有意识到这种约束。如果情况如此,政府可能决定提高工业品的名义价格而不改变真实城市工资(也就是说,保持以工业品计价的城市工资不变)。这仅仅是提高了农产品的名义价格,而没有改变贸易条件。当然,政府可以运用其他一些政策工具,像城市配额或者在两个部门设置不同的价格集合(见 ch.4),不过这样的话,我们讨论的经济问题已经不同于价格剪刀差问题。

有意思的是，在此要说明一下，普列奥布拉任斯基在苏联大讨论中面对的许多批评是说他反农民。“他们指责他偏袒对农民的‘剥削’，倡导一种内部的殖民主义。”（Nove 1965，p.xi）事实上，普列奥布拉任斯基本人投入了大量精力来试图证明他并不反农民，并不像他的书里先前所建议的那样。①我们怀疑，如果他不宣称（正如我们的分析所认为的是错误的宣称）城市无产阶级将不必为国家的积累付出任何代价，可能会避免一些批评。②

社会主义原始积累的基本法则 87

> ……当社会主义革命发生的时候……无产阶级的社会主义积累基金得到的遗产越小，相应地，社会主义积累将不得不越多地依靠经济中前社会主义形式的剩余产品的让渡部分，并且依靠自身生产基础的积累的权重会越低；也就是说，它通过社会主义工业中工人的剩余产品所得到的积累越小。（普列奥布拉任斯基，1926，p.124）

这一“法则”说明，当前工业资本的存量越小：

(a) 迫使国家对农民施加一个越大的价格压榨，并且

(b) 意味着来自工业部门的利润占全部可供投资的剩余的比例越低。

为了简便起见，我们将把上述表述分别称为普列奥布拉任斯基第三命题和第四命题。在我们的模型中，当前资本存量越小，意味着投资的社

---

① 见在 Preobrazhensky(1926，Appendix)中他给布哈林和其他反对者的答复。

② 在该背景下，迈克尔·厄尔曼的经验研究(Ellman，1975，1987)具有启发性。他评价了在第一个计划时期农村部门与城市部门各自对苏联积累所做的贡献，并且得出结论说大部分积累来自工业部门。然而，厄尔曼的分析讲的是后集体化时期的情况，那时的核心政策工具是高压政治而不是贸易条件。见莫迪(Mody，1981)的对苏联第一个计划时期和其他一些历史经验的分析。这里应该提到的另一个研究是格里高利和斯图亚特(Gregory and Stuart，1991)所做的。运用 20 世纪 20 年代的资料，他们发现，正如人们的分析所假设的那样，苏联农业剩余的价格弹性为正值。

会价值 δ 越大。根据这一解说，如果 δ 更大[比如，见式(6.25)]，最优贸易条件将倾向于更低，从这个意义上说第三命题是正确的。给定工资和价格水平，资本存量越低意味着来自工业部门的利润越低，并且全部可供投资的剩余中来自该部门的比例越低，从这个意义上说第四命题也是正确的。但是，一个更低的资本存量也会影响 δ 以及相关的行为参数，并因此影响最优城市工资和贸易条件。正如我们前面所认为的，最优 p 和 w^u，以及由此可供投资的剩余来源的最优比例，是由关系到农民的福利与工人阶级的福利的社会价值判断，以及由行为参数决定的。①

7.3 价格剪刀差的合理规模

我们已经说明，剪刀差的最优规模(或者相同意义地，对农民征收隐性“税”的合理水平)取决于农民福利和城市无产阶级福利的社会价值，以及和投资的社会价值的比较。在这点上，通常认为早期苏联政府并不关心农
88 民的福利。对前集体化大讨论的一个更好的解释可能是，相比于列宁代表了对农民关心程度的中间位置(见 Lenin, 1919)和布哈林(Bukharin)代表了更高一端的关心，②普列奥布拉任斯基则代表了对农民更低一端的关心。另一方面，早期苏联的领导集团对于给投资——相比消费——一个更高的社会评估度，以及对于给城市无产阶级的消费——相比农民的消费——一个更高的社会评估度方面，显示出高度一致的意见。③

---

① δ/β^r 的提高将增加对农村部门的税收。这提高了来自农村部门的贡献。但是它也导致更低的工资，这又增加了来自城市部门的政府收入。

请注意，在普列奥布拉任斯基的第三和第四命题中隐含地假设了，一旦经济通过资本积累来增长，大多数资本将被配置到工业部门。这个假设在苏联大讨论中非常流行。但是，至少在当前欠发达国家的背景下，其正确性值得疑问。参见我们在本章导言中对投资来源和使用的讨论。

② 实际上，布哈林劝告农民自我富裕起来。

③ 不同表述是，很明显，对于 $\delta>\beta^u$ 和 $\delta>\beta^r$ 方面没有异议。但是，对于 β^r 相比于 β^u 的相对大小则存在不同。显然，在目前的背景下，福利评估不必以匿名社会福利函数为基础。

根据这种对苏联最初情形的解说，我们的分析表明，贸易条件出现不利于农民的变动是合意的，至少在可供投资的剩余和城市无产阶级的消费具有相同社会评估度时是如此[见前面第6章的式(6.19)]。因此，即便对于农民和城市无产阶级的相对关心程度可能不同，贸易条件的变动方向(当不存在政府干预时，由于什么它将发生变动)保持不变。另一方面，对农民征税的水平将受到相对关心的具体程度的影响：对农民更大的关心对应着更低的税。

7.4 集体化

根据这一分析，很明显，就算不考虑政府是否重视农民，对农民的价格应该被压低到何等水平，这本身存在下限。相应地，能够从农民那儿榨取多少剩余也是有限制的。如果政府想榨取超过限制的剩余，它必须找到另一种组织农村部门的方法。人们可以把苏联的集体化解释为对这些问题的一种解决。①根据这种解说，集体化被视为一种组织形式，它允许政府从农村部门榨取一个数量更大的剩余，它不但能加快资本积累(早期苏联领导人认为这是急切需要的)，而且是对城市无产阶级状况的一种改善。正如现在我们充分意识到的那样，集体化并没有解决作为问题核心的动机冲突，而且实际上还产生了许多问题，这些问题的极端恶劣性现在已广为人知(见 Swarup，1954 年对这些部分问题的早期分析)。

运用经济学术语，集体化可以被视为监督—命令体制对价格—激励体制的一个替代。两种体制之间进行比较的一些方面(像在前一种体制下工人有偷懒的动机)已经得到了广泛研究。在这里，我们愿意就一个还 89

① 当然，这是一个纯经济学解说。在另一个极端，人们可以认为集体化的原因完全是非经济的，比如，苏联政府的所作所为是要破坏反对改革的农民阶级的潜在力量，或者简单地说是废除私有财产。

没有得到充分重视的方面来进行分析。许多文献把注意力放在比较可相互替代的不同组织引导工人完成特定工作标准的能力。然而,特别是在农业中(不同地块的土地质量千差万别,而且不同季节的气候状况各不相同),关键的问题是如何设置标准。①来自一块土地的产出应该是多少?期望某一个人干多少工作是合理的?当个人在自己的小块土地上干活时,他们是在为自己做决策。而且,在一个竞争性的环境里,监督体制可能效果更好,因为劳动者能够在许多农场之间进行选择,这时不同的工作标准对应着不同的报酬。但是,在集体经济中,实际上不存在标准——决定的内生性基础。

这个分析也认为,与同时期的价格—激励体制相比,集体制下的生产率随着时间的推移会下降。在集体制的最初时期,历史上的生产率可以为标准的确定提供一个合理基础;但是随着技术的变化,这一基础会越来越不合理。而且最初承担从事集体工作的是各个干部,这些干部不需要太多的经济激励。但是,随着时间的推移,对经济激励的要求会增强。

要确定不同场地的标准就需要有一些信息,获得这些信息的一个办法是在集体土地旁边允许存在私人地块。另一个可能的办法是,在不同集体之间展开竞赛,表现好的得到高报酬;反之,表现差的要受到很重惩罚。②不过,这两种方法都与对社会主义理想的既定解释不符。

7.5 苏联大讨论的一个后记

自从我们初次发表对苏联大讨论的看法以来(Sah 和 Stiglitz, 1984),

① 标准设置的问题在工业生产中也存在,特别是当与技术变化背景下设置合适的计件工资相联系时。

② 见 Nalebuff 和 Stiglitz(1983)、Lazear 和 Rosen(1981)对竞赛的分析。

一些经济学家也对这个问题进行了研究。在此我们对已提出的各种研究方法中的两种方法进行讨论，并给出我们对这些不同方法的评价（更详细的情况，见 Sah 和 Stiglitz，1986）。

首先，有人建议，分析苏联大讨论一个更好的载体是在第 5 章的分析所采用的开放经济模型。[①]我们在第 6 章已经强调，问题的根本不是一国 90
是否从事对外贸易，因为几乎所有的国家都这么做，而是其贸易规模是否存在边际约束，至少短期内是否存在。苏俄在相关的时期内（即在十月革命和 1924 年工业化讨论开始之间）的贸易数据显示，与第一次世界大战之前的情况相比，外贸出现了急剧的衰退。直到 1920 年外贸数量几乎可以忽略不计。甚至在 1923 年，进口数量和出口数量分别不足 1913 年水平的 11%和 15%（见 Gregory 和 Stuart 1981，p.267）。原则上，尽管这些或者任何其他贸易数据与一个存在贸易限制的模型，或与一个不存在贸易限制的模型相符，但是历史事实支持前一个模型。苏联不但在这个时期的大部分时间面临资本主义同盟国家的封锁（增强苏维埃对“资本主义包围圈”的惧怕），甚至在签署拉巴洛（Rapallo）条约之后（1922 年 4 月），它在贸易和当时的商业信贷方面也还面临着巨大的孤立。[②]

在普列奥布拉任斯基看来，这些约束的重要性是显而易见的。尽管他强调外贸对苏联政府的潜在有用性，但是他清楚地指出，存在“各种各样的复杂化因素，它们不但切断了我们与资本主义国家的经济联系，而且也强有力地妨碍了甚至以共和国国内资源为基础的社会主义建设部分的工作”（1921，p.14）。[③]很明显，一个经济面对的具体贸易和信贷约束可以

① 见卡特（Carter，1986）有关支持这样一个模型的观点。

② 见道布（Dobb，1966，ch.7）对这些约束及其后果的一些细节描述。那时苏俄明显地得不到长期国际信贷，这部分归因于苏联拒绝承认俄帝国时期的债务。比如，普列奥布拉任斯基预期外国资本不会“大规模流入到一个异己的经济体制中来”（1928，p.298）。

③ 对于普列奥布拉任斯基的观点，即尽管外贸对苏联政府在一定程度上是有益的，但是它的贸易能力受到了限制的一个类似的解释，参见 Gregory and Stuart（1981，pp.73—74）。

以多种方式形式化，尤其当商品的完全拆分被模型化时。不过，在前面所讨论过的那一类加总模型中，关于苏俄在1917—1924年期间的事实（并且认为苏联大讨论的参与者知道这些事实）说明，相比于没有约束的模型，一个贸易上存在约束的模型可能是更加合理的。

其次，也有人认为第4章分析的那类模型（该模型中政府可以对农村和城市部门征收不同的税收集合）更适合用来分析苏联大讨论。①人们不会怀疑，在普列奥布拉任斯基的方案中，社会主义原始积累的关键性政策工具是农产品和工业品之间的贸易条件，尽管他也提到过多种其他政策
91 工具。②贸易条件放在首位的原因很简单：国家对工业的垄断使得改变贸易条件可以不需要付出额外的管理成本，也不需要那种1917—1924年期间苏俄明显缺乏的管理能力。通过把自己的结论建立在引用普列奥布拉任斯基著作的基础上，埃里奇（Erlich）简洁地表明了这一点：

> 全部大工业集中到……工人国家手中，极大地增加了……可能性来推行……以垄断为基础的价格政策……可以肯定，普列奥布拉任斯基没有放弃把税收作为有利于社会主义工业的收入再分配的政策工具……不过，在他看来，以价格为手段的税收是最有效的简单工具——不但因为"收集起来极端方便，不需要为专门的财政机构花费一分钱"，也是因为政治上的便利。"直接的税收政策方法是最危险的，会导致与农民的决裂。"

普列奥布拉任斯基观点的潜台词等于说，应该对农村产出征税，并且要提高制造品的价格。相反，一个明确地区别农村和城市价格集合的模型，不但牵涉到巨大的管理成本，而且就像前面讨论过的，也需要管理能力来监

① 见Blomqvist（1986）有关支持这个模型的观点。
② 像铁路运费、信贷和银行政策、印钞等。

督税收边界。因此，毫不奇怪，苏联大讨论的参与者以及后来分析该讨论的那些人，都把贸易条件而不是农村—城市的差别化定价，作为普列奥布拉任斯基方案的核心政策工具。①

① Michael Lipton 巩固了我们对该问题的观点："'剪刀差'讨论在过去以及现在，一般来说，主要地是关于农产品相对于工业品的价格变化——而不是关于两个部门为相同产品各自支付的价格的变化。"(personal communication, 1982, Lipton's emphasis)。

第三篇

农 村 部 门

在第三篇，我们将通过几种办法来扩展第二篇的基本分析。在第8章，我们要讨论农村部门的税收政策对不同个人的收入和福利分配的效应。然后我们要说明如何把该分析展开，与特定制度（像产量分成制、扩展型家庭和种植园）以及在欠发达国家中尤其重要的各类刚性（比如导致农村部门失业的刚性）相结合。第9章要解决的问题是农村部门不同产品的税收和价格结构。所有商品应该按单一税率征税吗？如果实行差别税率，应该按照什么原则来确定所执行的税和补贴的比率？我们为农村部门的特定种类商品税的改革推导出一些规则。这些规则不但在实施过程中只需要很少信息，而且能导致帕累托改进式改革；也就是说，实行这些规则不会损害任何社会成员。

第 8 章

农村部门内的收入分配和不同的组织形式 95

8.1 导言

在许多欠发达国家，农村部门居民的收入差距非常之大，一个极端是拥有非常多土地的地主，另一个极端则是赤贫的无地农民。农产品和工业品的价格变化不但会改变城市和农村两个部门之间的收入分配，而且也会影响到每个部门内部的收入分配。在本章中，我们要分析农产品的价格变化，是如何影响农村部门不同的个人群体的福利和真实收入的。然后，我们要说明，对前面的分析进行修正后，可以把分配效应纳入进来。

分配效应的重要性几乎不需要强调。对于那些认为个人是评价政策变化的基本分析单位的人来说，个人之间的福利分配是值得关心的。不是部门之间的不公平，而是个体之间的不公平才是根本的分析核心。另一方面，在实践层面上，政府关注的则是更大的像城市和农村部门这样的单位。的确，人们很少掌握进行个体层面分析的资料。即使部门内的家庭之间消费分配方面的资料很全，也少有充分的资料显示，家庭消费是如何在家庭成员之间分配的。政策能够对家庭内部的收入分配产生重大影响，这种影响在重要性方面不亚于政策对家庭之间的收入分配的影响。在一个传统上某种工作专由男性或女性来从事的社会里，这一观察尤其重要。比如，在西方工业社会，对洗碗人的补助无疑具有一种家庭内的分配效应，而实行那些公司所得税的条款也有同样的效应，因为公司所得税会鼓励进行昂贵的商务用餐。

另外，政治原因(包括压力集团的作用)也使得政府对城市部门的极端贫穷和不公平现象，相比于对农村部门显得更加敏感。政治家们发现真实收入比较的特定类型很重要，而且他们也发现一个匿名的个人主义社会福利函数——对不平等给予相同的评估度而不管是哪个部门的不平等，并不令人信服。

96 农村部门价格变化对分配产生的结果常常是争论的源泉。比如，印度就曾发生一次广泛的争论，焦点就是印度政府过去的农业定价政策是恶化了还是改善了农村部门内部的收入分配。见米特拉（Mitra, 1977）和卡尔汗与特亚吉（Kalhon & Tyagi, 1980）在此问题上的不同观点。

一般地，农村部门价格变化对分配产生的结果不仅仅取决于农业内的收入和土地分配，也取决于价格对一些变量，像农村工资、人口迁移、人口迁移引起的土地再分配、产量分成和信贷的条件，以及家庭内部对工作和产出的分配安排所产生的引致效应。为了简便起见，我们首先关注对农村工资（或者对应的在扩展型家庭或分成制情形下对个体的支付）的引致效应。不过，我们在后面会说明，对其他引致效应（比如说，对多种难以征税和补贴的商品的需求和供给产生的引致效应）的分析是一样的。

后面我们可以看到引致效应的重要性。如果不存在引致效应，那么，食品价格的提高将损害食品的净购买者（无地劳动者和拥有小量地产的农民），而有利于食品的净销售者（大地主）。如果工资对于食品价格具有高度敏感性，则情形正好相反。假如食品价格的提高导致农村工资也增加，那么，劳动力的净销售者（典型的是穷人）将从劳动力的净购买者（比如大地主）那里得到收益。实际上，如果劳动力的供给完全缺乏弹性，而需求具有充分的弹性，那么，有可能（正如我们将在后面看到的那样）农村工资的引致性提高所产生的有利的分配效应，将抵消掉食品价格提高所产生的有害的直接分配效应。

考虑到工资的引致变化，这仅仅是农村部门内的简单转移支付（劳动者的收入增加刚好等于地主的收入损失），我们可以得到对价格改革和最优价格与税收集合的公式。这些公式与本书第二篇得到的公式很像，不过在这里，农村部门收入的边际社会效用 β^r 是农村个人所属的不同群体所得收入的边际社会效用的加权平均值。

下面推导出的结论形式对于农村部门的不同组织形式，也是显著有效的。为了证明这一点，我们将分析(见第 8.3 节和第 8.4 节)扩展到农村组织的几种形式，像种植园、产量分成制和扩展型家庭制。我们对农村失业的某些方面，在第 8.4 节给予了简单讨论。

8.2 分配效应

从属于农村的群体 h 的个人用上标 h 表示，对应地，A^h 是他固定的农场规模，而 Q^h 是他的农产品剩余，它可以是正值、负值或零。y^{rh} 是他 97
的工业品消费量。L^{rh} 是他的净劳动力供给小时数(也就是他供给的劳动力小时数减去他的农场雇佣的劳动力小时数)。因此，L^{rh} 取正值还是负值，取决于一个人是劳动力的净供给方还是净需求方。对于无地劳动者，很明显地有 $A^h=0$，$L^{rh}>0$，以及 $Q^h<0$。一个个体的预算约束为

$$p^r Q^h + w^r L^{rh} = y^{rh} > 0 \tag{8.1}$$

其中，p^r 是以工业品计价的农产品价格，$w^r(p^r)$表示单位小时的农村工资，它一般取决于农村价格。式(8.1)的符号为正，因为我们假设每个个体的工业品消费量为正。我们定义 $\varepsilon_{wp}^r = \mathrm{dln}\, w^r / \mathrm{dln}\, p^r$ 为农村工资率对 p^r 的弹性。①那么，运用式(8.1)，可以得出包络定理

$$\frac{\mathrm{d}V^{rh}}{\mathrm{d}p^r} = \lambda^{rh}\left(Q^h + \frac{w^r L^{rh}}{p^r}\varepsilon_{wp}^r\right) \tag{8.2}$$

其中，V^{rh} 和 λ^{rh} 分别表示效用水平和农村个人所属群体 h 的正收入边际效用。很清楚，式(8.2)右边括号内的项是群体 h 中的个人由农村价格提高

① 这是从劳动力市场均衡中产生的弹性。它描述了当农产品的农村价格提高时，农村部门均衡工资的变化。我们在后面要说明如何来计算这种弹性。

而产生的边际收入变化(它为正还是为负,取决于收入是增加还是降低)。①可以将上述表达式改写为

$$\frac{\mathrm{d}V^{rh}}{\mathrm{d}p^r}=\frac{\lambda^{rh}}{p^r}[(p^r Q^h+w^r L^{rh})+w^r L^{rh}(\varepsilon^r_{wp}-1)]$$

运用式(8.1),接下来,它可以表达为

$$\frac{\mathrm{d}V^{rh}}{\mathrm{d}p^r}=\frac{\lambda^{rh}}{p^r}[y^{rh}+w^r L^{rh}(\varepsilon^r_{wp}-1)] \tag{8.3}$$

由式(8.1),这里请注意,y^{rh} 为正值,因此,式(8.3)可以得出下面的结论,一个有利于农业的价格变动将改善下面相关个体的福利:

(a) 每一个农村的个体,不管是富人还是穷人,当农村的工资率对于农产品价格的弹性接近于 1 的话。

(b) 或者是劳动力的净购买者,或者是净销售者,究竟是谁,取决于弹性明显大于还是小于 1。

98 进一步,假设我们定义一个"劳动力自足"的农民为一个既不买也不卖劳动力服务的人。也就是对他来说,$L^{rh}=0$。那么,由式(8.3)很明显,当农产品价格提高时,一个劳动力自足的农民处境会得到改善。像劳动力自足的农民和边际农民(那些不是无地但非常穷的人)的分类,常常被用于政策讨论,尤其是在南亚。应该很清楚,这种分类的边界线,不管是定义在劳动力或商品的净贸易基础上,还是定义在给定福利或真实收入水平的基础上,它们自己是依赖于农村工资和价格的。

农村工资的弹性

农村工资的弹性取决于劳动力市场的性质和个人对劳动力需求与供给的反应。在此我们考虑农业产出规模报酬不变的情形,并且农村的工资率由一个竞争的农村劳动力市场决定。劳动力市场情况由下面的表达式给出

① 直接变化由 Q^{rh} 获得,间接变化(通过工资的引致变化)由 $w^r L^{rh}\varepsilon^r_{wp}/p^r$ 获得。

$$\sum_h N^{rh} L^{rh} = \sum_h N^{rh} (L^{sh} - A^h L^d) = 0 \tag{8.4}$$

其中，N^{rh} 为农村群体 h 中的人数，$L^{sh}(p^r, w^r)$ 是群体 h 中个人的劳动力供给，$L^d(p^r, w^r)$ 为单位土地雇佣的劳动力。因此，$L^{rh} = L^{sh} - A^h L^d$ 是个人 h 的净劳动力供给。

我们定义 $\varepsilon_{Lw}^d = -\partial \ln L^d / \partial \ln w^r$ 和 $\varepsilon_{Lp}^d = \partial \ln L^d / \partial \ln p^r$ 为一单位土地上劳动力需求的工资弹性和价格弹性。这里，当工资率等于边际产品价值，即当 $w^r = p^r \partial X(L^d) / \partial L^d$ 时，那么，$\varepsilon_{Lw}^d = \varepsilon_{Lp}^d$。两种弹性之间的上述关系正是人们所预期的，因为在当前的情形下，劳动力需求仅仅取决于工资对产出价格的比率。①下面，我们定义 $\varepsilon_{Lw}^{sh} = \partial \ln L^{sh} / \partial \ln w^r$ 和 $\varepsilon_{Lp}^{sh} = -\partial \ln L^{sh} / \partial \ln p^r$ 为劳动力供给的工资弹性和价格弹性。对于一个属于群体 h 的个人而言，式(8.4)的一个扰动可以得到

$$\varepsilon_{wp}^r - 1 = \sum_h N^{rh} L^{sh} (\varepsilon_{Lp}^{sh} - \varepsilon_{Lw}^{sh}) / (\sum_h N^{rh} L^{sh} \varepsilon_{Lw}^{sh} + N^r A L^d \varepsilon_{Lw}^d) \tag{8.5}$$

其中，$A = \sum_h N^{rh} A^h / N^r$ 是农村单位个人拥有的平均土地面积，把上述表达式代入到式(8.3)中，我们就可以只根据一些行为参数来表述由于农产品价格变化而导致的个人所得或损失，原则上，这些参数可以计算出来。

请注意，当 $\varepsilon_{Lw}^{sh} = \varepsilon_{Lp}^{sh}$ 时，式(8.5)右边等于零，如果个人的劳动力供给取决于农村价格和工资，而不取决于工业品价格，情况就是如此。当个人的劳动力供给固定不变时，式(8.5)右边也等于零，这种情形下劳动力供 99
给弹性为零。两种情形下，个人的(以及全部门的)净劳动力供给仅仅取决于农村工资对产出价格的比率。因此，由式(8.3)和式(8.5)可得到：当农村工资率等于边际产出价值时，并且当后面的两个条件有一个得到满

① 因此，为了下面推导出的结论，重要的不是工资率等于边际产品价值，而是农场的劳动力需求仅仅取决于 w^r/p^r。也就是说，农场的劳动力需求在工资率和产出价格方面是零阶的同质。

足:(a)个人的劳动力供给是固定不变的,或(b)个人劳动力供给的农村工资弹性和价格弹性接近于相等时,那么,有利于(或者不利于)农业的价格变动会帮助(或者损害了)农村的每一个个体。

规范分析

在异质性农业个体背景下所进行的规范分析,只需要略微重述一下前面各章中对应的分析。这里我们把加总的社会福利定义如下:

$$\psi=\sum_h N^{rh}W(V^{rh}(p^r,\ w^r;\ A^h))+N^u W(V^u) \tag{8.6}$$

这里为了简便,继续把城市部门模型化为同质性个人组成。运用式(8.6)我们可以进行类似于第 4—7 章进行规范分析的各节内容的分析。结果是整个分析保持不变,倘若我们把 β^r 表示为

$$\beta^r=\sum_h \beta^{rh}\Gamma^{rh} \tag{8.7}$$

其中

$$\Gamma^{rh}=\frac{N^{rh}}{N^r Q}\left(Q^h+\frac{w^r L^{rh}}{p^r}\varepsilon^r_{wp}\right) \tag{8.8}$$

$\beta^{rh}=\lambda^{rh}\partial W(V^{rh})/\partial V^{rh}$ 为农村部门的个人 h 的边际收入的社会评估度,$Q=\sum_h N^{rh}Q^h/N^r$ 为单个农村个人的平均剩余。①

---

① 为了明白式(8.7)和式(8.8)的推理,请注意,通过假设农村部门由异质性个人组成,引入到汉密尔顿公式 $H=\psi+\partial I$ 的唯一变化要归因于式(8.6)右边的第一项。当个人不存在差异时,该项对 p^r 的导数为

$$\partial N^r W(V^r(p^r))/\partial p^r=N^r(\partial W/\partial V^r)(\partial V^r/\partial p^r)。$$

因为 $\partial V^r/\partial p^r=\lambda^r Q$ 且 $\beta^r=\lambda^r\partial W/\partial V^r$,因此上式等于 $N^r Q\beta^r$。当个人存在差异时,对应的导数为

$$d\sum_h N^{rh}W(V^{rh}(p^r,\ w^r;\ A^r))/dp^r=\sum_h N^{rh}(\partial W/\partial V^{rh})(dV^{rh}/dp)。$$

运用式(8.2),以及 $\beta^{rh}=\lambda^{rh}\partial W/\partial V^{rh}$,前一个表达式可变为

$$\sum_h N^{rh}\beta^{rh}(Q^h+w^r L^{rh}\varepsilon^r_{wp}/p^r)。$$

如果使用上面式(8.7)和式(8.8)的定义,则再一次,上式等于 $N^r Q\beta^r$。

正如式(8.7)所表明的,与整个农村部门的所得有关的社会评估度 100
β^r,等于与农村部门不同群体的边际收入有关的社会评估度 β^{rh} 的加权平均值。对应于农村内群体 h 中个人的权重因素 Γ^{rh} 是该群体所得的收入(直接或间接来自农产品价格提高的收入)占农村部门所得的总收入的比例。由式(8.8)可以看出这一点,该式中的分子是群体 h 所得的收入,而分母则是整个农村人口所得的收入。运用式(8.4),可以很容易证明,权重因素相加等于一,即

$$\sum_h \Gamma^{rh} = 1 \tag{8.9}$$

对前面各章所给出分析的重新解释不但是直白的,而且不受经济模型特定方面——像经济是开放还是封闭,或者两部门的价格能否设置为不同的水平——的影响。举个例子,在一个两部门的价格不能按不同水平设置的封闭经济中,最优价格剪刀差给定如下:

$$t = \left(\frac{\eta}{\delta} - p\right)\Big/ p = \frac{(1-\theta)(1-\beta^r/\delta) + (\sigma_p - \alpha^u\sigma_w)/\alpha^u\gamma^u}{(1-\theta)\varepsilon^r_{Qp} + e^u_{xp}} \tag{8.10}$$

其中,$p \equiv p^r = p^u$ 定义为两部门农产品的一般价格,而 $\varepsilon^r_{Qp} = \partial\ln Q/\partial\ln p$ 代表农村人均剩余的价格弹性。因此,表达式(8.10)与农村同质性个体模型中最优税的表达式是一样的[见第 6 章的表达式(6.25)]。不过,现在为了说明农村部门个体所具有的部门内差异,β^r 由式(8.7)给定。同样,在一个两部门的价格可以按不同水平设置的开放经济中,如果参数 β^r 按照式(8.7)计算,前面的价格改革或最优价格的规则[见第 4 章的式(4.7)和式(4.10)]保持不变。

很明显,参数 β^r 可以被视为农产品价格提高导致的"平均的"分配性结果。该分配性参数的一个重要特征是,它明确地考虑了个人所面对的由于农村工资引致变化而产生的一般均衡效应。相似的引致效应在标准的税负模型中一般是不存在的,这种模型假设工资或收入固定不变,或者

假设政府能够控制工资。①欠发达国家农业部门的情况是这两个假设不能得到充分的满足。

101 某种程度上，式(8.7)使我们能够了解不同群体(穷人和富人)的社会评估度在决定分配性参数 β^r 的作用。首先，请注意，在极端的情况下 β^r 可能为负。比如，当政府认同罗尔斯式福利函数(Rawlsian welfare function)时，那么，只有最穷者(如无地者)的福利是有关系的，也就是说，只有对应于无地劳动者的 β^{rh} 才为正，其他的 β^{rh} 值等于零。进一步，当工资的价格弹性接近于零时，那么，由于无地者的食品剩余 Q^h 为负，表达式(8.7)为负值。在这种情形下，我们将不得不改变前面各章(在那里假设 β^r 为正值)的一些定量观测。比如，如果不存在生产率效应，那么，即使不考虑投资的社会评估度是大还是小，表达式(8.10)将意味着政府应该对农村产出征税(相当于政府应该对无地者的食品消费和城市人口的食品消费进行补贴)。②很清楚，支持这一结论的条件非常极端。然而，这些结论着重说明了税收和定价政策对价值判断的敏感度，以及对价格产生的工资引致效应性质的敏感度。

另一个特例是，所有的农村个人都从农村价格的提高中获益。前面已经指出过，出现该情形的充分条件是农村工资的价格弹性接近于1。重点看一下那种情形，由式(8.3)，农村价格提高导致的群体 h 中的个人增加的对应边际收入是 y^{rh}/p^r。这一收入增长随着个人收入(或土地面积)的提高而提高。③

---

① 见 Atkinson 和 Stiglitz(1980, Lecture 14)，比如，该模型中类似式(8.7)的参数被称为“产品的分配性特征”，而不存在一般均衡效应是因为假设工资和收入固定不变。

② 回顾一下，在这里考虑的模型中，对农产品征税意味着 p 低于影子价格 η/δ。

③ 我们记得 y^{rh} 是个人对工业品的消费量。并且假设这些商品是正常品。进一步，由式(8.3)可以证明，即便当弹性 ε^r_{wp} 小于1时，如果个人的净劳动力供给是一个相对于个人土地面积的递减函数，那么，个人的收入增长(由 p^r 的提高所导致的)会随着土地面积的增加而增加。

最后，可能有必要解释一下，在应用以典型农民（即这种情况下 β^r 是其收入为农村部门平均收入的个人的社会评估度）为基础的最优价格规则，和应用以部门内个人差异明显为前提的规则[即运用了像式(8.7)这样的分配性参数的规则]之间的差别。两种情形下，由于政府预算相同，所需要的有关部门价格弹性的信息是一样的。应用异质性个体为基础的规则，需要有关产品数量、净劳动力供给和对应不同个人所属群体的社会评估度的额外信息。一个类似式(8.7)的分配性参数与典型农民的社会评估度有多大不同？这明显地取决于农村部门内土地所有权和收入的分配扭曲程度，以及 β^{rh} 是如何随收入的变化而变化的。如果收入差别很大（像它们惯常的情况），且如果社会关心 102
部门内的福利分配，那么，很明显，政府应该使用类似式(8.7)的分配性参数。

免税商品

对大多数欠发达国家政府而言，要对那些主要在农村内部生产、交易和消费的产品（比如，小米）进行征税或给予补贴，即使有可能也是非常困难的事。然而，政府对征税和国际贸易商品（比如大米）的定价与税收政策，一般都会影响免税商品的价格。把这些引致价格效应纳入到我们的分析中，不仅直接，而且非常相似于对农村工资的引致效应的处理。事实上，我们只需对式(8.8)的权重项做 ·如下修改：

$$\Gamma^{rh}=\frac{N^{rh}}{\sum_{h}N^{rh}Q^{r}}\left(Q^{h}+\frac{1}{p^{r}}w^{r}L^{rh}\varepsilon_{wp}^{r}-\frac{1}{p^{r}}\sum_{i}c_{i}^{h}\varepsilon_{ip}^{r}\right)\qquad(8.8')$$

这里 Q^h 是群体 h 所属个人可征税农产品的净剩余，c_i^h 是其在免税商品 i 上的净支出（该支出可为正可为负），ε_{ip}^r 则是免税商品 i 的价格关于 p^r 的弹性（这些关于 p^r 的弹性，可以通过对免税商品的市场出清条件进行扰

动获得)。[①]由于商品 i 不在农村部门之外交易,可以得到

$$\sum_h N^{rh} c_i^h = 0, \text{对于所有的 } i$$

运用上述属性,很容易证明,新的加权项式(8.8)继续满足总计属性式(8.9)。[②]

为了了解式(8.8′)的一个含义,我们假设大米(它是征税商品)价格的提高会导致免税的小米价格也得到提高。那么,式(8.8′)表明穷人(他们是小米的净消费者)的 Γ^{rh} 将会下降(相比于大米价格不会影响小米价格的基本情形);反之,富人(他们是小米的净供应者)的 Γ^{rh} 将会上升。由于个人收入的社会评估度 β^{rh} 是穷人高于富人,因此,大米价格提高导致的加总福利收获将比基准情形时的要低。

103 8.3 农村组织的替代形式

在欠发达国家的农村部门内,我们已经观察到各种不同的组织形式。事实上,即便在通常的组织形式内也能找到制度安排细节上的许多不同,像家庭耕作制就有家庭及雇工制、扩展型家庭制度、产量分成制和种植园制。要想理解存在不同组织形式时定价和税收的不同后果,需要进行两步骤分析,首先,要对为什么会在一个经济中观察到一组特定的组织形式做出实证的经济解释;其次,要分析当价格发生变化时,个人的反应(比

---

① 式(8.8′)的导数直接明了。首先,注意在这里所考虑的免税商品的价格并不影响可供投资的剩余,也不影响城市个人,但是它们的确影响农村个人。定义 q_i 为第 i 个免税商品的价格,再定义 $\varepsilon_{ip}^r = \mathrm{dln}\, q_i / \mathrm{dln}\, p^r$ 为该价格关于 p^r 的弹性,那么:

$$\frac{\mathrm{d}V^r}{\mathrm{d}p^r} = \lambda^{rh}\left(Q^h + L^{rh}\frac{\mathrm{d}w^r}{\mathrm{d}p^r} - \sum_i \frac{c_i^h}{q_i}\frac{\mathrm{d}q_i}{\mathrm{d}p^r}\right) = \lambda^{rh}\left(Q^h + \frac{w^r L^{rh}}{p^r}\varepsilon_{wp}^r - \frac{1}{p^r}\sum_i c_i^h \varepsilon_{ip}^r\right)$$

从上述表达式连同 n.4 中所描述的步骤可以得到式(8.8′)。

② 对于那些可以跨部门交易,但是并不进口的免税商品,$\sum_h N^{rh} c_i^h < 0$。

如，他们的剩余的反应）和他们的福利水平是如何变化的。也有可能，税收体制会影响观察到的各种组织形式的混合情况；举个例子，以扩展型家庭制度为基础的耕作制的盛行。在本节中，我们将简要示范，在两种特定组织类型，联合或扩展型家庭制度和产量分成制度的背景下，如何修正我们前面的分析。对另一种组织形式，种植园制的讨论将放到下一章进行。在那里，我们还将讨论农村部门的非自愿性失业问题。

扩展型家庭农耕制度

在发展中国家经济中，一个受到广泛重视的农村组织模型就是扩展型家庭组织。该模型中，家庭成员一起来分配收入，但是在提供劳动力方面并不是充分地协作。因此，农场存在着家庭劳动力供给不足的状况。因为每个个人得到的不是其边际产出，而是平均产出。相应地，在一个纳什均衡中，一个人投入的额外努力所得到的收入增量远远低于按其额外努力的边际产出的报酬（这两种增量之间的比率大约等于家庭成员数量的倒数）。

这样的模型是一个特殊的混合体。家庭既不是充分合作的（充分合作情形下，劳动力的供给将以最大化家庭福利的方式来决定），也不是充分不合作的（充分不合作情形下，个人将得到其边际贡献加上租金份额，该租金份额由社会接受什么样的产权惯例来决定）。当然，该模型显得像一个混合体的事实，并不意味着它代表不了某些经济中的现实要素。

考虑一个家庭拥有的农场面积为 A^F，包括 N^F 个同质的成年劳动
力。定义（x^r，y^r，L^r）分别为个人的农产品和工业品的消费量，以及劳动 104
力的供给。那么，在一个对称的纳什均衡中，个人选择（x^r，y^r，L^r）来最大化

$$U(x^r, y^r, L^r)+\lambda^r\left[p^r \frac{X(A^F, L^r+(N^F-1)L^{r'})}{N^F}-p^r x^r-y^r\right] \tag{8.11}$$

其中,U 定义为个人的效用函数,X 则是家庭的全部产出,它分成 N^F 份对应每个人的相等部分。定义 V^r 为个人得到的效用水平。根据其他人的劳动力供给,用 $L^{r'}$ 表示,作为选择的结果,将不会发生变化的假设,一个人来决定他自己的最优选择。那么,直接地可以证明

$$\frac{\partial V^r}{\partial p^r}=\lambda^r Q+\lambda^r p^r\left[\frac{N^F-1}{N^F}\right]\frac{\partial X}{\partial L^r}\frac{\partial L^r}{\partial p^r} \tag{8.12}$$

其中,$Q=\frac{X}{N^F}-x^r$。这里的第二项明显地远远大于零。因此,提高价格可能产生一个额外的收益,因为产出提高导致的边际效用增加大于抵消掉的增加劳动力投入所产生的对应边际效用的减少。这反映了事实上存在劳动力的供应不足。

产量分成制

在一些欠发达国家,一部分农业生产就是在产量分成制的制度安排下进行的,这种安排涉及各种各样关于投入、产出和信贷的地主—佃农合约。对这类安排的一个经济学分析最近成为研究的对象。这一研究对早期所认为的产量分成制是一种无效安排的观点提出了质疑,早期观点认为,由于劳动者得到的仅仅是其边际产出的一部分,这种安排对佃农提供的是不充分激励。现在人们意识到,产量分成制在地主和佃农之间的风险分担上扮演了重要角色。

比如,斯蒂格利茨(1974c)认为产量分成合约产生的一个重要原因是,在难以测量劳动力投入的情况下,这类合约提供了工作激励。工资合约在风险分担方面要好于产量分成合约,但是它们提供不了充分的激励且需要高成本的监督。另一个极端是,固定地租合约由于劳动者保留了全部的边际产品价值,因而对佃农提供了更好的激励,但是它们也迫使劳动者承担全部风险。因此,产量分成合约可以被视为对激励和风险的一

种折衷处理。

我们观点中最重要的东西是价格变化会导致产量分成均衡如何发生 105
变化，更重要的是，这种均衡的变化将如何影响土地所有者和产量分成佃农各个群体的福利。现有的关于产量分成的文献还没有做过这种分析，它们关注的是固定价格的情况。下面的分析确立的一个重要观点，即在价格如何影响佃农和地主的福利方面存在不对称效应。产生这种不对称的原因是，佃农（由价格的变化所引致）改变劳动力供给的边际效应被他所得收入的变化抵消，对于地主却不存在相应的抵消。为了在最简单的背景下来理解这一点，我们设上标 $h=0$ 和 1 分别代表佃农和地主（他不提供劳动力）。定义 S 为地主从产出 X 中所得的份额。为了简便，我们假设在所考虑的价格范围内这一份额保持不变。运用包络定理，直接得到

$$\frac{\mathrm{d}V^{r^0}}{\mathrm{d}p^r}=\lambda^0 Q^0 \quad \text{和} \tag{8.13a}$$

$$\frac{\mathrm{d}V^{r^1}}{\mathrm{d}p^r}=\lambda^1 Q^1+\lambda^{r^1} p^r S\,\frac{dX}{dp^r} \tag{8.13b}$$

其中，$Q^0=(1-S)X-x^{r^0}$ 是佃农的农产品剩余，$Q^1=SX-x^{r^1}$ 则是土地所有者的剩余。式(8.13b)的第二项 $\mathrm{d}X/\mathrm{d}p^r$ 是由于价格变化对佃农努力供给的效应所导致的产出变化。最后一项是前面讲到的不对称的来源。我们可以很容易地证明，即便当明确地考虑到可能的分成规则的价格反应，也会产生一个类似的不对称。

运用式(8.13a)和式(8.13b)，农村部门的平均社会评估度可以被表述为

$$\beta^r=\left[\beta^{r^0} Q^{r^0}+\beta^{r^1}\left(Q^1+p^r S\,\frac{dX}{dp^r}\right)\right]\Big/(Q^0+Q^1) \tag{8.14}$$

为了简便起见，我们假设在式(8.14)中存在相同数量的土地所有者

和佃农，不过对于其他假设，我们可以很容易地对表达式进行修正。如果我们做一个似乎合理的假设，即 dX/dp^r 为正（也就是说，提高价格会使佃农增加努力程度，因而提高总产出），那么，由式(8.14)很明显看出，产量分成制的存在为 β^r 在表达式中增加了一个额外的正值项（当然，倘若与土地所有者的边际收入有关的社会评估度不为零）。根据像式(8.10)这样的最优价格和税收表达式，该额外项的一个可能后果是使得对农产
106 品的税收比不存在产量分成制时要更低。[①]这一点的原因是，在做出劳动力供给决定时，劳动者考虑不到由地主得到的新增产出对自己的利益。换言之，产量分成制的作用就像一个先置税(pre-exiting tax)。因此，50%份额的产出实行产量分成，便具有50%产出税的某些效能后果。现在，由于与税负有关的扭曲随着税负大小的增加而迅速增大，很明显，当存在产量分成制时，一个以效率为基础的观点将反对对农业征收高税。

8.4 工资和价格对农村生产率的效应

第4、5、6章的分析，强调了当城市工人的净生产率受到城市工资和价格的影响时所产生的潜在后果。在第11章，我们将讨论这类生产率效应的各种来源。下面我们简要地探讨农村部门生产率效应的某些方面。这里有必要提醒一下，首先讨论生产率和工资之间关系（效率工资假说）的最早文章，正是以欠发达国家的农民为背景，这些文章假设，低于某一营养水平时，农民的生产率会出现下降（见 Leibenstein，1957；Mirrles，1975；Stiglitz，1976*a*）。

在工资生产率效应扮演了重要角色的经济中，很明显，农村工资会设

① 当存在像产量分成制和联合家庭农场这类不同的组织时，我们也能清楚地看到，一些关键的行为弹性[比如，式(8.10)中农村剩余的价格弹性 ε^r_{Qp}]的值将取决于所考虑的组织的性质。

置在市场出清水平之上，并产生非自愿性失业。它不会向农民支付更低的工资来雇佣失业者，因为更低的工资导致的更低生产率会减少利润。由我们的观点引出的核心问题是，价格变化产生的效应会影响就业水平（或者进一步，尤其影响谁得到工作和谁不能得到工作），影响不同农民群体的福利（即受雇佣的和不受雇佣的），以及影响总的市场化剩余。为了说明这点，我们将注意力放在一种仅仅由无地农民提供劳动力的种植园经济上。

种植园

为了简便，我们假设一个种植园农民的工作小时数 L^r 是固定的，不过其生产率以 $b(p^r, w^r)$ 代表，取决于他所得到的工资率和他所面对的价格。单个农民的有效劳动力时间（即单位生产率的劳动力时间）为 $L^r b$。我们假 107
设土地和有效劳动力的产出表现为规模报酬不变。[1]如果 E 表示为 $\bar{A}$ 的土地面积上所雇佣的农民数量，那么，E 和 $\bar{A}$ 由下面的表达式决定

$$\underset{Ew^r}{\text{Max:}}\, p^r X[\bar{A},\ EL^r b(p^r, w^r)] - w^r EL^r \tag{8.15}$$

最优条件为

$$p^r X_L b = w^r \text{ 和 } p^r X_L b_w = 1 \tag{8.16}$$

其中，X_L 为 X 对其第二参数的偏导数，且 $b_w = \partial b / \partial w^r$。上面的表达式就得出农村工资率的下述描述

$$b_w = b / w^r \tag{8.17}$$

① 这里我们还假设存在许多竞争性的种植园，因此，所有种植园的农民所面对的食品价格是相同的。不过，请注意，当种植园能够防止农民在不同价格之间套利，它可能发现以一个补贴价格向农民提供食品是合意的。事实上，发现种植园向农民提供利益（即以商品或服务的形式）并不是罕见的，尤其是那些孤立地区，在那里，一个种植园能够运用巨大的垄断性影响且套利的可能性不大。

式(8.17)的解被称为效率工资。

支持上述关系的经济学原理很简单。雇主可以选择通过支付更高的工资或通过以当前工资雇佣额外的工作小时,得到更高效率的劳动力投入。因此,在最优水平上,提高工资导致的劳动力效率的边际增加等于平均劳动力效率。在得到的效率工资水平上,劳动力的需求会低于供给。结果是存在农村失业。事实上,如果 A 为单个无地农民的耕种土地,那么,$EA/\bar{A}$ 就是农村的就业率,而 $(1-EA/\bar{A})$ 就是农村的失业率。

农村价格的变化会影响农村工资,为了维持工资决定等式(8.17)的成立,我们定义 b_{ww} 和 b_{wp} 分别为 b_w 对 w^r 和 p^r 的偏导数。那么,等式(8.17)的一个扰动得到:$\mathrm{d}w^r/\mathrm{d}p^r=(b_p/w^r-b_{wp})/b_{ww}$。可以假设 $b_p<0$ 和 $b_{ww}<0$。也就是说,价格提高会导致生产率下降,并且生产率对于工资具有凹性,因此有:

$$\frac{\mathrm{d}w^r}{\mathrm{d}p^r}\gtrless 0,\ \text{当}\ b_{wp}\gtrless\frac{b_p}{w^r}\ \text{时} \tag{8.18}$$

更进一步,随着价格和工资的变化,为了恢复种植园的最优化条件,就业水平也会变化。这些变化,连同种植园主的利润所发生的变化,将决定当前经济模型中三个群体的消费反应:就业的农民、失业的农民和种植园
108 主。通过运用前面各章所发展的方法,我们还可以研究对政府收入和三个群体中每一个群体的福利所产生的效应。

就业的筛选性

下面考虑一个农村部门包括一个序列农场规模的模型。假设经济中产生工资生产率效应的主要机制是通过营养(因此,以及消费)来实现,那么,由于土地所有权与个人的收入和消费存在系统性的联系,很明显,不同个人的生产率也与土地所有权相联系。在这样一个经济中,当所有农民的单位小时的工资率相同,雇主通过雇佣一个全天制工作的无地农民

所得到的收益将低于，比如，雇佣两个工作半天的农民（他们有自己的小农场）所得到的收益。明显地，不可能设想随着土地禀赋增加而提高的生产率可以无限大，也不可能设想一个拥有巨大土地禀赋的人，会让自己受雇到其他人的农场里劳动。

在这样一个框架内，生产率对工资的依赖具有两个后果。第一，对于拥有不同土地禀赋的农民而言，所得的工资率应趋向不同，直到工资率的不同完全体现了生产率的不同。第二，在工资率的不同未能全部体现生产率的不同时，对拥有一些土地禀赋的农民的需要会更高（因此，该类农民就业率更高），并且降低无地农民的就业率。①如果存在生产率效应，食品价格的提高对于处于收入分配底端的农民将产生尤为有害的后果。原因很简单，最穷的和无地的农民，相比不那么穷的农民，更大程度上是食品的净购买者。食品价格的提高直接地恶化了穷人的福利状况。这也使得他们的生产率（并因此赚钱能力）的下降，相比不那么穷的农民生产率的下降，其程度要更大。

8.5 结论

本章的一个主要贡献是分析了在农村部门，当贸易价格发生变化时有谁受益，又有谁受损。这种分配性问题（尤其是农产品价格的提高是改善还是恶化了农村部门的真实收入分配）在许多欠发达国家政治上具有极端重要性。

这一基本分析既包括价格变化的直接效应，也包括了那些包含在农 109
村工资中的引致性效应。我们得出一些简单的规则来描述谁收益、谁受

① 当存在不同的农民群体时，同样工资条件下生产率更高的群体的失业现象更少（见 Stiglitz, 1987*c*）。农村收入分配的更一般性的后果是由 Dasgupta 和 Ray（1986, 1987）给出的分析。

损，并且说明了这些规则如何可以与个人的劳动力需求和供给弹性相联系。我们推导出一个系数“农村收入的总体社会评估度”，在相关的定价和税收公式中，该系数与前面的“典型性农民收入的边际社会价值”具有相同的作用。农村收入的总体社会评估度，简单地说，就是不同农民收入的边际社会价值的加权平均值。我们也展示了该分析如何被扩展到当存在许多只在农村部门生产和消费的商品（比如低品质的小米）时的情形，对这类商品进行征税或补贴在管理上非常困难。

本章的另一个目标，是要演示如何来修正对定价和税收的实证和规范分析，便于把存在各种不同农村组织形式，像扩展型家庭、产量分成制和种植园制的情形纳入到分析中来。与前面的分析相对比，在那里我们将定价政策的效应分解为分配性效应和税负引致的无谓损失两部分，在这里则存在第三类效应集，该类效应显示税收应该存在纠正功能，因为特定组织形式会导致先置性扭曲。因此，农村收入的总体社会评估度不再是不同农民收入的社会价值的加权平均值。这对于定价和税收政策而言具有重要影响力。比如，在一个产量分成制或扩展型家庭内收入分享的经济中，把农村部门的价格定得比其他情况下更高，是合意的。从另一方面来说，由于现有组织形式已经导致一个劳动力的供给不足（以及一个对应的无谓损失），对边际收入征收更多的税，会产生一种使总体无谓损失加重的额外效应。

最后，我们简要分析了农村工资和价格的变化对劳动者的生产率效应，进一步税收政策对支付给雇佣劳动者的工资的效应。如果存在生产率效应，那么，不但有可能出现失业，而且就业方面还存在不利于穷人的筛选性现象。在这些情形下，考虑到失业水平及发生方式对政府政策而言很重要。

第9章

对农村部门不同商品的税负和补贴 110

9.1 导言

许多欠发达国家面临的一个主要问题是，对于经济作物与像化肥和拖拉机这样的农业投入品，是应该进行补贴以提高农业产量，还是应该征税以增加可供投资的剩余？有人认为，经济作物往往是更富有的农民才会种植，而且这种农作物为一个关心公平的政府提供了一个合意的税基。同样有人认为，更多使用化肥、拖拉机和其他现代化投入品的还是更富有的农民，因此对这些现代化投入品也应该征税。

在许多欠发达国家中，政府在该领域的政策表面上似乎相互矛盾。一方面，政府对化肥提供补贴，声称要鼓励生产；同时又对产出征税，这又会阻碍生产。政府取消补贴同时减少税收，难道不是更好吗？简而言之，政府减少干预难道不是更好吗？我们很容易扩展前面各章的模型来洞察这些问题。需要做的扩展主要是，不同于前面大多数分析中那样只处理一种总计性农产品和一种总计性工业品，现在我们在两个部门中的每一个部门，都要处理多种商品的生产、使用和消费情形。

我们会获得两组基本的结论。第一组结论表明，前述表达农村部门定价和税收的公式，可以被扩展来决定多种投入和产出的最优税。与农村部门的每一种商品 i（投入和产出）有关的是一个分配性系数 β_i^r，它代表不同农村个体收入的社会边际价值的大致加权平均值。如果穷人在该商品上的净剩余比较大的话（等于说，穷人对消费品的需求量较小），那么 β_i^r

的取值也较大。我们证明，如果 β_i^r 较大，那么，该商品的最优农村价格通常也较高。作为对商品价格变化分配性后果的高度概括，我们的特定商品分配系数不同于本书前面所提到的那些系数，那时它们考虑的是价格变化对农村工资的一般均衡效应。①

111 本章所进行的多产品分析，与此前的单一产品分析的另一个不同是，我们现在会考虑不同产品之间的互动关系。对一种产品的产出征税，可能导致另一种商品的产量变化，并因此提高政府收入（当后一种商品被课税时）或减少政府收入（当后一种商品被补贴时）。

第二组结论涉及的税收政策，与经济作物（像甘蔗、烟草和棉花）和制造性农业投入品（像化肥、拖拉机和杀虫剂）有关。我们把这些商品称为“生产性商品”，以强调它们没有进入到个人的消费篮子。我们展示了在信息极为有限的基础上，如何对生产性商品实行帕累托改进式价格改革。这一改革分析仅仅需要知道，对于特定价格变化，单位土地的投入和产出将如何反应。这些改革并不需要关于土地所有权的分配和关于个人消费反应的整体经济信息。之所以如此，原因是生产性产品价格仅仅通过它们对全部收入（即农场利润加上他们劳动力禀赋的价值）的效应来影响个人福利和消费——后面会给予充分描述。进一步，如果生产技术是相同的（相同性假设应该是对许多农场状况的恰当描述），这些效应与个人拥有的农场规模之间具有系统性关系。即便我们把特定的引致性工资效应考虑进来，这些帕累托改进式改革也是适当的。②

在一个相关的结论里，我们将说明，在最优状态下，由于税收或补贴的原因，单位土地上不同生产性商品数量上减少的比例应该相等。这些

① 尽管我们在此不进行这些扩展，但是可以很容易对分配性系数 β_i^r 进行修正，考虑税收与前面存在的无效率现象，像那些与产量分成制或扩展型家庭有关的无效率现象（见第八章对替代性农村组织的讨论）的互动关系。

② 这一分析可以被扩展为更一般的帕累托改进式税收改革规则。这些规则可应用于整体经济水平的改革；也就是说，既适用农业部门，也适用工业部门。

有关生产性商品税收的结论非常一般化。我们的模型适合于：

(a) 除了生产性商品之外的许多其他商品，这些商品由农民来生产，作为投入品使用或者用于消费。

(b) 非征税的交易行为，换言之，劳动力服务的买卖行为。

最后，我们的帕累托改进式改革分析也演绎推理出一种情形，即反对向一些生产性商品征税的同时，给予其他一些生产性商品补贴。有人用公平的理由为这类政策辩护。我们将证明这种辩护是无力的。

9.2 一般表述 112

农业部门生产和使用的各种商品，可以分为若干种不同的类别。它们之间有哪些是既由农民消费也出售给外人的商品(相一些食用谷物)、哪些是纯粹为了销售而生产的商品(像橡胶和纤维作物等经济作物)以及那些作为农业生产本身的投入品的商品(像肥料)。同样，农业部门也从外面购买一些工业制造品用于消费(像纺织品和收音机)和用做生产中的投入品(像化肥和拖拉机)。①

通过定义 Q^h 为一个向量，其中元素 Q_i^h 代表由农村家庭 h 向其他经济部门提供的第 i 种商品的净供给，所有这些商品都能被纳入到前面的模型中。当农民是商品 i 的净出售者时，Q_i^h 为正值；当他为净购买者时则为负值。对于整个农村部门而言，商品 i 的人均剩余被定义为 $Q_i = \sum_h N^{rh} Q_i^h / N^r$，其中 N^{rh} 是农村群体 h 的个体数量。对于那些纯粹在农业部门内生产和消费商品，Q_i 等于零。本节中我们假设经济是开放的，政府可以在两个部门维持不同的价格集合，并且对农业部门内

① 同一种商品有时属于好几个类别。比如，拖拉机主要作为投入品用于农业生产，但偶尔也用做交通工具。

的贸易不征税。①不过，正如我们将看到的，即便政府不能在两个部门设置不同的价格集合，后两节给出的改革分析也能成立。可供投资的剩余可以表示为

$$I = N^{u}(Y - w^{u}L^{u}) + (P - p^{r})N^{r}Q + (p^{u} - P)N^{u}x^{u} \qquad (9.1)$$

除了这里 Y 表示为以国际价格向量 P 计算的工业产出全体向量的价值外，该表达式与式(4.1)是一样的。计价商品可以是工业部门生产的任何一个纯消费品。该商品由农村内群体 h 中的个体所消费的数量为 y^{rh}。
113 向量 x^{u} 定义为工业部门非计价商品的人均消费量，且 p^{u} 定义为对应的城市价格向量。②

商品 i 的价格变化对农村个体效用的效应和对可供投资的剩余的效应可分别由下面得到

$$\frac{\mathrm{d}V^{rh}}{\mathrm{d}p_{i}^{r}} = \lambda^{rh}\left(Q_{i}^{h} + \frac{dw^{r}}{dp_{i}}L^{rh}\right) \quad \text{和} \qquad (9.2)$$

$$\frac{\mathrm{d}I}{\mathrm{d}p_{i}^{r}} = N^{r}(P - p^{r})\frac{dQ}{dp_{i}^{r}} - N^{r}Q_{i}, \qquad (9.3)$$

其中，L^{rh} 表示个人 h 提供的净劳动小时数。还要提请注意的是，$\mathrm{d}Q/\mathrm{d}p_{i}^{r}$ 包括了由于农村价格变化导致的引致性效应，也就是说：

---

① 这里的经济基本模型与第四章的模型是一样的。不过，请注意，实践上要想对两个部门之间的税收边界给出精确的地理定义很难，难免有一些模糊之处。这是因为农民有时是在城市边缘从事农业行为，而这里属于城市的税收管辖权范围。更进一步，我们假设对农业部门内部的贸易难以征税，这多少有点夸大了对政府的约束。对于我们的目标而言，最关键的是，一项交易是否能被监督并因此对它征税。如果一个农民能直接向另一个农民销售产品，那么，相关税收就不太可能收上来。欠发达国家政府能够而且常常试图对农村部门内部的交易实施课税和销售控制。这类干预的后果之一就是鼓励个人回避进入正规市场，并因此回避纳税。

② 对城市部门精确而详细的陈述(比如城市个体之间存在差异的特性，以及价格—生产率效应特性)不是这里对农村税收和价格分析的核心。

$$\frac{\mathrm{d}Q}{\mathrm{d}p_i^r}=\frac{\partial Q}{\partial p_i^r}+\frac{\partial Q}{\partial w^r}\frac{\mathrm{d}w^r}{\mathrm{d}p_i^r} \tag{9.4}$$

我们可以马上计算出价格变化对社会福利的效应。我们记得汉密尔顿公式 $H=\psi+\delta I$ 代表社会福利贴现后的现值，其中 ψ 由式(8.6)给定。运用式(9.1)、式(9.2)和式(9.3)，我们得到

$$\frac{\partial H}{\partial p_i^r}\gtrless 0$$

当

$$(P-p^r)\frac{dQ}{dp_i^r}\gtrless\left(1-\frac{\beta_i^r}{\delta}\right)Q_i \tag{9.5}$$

其中

$$\beta_i^r=\sum\nolimits_h \beta^{rh}N^{rh}\left(Q_i^h+\frac{w^r L^{rh}}{p_i^r}\varepsilon_{wp_i}^r\right)/N^r Q_i \tag{9.6}$$

$\beta^{rh}=(\partial W/\partial V^{rh})\lambda^{rh}$ 是农村家庭 h 收入的社会边际效用，且 $\varepsilon_{wp_i}^r=\partial\ln w^r/\partial\ln p_i^r$ 是农村工资对于商品 i 的价格弹性。

这样，我们直截了当完成了对前面分析的修正。请注意，上面的表达式考虑了一个事实，即不同的商品对于富人和穷人具有不同的分配性效应，该效应取决于该种商品的市场化剩余。这些表达式也强调，不但需要考虑直接效应(比如，数量大的剩余供应者从所得价格的下降中会受到更大的损害)而且要考虑由于价格引致的工资变化所产生的间接效应。相对于不同商品的价格变化，这些由 $\varepsilon_{wp_i}^r$ 表示的间接效应也是不同的。一种针对某种主要算经济作物的农作物的税，如果它明显地抑制了劳动力 114
的需求和农村工资，那么它便具有有害的分配性效应。作为劳动力的净供给者的小型地主和无地农民受到的伤害，可能比大地主还要大。上述表达式还从另一个方面不同于前面的分析：当存在其他适当的税时，对一种商品的征税变化会改变对其他商品的净需求，并增加或减少税收。这

些效应已经合并到式(9.5)的左边。

遵循前面的分析，很明显，最优价格可以通过式(9.5)刻画出来，该式子中的不等式被等式所取代。该等式产生了一个多方类拉姆齐规则(multi-person Ramsey-like rule)，所不同的是，这里考虑了对工资和收入的引致性一般均衡效应。该规则可以被重新表述，以便给出一个标准解释，即对一种商品净购买量的比例性减少将如何与其分配性特征相联系来。[①]在最优水平上，一个更直接的解说是

$$\frac{\mathrm{d}I}{\mathrm{d}p_i^r}=-\frac{\beta_i^r}{\delta}N^r Q_i$$

也就是说，由于第 i 种商品价格的边际提高所产生的收入变化等于 $-\beta_i^r/\delta$ 乘以该商品的净农村剩余。在所有商品的 β_i^r 都相等的特殊情形中，当处于最优状态时，价格提高导致的收入变化与所考虑商品的净剩余量是成比例的。

9.3 对经济作物和制造品投入的信息节约型帕累托改进的价格改革

在前一节，进行最优描述需要包括但不限于以下知识：部门内的收入分配、对应于不同个人群体的社会评估度、商品消费量的自身价格弹性和交叉价格弹性，以及农村工资的各种价格弹性。运用式(9.5)进行改革分析可能也行不通，因为要求相同的信息集合，尽管只需要局部导数知识。因此，本节我们不再把焦点放在对最优的描述上，转而提出一个有新意的、更加有用的结论，它将展示在信息非常有限的基础上，我们如何能够实现对于特定商品的帕累托改进式价格改革。

① 对传统情形的分析，见 Atkinson 和 Stiglitz(1980，pp.386—390)。

我们关注的价格改革只针对这类商品：它们在农村部门内生产或使用，但是并不进入个人的消费篮子。我们称这类商品为“生产性商品”。这类商品包括农村部门内生产的经济作物，以及农业部门从工业部门或国外购买的制造品投入（化肥、杀虫剂和机械投入）。本节的目的是要说明，只需要根据单位土地的投入和产出对于生产性商品价格的弹性，就能够对生产性商品进行帕累托改进式的价格改革。我们不需要任何其他有关消费反应、土地分配和社会评估度的信息。

在进行分析之前，有必要提请注意，我们已定义过的“生产性商品”的价格变化对于城市个人的消费或福利不产生影响（因为生产性商品没有进入到这些人的消费篮子中）。因此，应该很明显，不管政府是否能够在两个部门设置不同的价格集合（也就是说，不管向量 p^r 和 p^u 是不同的，还是 $p=p^r=p^u$ 表示为整体经济的价格向量），对生产性商品价格改革的分析都是一样的。为了简化符号的表示，我们用 p 代表农村部门的个人所面对的价格向量。

我们假设农业生产技术的特征为规模报酬不变。实际上，一个更弱的假设，即技术是位似的假设对于下面推导的结论而言就足够了。我们假设规模报酬不变是因为这样可以简化说明。因此，当第 i 种商品是生产性商品，并且 z 是单位土地的投入和产出向量时，那么，$Q_j^h=A^h z_j$，其中 A^h 为农村群体 h 中家庭的农场规模。请注意，投入和产出分别以向量 z 中的负元素和正元素来代表。[1]

在此我们考虑农村工资由一个竞争性劳动力市场来决定的情形，并假设所有生产性商品具有相同的（但不是固定的）工资弹性[2]，即

① 一般地，群体 h 中的家庭提供的净供给向量是 $Q^h=-x^{rh}+A^h z$，其中，消费向量 x^{rh} 中，家庭并不消费的那些商品的取值为零，单位土地净产出向量 z 中，既不是农业的投入也不是产出的商品的取值为零。

② 当单位土地的利润函数在生产性商品价格和其他价格之间具有可分性时，就会出现这种情况（见本章附录）。有关基础生产技术的细节见 Lau(1978)。

$$\frac{\partial z_j}{\partial w^r}=g_1 z_j \tag{9.7}$$

其中,符号 g_1 以及后面要用到的符号 g 和 B,其定义见本章的附录。它
116 们的准确定义在这里并不相干。正如我们将看到的,当生产性商品价格的变化对农村工资的引致效应不明显的话,上面的假设完全没有必要。运用式(9.7),我们将在附录中证明

$$\frac{\mathrm{d}w^r}{\mathrm{d}p_j}=gz_j \tag{9.8}$$

也就是说,由于生产性商品价格的变化而导致的农村工资的变化与每单位土地该生产性商品的产量是成比例的。即使不考虑个人的劳动力供给反应的特性,该结论也成立。

下面,我们定义

$$c_j=\sum_i t_i \varepsilon_{ji}^r \tag{9.9}$$

其中,$t_i=(P_i-p_i)/p_i$ 表示税率或补贴率。$\varepsilon_{ji}^r=\partial \ln z_j/\partial \ln p_i$ 则代表每单位土地的投入和产出的价格弹性。因此,式(9.9)表示由于税收或补贴,单位土地上生产性商品 j 的产量的比例性变化。运用式(9.3)、式(9.8)和式(9.9),我们在附录中证明,价格变化对可供投资的剩余的效应简单地取决于 c_j

$$\frac{\mathrm{d}I}{\mathrm{d}p_j}=(c_j+B)N^r A z_j \tag{9.10}$$

其中,$A=\sum_h N^{rh}A^h/N^r$ 是每个农村个体的平均土地面积。当然,当价格变化对农村工资的引致效应无关紧要时,也就是当式(9.8)中 $g\approx 0$ 时,会出现式(9.10)的一种特殊情形。在这种情形下,即使如果式(9.7)的假设不能满足,式(9.10)也能成立。

式(9.10)是接下来价格改革的基础。考虑两种生产性商品 j 和 i。

当它们的价格分别变化 Δp_j 和 $-(z_j/z_i)\Delta p_j$ 时，那么，运用式(9.2)和式(9.8)，可以得到农村群体 h 中个人效用的净变化是

$$\Delta V^{rh}=\left(\frac{\mathrm{d}V^{rh}}{\mathrm{d}p_j}-\frac{\mathrm{d}V^{rh}}{\mathrm{d}p_i}\frac{z_j}{z_i}\right)\Delta p_j$$

$$=\lambda^{rh}\left[\left(A^h z_j+\frac{\mathrm{d}w^r}{\mathrm{d}p_j}L^{rh}\right)-\left(A^h z_i+\frac{\mathrm{d}w^r}{\mathrm{d}p_i}L^{rh}\right)\frac{z_j}{z_i}\right]\Delta p_j=0$$

也就是说，这些价格变化对农村的任何个人都没有影响。

下面，我们要计算这些价格变化对可供投资的剩余的影响。运用式(9.10)

$$\Delta I=\left(\frac{\mathrm{d}I}{\mathrm{d}p_j}-\frac{\mathrm{d}I}{\mathrm{d}p_i}\frac{z_j}{z_i}\right)\Delta p_j=(c_j-c_i)N^r A z_j\Delta p_j \tag{9.11}$$

我们马上就得到了价格改革的规则。计算所有的生产性商品的 c_i，当 117
$c_j>c_i$，且 j 和 i 都为产出(或者都为投入)时，那么，提高(或者降低)第 j 种商品的价格一个很小的量，比如 Δp_j，并且降低(或者提高)第 i 种商品的价格 $(z_j/z_i)\Delta p_j$。当第 j 种商品是产出(或者投入)且第 i 种商品是投入(或者产出)时，同样的规则是适用的。

上述改革会导致可供投资的剩余有一个明确的增加，同时不影响任何人的福利。因此，改革规则是帕累托改进的。这些规则的一个显著特征是，对它们的实际操作只需要极少的信息。运用上述改革规则，所需要的信息仅仅包括：当前对投入和产出的税负、当前单位土地的投入和产出的数量，以及这些数量对生产性商品价格变化的反应。

我们的改革规则考虑了价格变化对农村工资的引致效应，尽管它是以假设式(9.7)为前提，该假设限制了这些效应的性质。如果这一假设太有限制性了，那么，相关的经验性问题是：观察到的引致工资效应与那些存在上述约束的引致工资效应存在多大不同？如果这种不同不明显，那么，在极少的信息前提下就能够实施我们的改革规则。

最后请注意，根据式(9.11)，最优税收的一个必须条件是

$$\text{对于所有的生产性商品 } c_i \text{ 是相等的} \tag{9.12}$$

也就是说，由于税收或补贴的原因，每单位土地上不同的生产性商品数量的比例性减少应该相等。

牢记我们模型的一般性是有用的。它考虑了(a)农民生产的，作为投入来使用或者消费的各种商品，而不仅仅是生产性商品；(b)一种非征税的交易，即劳动力服务的买卖。

进一步，我们可以放松农业生产上规模报酬不变的假设。在一个更弱的假设前提下，即生产函数是位似的，帕累托改进的改革规则和效率条件式(9.12)也是成立的。为了直观地理解这一点，让我们假设引致工资效应可以忽略不计，因此，生产性商品的价格变化仅仅通过土地的利润变化来对个人福利产生影响。(当引致工资效应很显著时，对规模报酬不变假设的放松，仅仅需要对可分离性利润函数的表述做一点点修正。)考虑两种生产性商品 j 和 i。当生产函数具有位似性时，表示不同生产规模(例如，不同的农场面积)的一组等产量线沿着通过原点的射线具有相同的斜率。
118 因此，商品 i 和 j 的数量比率 Q_i^h/Q_j^h 对所有个体而言是相同的，并且可被记为如 θ_{ij}。如果两种商品的价格分别发生 Δp_i 和 $\Delta p_j=-\theta_{ij}\Delta p_j$ 的变化，则每个个人的收入和福利保持不变。此外，由于投入和产出的自身价格弹性和交叉价格弹性也都独立于农场规模，可供投资的剩余对这些价格变化的反应可以按照与式(9.11)相同的方式来表示。[唯一的不同是式(9.11)右边的 $N^r A z_j$ 要变为 $\sum_h Q_j^h$。]然后，可以得到结论(式 9.12)。

9.4 是否对一些经济作物或制造品投入征税而对另一些给予补贴

为了洞察这一问题，我们暂且假设，生产性商品的价格变化对于投入

和产出数量的交叉价格效应可以忽略不计(即 $\varepsilon_{ji}^{r}=0$,当 $i \neq j$ 时)。那么,应用式(9.9)和式(9.12),帕累托最优的一个必要条件是对于所有的 j,$t_j\varepsilon_{jj}^{r}$ 应该相等。接下来,我们由利润函数的标准性质可知,对于产出而言 $\varepsilon_{jj}^{r}>0$,对于投入而言 $\varepsilon_{jj}^{r}<0$。并且,根据我们对 t_j 的定义,一个负的(或者正的)t_j 意味着一项对投入的税负(或者补贴)和一项对产出的补贴(或者税负)。那么,随之的结论是,要么所有的生产性商品(投入或者产出)都应该被征税,要么它们全都应该被补贴,但是不能两者同时发生。

这些结论之所以重要,不是因为我们相信交叉价格效应可以忽略不计,或者引致工资效应总是上面所考虑的那种。它们之所以重要,是因为我们已经找出了为什么不同的生产性商品税的正负号可能不同的原因。具体来说,我们常常发现化肥被补贴了,而杀虫剂却被征税了;或者相反。同样,棉花被补贴了,而其他经济作物却被征税了。根据我们的分析,很显然,为这类税收进行辩护必须建立在存在巨大的交叉价格效应,或者存在特定类型引致工资效应的基础上。如果从经验分析中发现事实并非如此的话,那么,即使不考虑社会评估度,现存的税负结构也不是最优的,而且可以改善。

由此,该分析质疑那种经常被提出的建议,即按照公平的原则,一些主要为富有的农民所使用的农业投入(像拖拉机)应该被征税;另一些投入(像化肥)应该被补贴,因为贫穷的和富有的农民都要使用。

9.5 一些附加说明 119

正如本章开头指出的,对农业生产的规模报酬不变或具有位似性的假设(并由此有投入和产出对农场面积的比率不变),是本节一些结论的基础。规模报酬不变的假设基于过去家庭层面的资料证明是有效的(见 Strauss,1986 和其中给出的参考文献)。与此同时,也存在一些特殊的情形，它显示出投入和产出对于农场面积的比率并不是大约不变。在这些情形下，需要对我们的分析进行部分修正，而且这时似乎更适合征收差别化税。不过，即使在这类环境下，人们对于使用差别化税也要慎而又慎。特别地，我们必须弄清楚为什么投入和产出对土地面积的比率发生变化的原因；我们有必要问一问，是不是它只是反映了比如说土地质量的不同、对生产函数位似性的背离、对个人之间一致价格的背离，或者个人有关最好惯例的知识的不同。如果这些方面是潜在的原因，政策相应地应该纠正价格的扭曲；如果潜在原因是缺乏知识时，那么，政策应该提供更好的信息。

市场的不完备

本书的目标之一，就是要探讨欠发达国家常常存在的市场不完备对于定价和税收政策的含义。我们已经关注了各种各样的不完备，像与劳动力市场有关的那些不完备，和那些由于不同组织安排而内在地发生的不完备。本书没有明确研究的一个重要的不完备集合可能产生于信贷市场。①不过，如果贫穷的农民在单位土地上不如富裕的农民所用的化肥多，因为穷人进入不了信贷市场，也并不必然得出结论说，对化肥征税的政策是一个实现分配性目标的好政策。因为当穷人获得贷款的能力受到限制时，他们使用化肥的边际产品价值会显著高于富人，因而，征税的结果是，穷人在化肥使用上的引致性减少所导致的不利后果会非常大。相应地，尽管化肥税从富人那里得到了更多的收入，但是对于贫穷农民的福利却会产生一个更大的有害效应。

① 市场不完备的一些原因可能源于监督和信息收集的高成本。道德风险的考虑——无力监督对贷款和租赁财产的使用和关心——可能对于解释租赁市场的缺乏，以及解释为什么即使存在这类市场，其价格也似乎过高的原因非常重要。

技术变迁 120

我们推导的定量结论，不但在每一个时点上是成立的，而且也与许多扩展情形相一致，像有一个会影响农业生产的外生技术变迁过程。不过，存在一个重要的动态效应集合，即当个人当前的产出和投入会直接影响其他时期的产出时，会要求对模型做一些修正。这种情况下，当前产品价格的变化将影响个人的效用水平和随后时期的可供投资剩余。这些影响需要考虑进来，因为它们具有公平和效率两方面的含义。

跨期效应最明显的例子与技术变迁的内生性有关。比如，如果在使用现代技术过程中存在重要的干中学(learning-by-doing)效应，那么，对于给定的未来投入水平，未来时期的产出水平将依赖于当前的生产选择。个人在决定其当前生产时，将考虑当前生产所积累的未来收益。因此，作为农产品价格提高的结果，农民效应的贴现值的变化仍然可以通过一个类似式(9.2)来表示。不过，前面提供的分析框架将不得不做一些修改，以考虑由于当前生产的价格引致变化所产生的未来税收变化。

在此情形下可能的结果是，对那些基于干中学而具有显著外部效应的新生产工艺，政府应该征收更小的税负(或者应该得到更大的补贴)。基于同样的原因，如果对一个特定生产工艺的直接监督(以及因此的直接补贴)不具备管理上的可行性或不经济，那么，通过对那些在新工艺中更密集被使用的投入给予补贴，政府就可以影响干中学的速率。如果新生产工艺密集地使用化肥，那么，就应该对使用化肥进行补贴。

进一步，如果学习会因农场而异(即只有当前应用新生产工艺的农民，才会得到未来学习收益)时，那么，不同农民群体之间，他们何时及何种程度采用新工艺方面将存在相当大差异。通常认为，对于农场规模更小的农民，新技术和新工艺的吸引力相对更小，因为(a)他们的信贷约束提高了未来学习的成本；(b)更穷的个人更不愿意承担风险，因此更不愿意尝试新工艺；(c)学习相关新技术会涉及一些固定成本，对于农场规模更小的农民而言相对更不值得。

大多数欠发达国家的重要特征之一，就是许多农民没有使用最好的
121 可行生产方式，这是由于新技术传播缓慢。通常认为，定价政策可以用来帮助克服农民对采用新工艺的抵触，或者保护学习新工艺的农民（这显然类似于“幼稚产业说”）。如果这一观点正确，则意味着在投入补贴上存在另一个纬度对“公平——效率”的权衡取舍。短期内，补贴拖拉机的确让更快的学习者（那些更迅速地采用了新技术的人）得到了更多收益；但是，补贴耕牛只能有利于永远无效的技术。同样，基于效率的考虑会同意对化肥给予补贴，而这些补贴的主要受益者可能是大农场主，因此，这类补贴具有累退性。

当学习不会因农场而异时，即如果一家农场的学习收益会部分外溢给邻居农场，那么，补贴会鼓励采用新技术的观点更有说服力。大农场主在决定是否要从旧技术换到新技术时，将不会考虑这些社会的生产外部性。

尽管我们的分析是基于“干中学”效应，只要某种技术是否合适某一地区存在不确定，则类似的分析也是适用的。某个农民对某种技术的成功示范会把信息传递给其他农民，并由此刺激新技术的传播。①这里存在一个重要的潜在外部性。投入补贴（像对种子和化肥的补贴）也属于恰当的次优改进税政策的组成部分。

同样重要的是，要从社会成本和收益角度，检验在促进特定技术或阻碍其他技术上面税收和定价是否适当的政策工具。也许直接的信息补贴（通过推广和示范服务，以及媒体宣传）更具有社会收益性。

---

① 前面给出的观点解释了，为什么农场规模更小的农民在这类情形下可能不愿应用新技术，哪怕是有限应用。同样，给定一个地区内所存在的土壤或其他条件的多样性，以及给定新技术可能的使用方式的多样性（比如，种植和收获的时机、化肥和除草剂有效的程度），显然，一项新技术的实验越是多方面和多样的，潜在的采用者拥有的信息就越多。

附录

式(9.7)的推导

我们定义单位土地的利润函数为 $G = G(G^1(p^1, w^r), G^2(p^2)) = pz - w^r L^d$，其中 p^2 是农村部门生产性商品价格的亚向量，p^1 是与生产决策有关的所有其他价格的亚向量，并且 L^d 是每单位土地上的劳动力投 122
入。我们记得 p_j 是表示生产性商品 j 的价格。那么，很容易得出

$$z_j = \frac{\partial G}{\partial G^2} \frac{\partial G^2}{\partial p_j},$$

$$L^d = -\frac{\partial G}{\partial G^1} \frac{\partial G^1}{\partial w^r}$$

以及

$$\frac{\partial z_j}{\partial w^r} = -\frac{\partial L^d}{\partial p_j} = g_1 z_j \tag{9.A1}$$

其中

$$g_1 = \frac{\partial^2 G}{\partial G^1 \partial G^2} \frac{\partial G^1}{\partial w^r} \Big/ \frac{\partial G}{\partial G^2}$$

由式(9.A1)得到弹性

$$\frac{\partial \ln z_j}{\partial \ln w^r} = g_1 w^r \tag{9.A2}$$

对于所有的 j 都是相等的。

式(9.8)的推导

对于劳动力，市场出清条件为 $\sum_h N^{rh} L^{rh}(p, w^r) = 0$，根据其微分，可以得到

$$\frac{\mathrm{d}w^r}{\mathrm{d}p_j} = -\left[\sum_h N^{rh} \frac{\partial L^{rh}}{\partial p_j}\right] \Big/ \sum_h N^{rh} \frac{\partial L^{rh}}{\partial w^r} \tag{9.A3}$$

我们定义农村个体 h 的全部收入为 $m^{rh}=w^r\overline{L^h}+A^hG$，其中 $\overline{L^h}$ 是劳动力禀赋。因此，由单位利润函数的定义

$$\frac{\partial m^{rh}}{\partial p_j}=A^h z_j \tag{9.A4}$$

下面回顾一下，个人的净劳动力供给表示为 $L^{rh}=L^{sh}-A^hL^d$，其中 L^{sh} 是劳动力供给。这里，生产性商品的价格仅仅通过个人的全部收入来影响其劳动力供给。运用式(9.A4)，可以得到

$$\frac{\partial L^{rh}}{\partial p_j}=A^h z_j\frac{\partial L^{sh}}{\partial m^{rh}}-A^h\frac{\partial L^d}{\partial p_j}。$$

把式(9.A1)和上面这个表达式代入到式(9.A3)，我们得到

$$\frac{\mathrm{d}w^r}{\mathrm{d}p_j}=gz_j \tag{9.A5}$$

其中

$$g=-\sum\nolimits_h N^{rh}A^h\left[g_1+\frac{\partial L^{sh}}{\partial m^{rh}}\right]\Big/\sum\nolimits_h N^{rh}\frac{\partial L^{rh}}{\partial w^r}$$

123 同样，为了后面的使用，我们把对称性质记为

$$\frac{\partial z_i}{\partial p_j}=\frac{\partial z_j}{\partial p_i} \tag{9.A6}$$

式(9.10)的推导

我们估算式(9.3)的导数，其中第 i 种商品是生产性商品。运用式(9.4)，$Q_i=Az_i$，以及 $Q_i=\sum\nolimits_h N^{rh}Q_i^h/N^r$，式(9.3)变为

$$\frac{\mathrm{d}I}{\mathrm{d}p_i}=-N^rAz_i+(P-p)\left(\sum\nolimits_h N^{rh}\frac{\partial Q^h}{\partial p_i}+\sum\nolimits_h N^{rh}\frac{\partial Q^h}{\partial w^r}\frac{dw^r}{dp_i}\right) \tag{9.A7}$$

$$=-N^rAz_i+(P-p)\left\{\sum_h N^{rh}\left(-\frac{\partial x^{rh}}{\partial m^{rh}}\frac{\partial m^{rh}}{\partial p_i}+A^h\frac{\partial z}{\partial p_i}\right)+\xi N^rAz_i\right\} \tag{9.A8}$$

为了得到式(9.A8)，运用恒等式 $Q^h=-x^{rh}+A^hz$ 来区别生产性商品和其他商品(见 n.7)。我们也运用式(9.8)，并且定义向量 $\xi=\sum_h N^{rh}\times\frac{\partial Q^h}{\partial w^h}g/N^rA$。把式(9.A4)和 $N^rA=\sum_h N^{rh}A^h$ 代入到式(9.A8)，可以得到

$$\frac{\mathrm{d}I}{\mathrm{d}p_i}=N^rAz_i\left[(P-p)\frac{\partial z}{\partial p_i}\frac{1}{z_i}+B\right] \tag{9.A9}$$

其中，梯量 B 被定义为

$$B=-1+(P-p)\left(\xi-\sum_h N^{rh}\frac{\partial x^{rh}}{\partial m^{rh}}A^h/N^rA\right) \tag{9.A10}$$

下一步，

$$(P-p)\frac{\partial z}{\partial p_i}\frac{1}{z_i}=\sum_j t_j\frac{\partial z_j p_j}{\partial p_i z_i}=\sum_h t_j\frac{\partial z_i}{\partial p_j}\frac{p_j}{z_i}=\sum_j t_j\varepsilon_{ij}^r$$

这样，式(9.A9)变为 $\frac{\mathrm{d}I}{\mathrm{d}p_i}=(c_i+B)N^rAz_i$，该式与式(9.10)相同。

显然，式(9.10)也可以应用到不存在由于生产性商品价格变化而导致对农村工资引致效应的特殊情形中。对于这种特殊情形，我们简单地设式(9.A10)中的 $g=0$，或者意义相同地，$\xi=0$。

第四篇

城 市 部 门

在本书的第四篇中，将讨论一些我们认为对于分析欠发达国家城市部门的税收来说非常重要的问题。正如在导言中所着重强调的，对于欠发达国家税收政策的分析令人满意，就需要估算这些政策在一些关键性内生变量，例如工资、就业水平和农村与城市之间人口迁移的数量上的影响。本篇第10章提出了一个城市工资和就业的一般模型，将这些因素考虑进去后，又分析了城市—农村价格(即一种特定部门税收政策是可行的情形)，以及价格剪刀差的性质(即整体经济而不是特定部门的税收政策是可行的情形)。城市工资和就业决定的一般性基本模型能够适应许多特定假说。文献中，一个非常突出的这类假说是工资—生产率假说。第11章分析了该假说。我们在此的贡献是将该假说一般化，使之能够分析税收问题，并且推导出该假说的一些相关政策后果。第12章关注的是城市部门中多种商品的税收和补贴问题。假设不考虑人们对于不公正的关心，我们推导的结论是不同意对欠发达国家城市部门的产品实施差别化税收和补贴，我们发展和提供了一些有关该结论的原因。第13章讨论了欠发达国家的人口迁移问题，以及当代欠发达国家经济这一重要方面对税收分析意味着什么。为了模型化欠发达国家的城市部门，我们使用了多种方法，第14章概括了这些方法。第15章与本书的其他部分多少有些无关，因为它并不是讨论税收政策，而是对欠发达国家中劳动力的影子成本进行了计算。这一章的目的是要说明，除了税收分析之外，本书所构建和发展的模型及方法还能够应用到其他方面。最后，第16章提出一些总结性评论。

第10章

城市工资和就业决定对税收政策的影响 127

10.1 导言

在前面各章中，我们假定依据计价商品计算的城市工资是固定的，并不随政府税收政策的改变而改变。①虽然这种假定仅仅是临时用来简化分析的方法，但它构成了许多研究欠发达国家的文献的基础。事实上，虽然假定政府不能直接地减少城市货币工资，但是许多研究假定，政府可以通过提高各种商品的价格来减少城市工资的实际值。

我们怀疑这样的假设更多地反映的是部分经济学家而不是部分城市工人的天真。限制政府直接减少工资能力的作用，也将限制它间接减少工资的能力。如果是工会的力量或政治动荡的威胁导致城市高工资，那么，很明显，城市工资不能对价格和税收的变动完全敏感（尽管存在滞后调整）。

一旦意识到城市工资能够对政府政策产生反应，那么对于任何政策变动的归宿性分析，必须把由于这类工资变动而产生的间接影响考虑进去。因此，在不存在城市工资调整的情况下，城市食品价格的上涨可以增加政府获得可供投资的剩余；一旦将工资的反应考虑进去，可供投资的剩余实际上可能减少。

---

① 尤其是在第4章和第5章中，我们假设以工业品计价的城市工资是固定的。在第6章和第7章中，假设政府能够调整城市工资，我们检验了两个部门价格相同的封闭的社会主义经济。然而，请注意，在第8章和第9章中农村工资是外生决定的，我们分析了一个居民特性存在差异的农村部门。

为了检验工资如何调整以适应税收政策的变化，需要有一个关于工资决定的理论。传统的新古典模型给出了一个简单理论，工资调整到使劳动的需求和供给相等。这是在第8章和第9章中用来检验农村工资决定和对农村税收政策后果的理论之一。不过，对于那些城市失业程度相
128 当严重的欠发达国家的城市部门而言，这一理论可能不是特别恰当。因而，我们需要另外的城市工资决定理论，该理论能够与城市工资设定在市场出清水平之上的现实可能性保持一致。工资—生产率假说——这样一个理论，我们将在下一章详细讨论。它假定厂商设定工资时考虑了工资对生产率的影响。另一个可能的理论是认为工会、企业和政府通过讨价还价来设定工资的理论，这样的理论也能回答关于当城市价格改变时城市工资可能如何改变的问题。

在本章我们不是要关注关于城市工资决定的任何特定理论，而是要形成一个一般化的简化形式的描述。这一描述与很多工资决定假说，包括工资依据工业品计算是固定的情形、工资依据效用条件是固定的情形和工资依据农产品计算是固定的情形是一致的。我们用这种城市工资决定的一般描述，进行城市—农村定价以及价格剪刀差(即分别就政府能和不能在两个部门中设立不同价格集合的情况)的实证和规范方面的研究。

我们关于城市—农村定价的研究表明，在城市工资将随价格变动而变动以保持工人效用水平不变，并且工人的生产率取决于他们的效用水平的重要情形下，不应该对城市部门实施任何商品税或补贴。该结论背后的直觉意义是简单明了的。政府将不得不向工人提供一个特定的效用水平，它还要有效率地提供这一效用。如果产品的相对价格不同于对应的国际价格，那么，政府所提供的效用将是无效率的。在一个给定的效用水平上，当工人的生产率是他们消费量的函数时，那么需要对这一结果进行修正。因此，如果生产率对于食品消费有显著的反应，那么食品补贴是合意的。这样，我们的分析就对一些特定类型的定价政策提供了一个评

价视角，在欠发达国家观察到的这类定价政策过去也受到了批评，原因是它们扭曲了经济。①

上面的结论断言，政府有能力对城市和农村部门维持不同的价格。如果情况不是如此(也就是说，当价格剪刀差是适当的工具时)，并且如果当价格上涨时城市工资也上涨，那么就可以推测，相比于不存在对城市工资的引致效应的情况，这时农业将会被征收更重的税。降低农民得到的价格，这时会产生一种导致城市工资下降的额外效应，并由此将资 129
源从城市工人手中转移为可供投资的盈余。从边际上看，当可供投资的盈余被认为比消费更有价值时，在早期发展阶段这种转移可能是合意的。

为了每次只专注于一个问题，本章的大部分内容将在抽象掉城市失业之后来分析城市工资的决定及其结果，如果城市工资设定在市场出清水平之上，明显存在城市失业，那么，抽象掉城市失业会使分析显得前后不一致。不过，在本章的结尾将提供一个对城市失业的一般性处理。

下一节将引入一些符号，讨论工资依赖对于价格的主要效应。第10.3节将分析城市与农村之间存在税收边界时的定价和税收问题；第10.4节要考虑工资内生情况下的价格剪刀差问题；第10.5节则简要地描述了为什么认为政府能够控制城市工资(直接地或间接地)的假设对于当前欠发达国家是不适当的原因，以及相反为什么人们应当关注内生性城市工资决定机制的原因；第10.6节提供了一个关于城市工资决定机制的简要评论，在这种机制下城市工人的效用水平保持不变；第10.7节给出了一个对城市失业的一般论述，并分析了税收对城市失业的引致效应所产生的各种后果。

---

① 第12章显示了生产率效应如何改变了对城市部门生产和消费的商品所征收的税负结构。

10.2 城市工资决定的一般表述

一开始我们要给出一个一般表述，它与关于城市工资如何决定的若干其他假说是一致的。这个简洁的表述有利于明确城市工资内生性的重要含义。城市工资率的简要表达形式如下

$$w^u = w^u(p^u) \tag{10.1}$$

现在，我们将专注于每个部门只生产一种总计产品的简单模型。因此，式(10.1)中的 p^u 是以工业品为计价单位的农产品的城市价格。

价格变动对于城市工人效用的影响是

$$\begin{aligned}\frac{\mathrm{d}V^u}{\mathrm{d}p^u} &= \frac{\partial V^u}{\partial p^u} + \frac{\partial V^u}{\partial w^u}\frac{\mathrm{d}w^u}{\mathrm{d}p^u} \\ &= \lambda^u\left(-x^u + L^u\frac{\mathrm{d}w^u}{\mathrm{d}p^u}\right)\end{aligned}$$

130

$$\begin{aligned}&= \lambda^u x^u\left(-1 + \frac{\varepsilon^u_{wp}}{\alpha^u}\right) \\ &= \lambda^u x^u \rho \end{aligned} \tag{10.2}$$

其中

$$\rho = -1 + \frac{\varepsilon^u_{wp}}{\alpha^u} \tag{10.3}$$

是一个后面要用到的概要性参数

$$\varepsilon^u_{wp} = \frac{\mathrm{dln}\, w^u}{\mathrm{dln}\, p^u}$$

是城市工资对价格的弹性，并且

$$\alpha^u = \frac{p^u x^u}{w^u L^u}$$

是食品消费在城市工人预算中的比重。

参数 ρ 提供了一个城市工资内生变化性质的概要统计量。很明显，参数 ρ 在现在的表述中内含的动机与前面封闭经济中价格剪刀差模型中的意义是不同的[参看第 6 章，尤其是式(6.6)]。在那里，为了保持农产品的供求平衡，政府调整城市工资以适应价格的变化。另一方面，在这里雇主(包括公共部门企业)是因为内生原因，像工会的压力和生产率方面的考虑而改变城市工资以适应价格变化。

三种特殊情况

考虑式(10.3)的下列特殊情形：

(a) 以工业品计价的城市工资是固定的。在这种情况下，$\varepsilon_{wp}^{u}=0$ 且 $\rho=-1$。因此，由式(10.2)，提高价格使城市工人处境恶化。这是本书第二篇重点强调的情况。

(b) 以农产品计价的城市工资是固定的。在这种情况下，$\varepsilon_{wp}^{u}=1$ 和 $\rho=-1+1/\alpha^{u}>0$。因此，由式(10.2)，提高价格使城市工人处境改善。

(c) 根据城市工人效用水平计算的城市工资是固定的，即 w^{u} 是这么确定的：

$$V^{u}(p^{u},\ w^{u})=\overline{V}^{u} \tag{10.4}$$

其中右边是一个外生参数。在这种情况下，由式(10.3)，ρ 一定等于零。 131
因此，由式(10.3)

$$\varepsilon_{wp}^{u}=\alpha^{u} \tag{10.5}$$

最后，请注意，参数 ρ 也可以看作工资确定中对货币幻觉的一种测量。如果没有货币幻觉，即如果工资的设置使效用保持不变水平，那么 $\rho=0$。

对税收分析的影响

由于存在城市工资的内生变化，我们要从三个方面改变税收分析：

(a) 如果城市工资因为城市食品价格的提高而增加，那么，城市食品价格的上涨对城市工人的有害影响很小，且对于可供投资的剩余的有利影响也很小。因此，引致工资效应可以认为只是一种把可供投资的剩余向城市工人福利所做的简单转移。当城市收入方面的社会评估度 β^u 小于投资的社会评估度 δ 时，这样的转移将减少社会总福利。

(b) 当存在城市工资的调整时，相比于不存在城市工资调整的情况，由于城市食品价格的提高而增加城市工资会导致食品消费的减少更小。因此，政府的税收是增加还是减少取决于城市食品价格是高于还是低于国际食品价格。

(c) 工资的内生性改变了生产率效应的性质。一方面，当工资不变时，人们通常认为价格上涨会减少生产率。另一方面，更高工资也会提高生产率。因此，总体上说全部的效应是不明确的。

下面我们将城市工资的内生性考虑进来分析定价和税收政策，这样可以清楚地看出三种效应中的每一个效应。贯穿于分析的始终，我们都假定经济是开放的。另外，我们以典型个体来描述农村和城市部门。正如本书第 8 章和第 9 章所示(对于农村部门)，以及后面的第 12 章将要展示的(对于城市部门)，人们能够很容易将部门内个体性质的差异性纳入到分析中来。

10.3 伴随内生性城市工资的城市—农村价格

既然在两个部门里可以各自独立地设置价格，且经济体是开放的，那么，可供投资的剩余就由下面的表达式给定：

132

$$I = \underbrace{N^u(Y - w^u L^u)}_{\text{工业利润}} + \underbrace{(P - p^r)N^r Q(p^r)}_{\text{对农村剩余的课税}} + \underbrace{(p^u - P)N^u x^u(p^u, w^u)}_{\text{对城市食品消费的课税}} \tag{10.6}$$

为了确定 p^u 的提高对于可供投资的剩余的影响，我们得到 132

$$\frac{\mathrm{d}I}{\mathrm{d}p^u}=\frac{\partial I}{\partial p^u}+\frac{\partial I}{\partial w^u}\frac{\mathrm{d}w^u}{\mathrm{d}p^u}=N^u\left[\frac{\partial Y}{\partial p^u}+x^u+(p^u-P)\frac{\partial x^u}{\partial p^u}\right]$$

$$+N^u\frac{\mathrm{d}w^u}{\mathrm{d}p^u}\left[\frac{\partial Y}{\partial w^u}-L^u+(p^u-P)\frac{\partial x^u}{\partial w^u}\right] \tag{10.7}$$

在上面表达式的右边，第一个方括号表示价格提高的直接效应，第二个方括号表示城市工资引致变动的效应。重新整理式(10.7)得到

$$\frac{\mathrm{d}I}{\mathrm{d}p^u}=N^u x^u\{t^u(e_{xp}^u-\rho\alpha^u\varepsilon_{xm}^u)-\rho-[\sigma_p-\alpha^u(1+\rho)\sigma_w]/\alpha^u\gamma^u\} \tag{10.8}$$

在此，我们回顾一下

$t^u\equiv\dfrac{P-p^u}{p^u}$ 对城市食品消费征收的税率或给予的补贴率①

$\sigma_p\equiv\dfrac{-\partial\ln Y}{\partial\ln p^u}$ 工业净产出对城市食品价格的弹性

$\sigma_w\equiv\dfrac{\partial\ln Y}{\partial\ln w^u}$ 工业净产出对城市工资的弹性

$\gamma^u\equiv\dfrac{w^uL^u}{Y}$ 工业产出中工资报酬的份额

$e_{xp}^u\equiv\varepsilon_{xp}^u-\alpha^u\varepsilon_{xm}^u$ 城市食品消费对城市食品价格的补偿弹性

$\varepsilon_{xm}^u\equiv\dfrac{\partial\ln x^u}{\partial\ln w^u}$ 城市食品消费对工业工人收入的弹性

弹性 ε_{xm}^u 是正的，因为假定食品是正常商品。同样，为了避免琐碎的细节，我们假定弹性 e_{xp}^u 是严格为正而不是非负，一直如此。此外，为了以后的使用，由第 6 章[特别参见式(6.8)和式(6.9)]可以回顾起生产率效应的以 133
下两种特殊情形：

① 正的 t^u 意味着对城市食品消费的补贴，而负的 t^u 意味着税收。

$$\sigma_p - \alpha^u \sigma_w = 0 \quad \text{如果生产率仅仅取决于工人的效用水平} \qquad (10.9)$$

$$\sigma_p - \alpha^u \sigma_w > 0 \quad \text{如果生产率仅仅取决于工人的食品消费} \qquad (10.10)$$

现在请注意，由式(10.2)，如果 $\rho > 0$ 且 $dI/dp^u \geqslant 0$，那么，提高城市食品价格会产生帕累托改进，因为价格的提高增加了可供投资的剩余和城市工人的福利，而农业部门居民却不受影响。同样的，如果 $\rho < 0$ 且 $dI/dp^u \leqslant 0$，那么，降低城市食品价格会产生帕累托改进。由式(10.8)可以得出：如果 $\rho \gtrless 0$，那么现有的价格是帕累托无效率的，除非

$$t^u \lesseqgtr \frac{\rho + [\sigma_p - \alpha^u(1+\rho)\sigma_w]/\alpha^u\gamma^u}{e^u_{xp} - \rho\alpha^u\varepsilon^u_{xm}} \qquad (10.11)$$

在上述式中，我们假定右边的分母 $e^u_{xp} - \rho\alpha^u\varepsilon^u_{xm}$ 为正。内在原因见n.4中的解释。

这样对于任何给定的城市工资决定理论，上面的结论使我们可以识别帕累托无效率的价格体系。例如，回顾前面第 4 章的分析，城市工资以工业品计价是不变的。在这一特殊情形下，$\rho = -1$。因此，证明式(10.11)可以得出式(4.24)是简单明了的。

结论式(10.11)的另一种特殊情况是实际城市工资依据效用水平而固定的情形，这有令人醒目的含义。也就是说，式(10.5)成立并且 $\rho = 0$。根据假设，既然城市工人的效用是固定的，并且农民的效用不受价格变动的影响，那么，实现帕累托效率需要投资最大化。也就是说，$dI/dp^u = 0$。通过将 $\rho = 0$ 代入到式(10.11)，我们得到：现有的价格是帕累托无效率的，除非

$$t^u = \frac{P - p^u}{p^u} = \frac{(\sigma_p - \alpha^u\sigma_w)/\alpha^u\gamma^u}{e^u_{xp}} \qquad (10.12)$$

运用式(10.9)和式(10.10)，以上结果的两种特殊情形值得注意：

1. 如果不存在生产率效应，或者生产率取决于城市工人的效用水平，

那么，对城市部门内食品的任何征税和补贴都是帕累托无效率的。

2. 如果生产率取决于食品消费，那么，实现帕累托效率需要对城市食品消费给予补贴。

最优价格 134

回顾汉密尔顿等式

$$H = N^r W(V^r) + N^u W(V^u) + \delta I \tag{10.13}$$

我们观察到

$$\frac{\mathrm{d}H}{\mathrm{d}p^u} = N^u \frac{\partial W}{\partial V^u} \frac{\mathrm{d}V^u}{\mathrm{d}p^u} + \delta \frac{\mathrm{d}I}{\mathrm{d}p^u}$$

运用式(10.2)和式(10.8)，令 $\mathrm{d}H/\mathrm{d}p^u = 0$，我们得到了下面对最优的描述

$$t^u = \frac{P - p^u}{p^u} = \frac{(1-\beta^u/\delta)\rho + [\sigma_p - \alpha^u(1+\rho)\sigma_w]/\alpha^u\gamma^u}{e^u_{xp} - \rho\alpha^u\varepsilon^u_{xm}} \tag{10.14}$$

另外，最优城市价格是

$$p^u = P\mu^u \tag{10.15}$$

其中

$$\mu^u = 1\Big/\left\{1 + \frac{(1-\beta^u/\delta)\rho + [\sigma_p - \alpha^u(1+\rho)\sigma_w]/\alpha^u\gamma^u}{e^u_{xp} - \rho\alpha^u\varepsilon^u_{xm}}\right\} \tag{10.16}$$

正如人们预期的，在城市工资以工业品计价不变的特殊情形下(即 $\rho = -1$)，直接可以证明上面的结论与式(4.10)和式(4.18)或与式(4.18)和式(4.26)是相同的。另一种特殊情形是工资依据效用水平来确定的情形，即 $\rho = 0$。因此，要最大化社会福利必须最大 I。在这种情形下，最优税率再一次如式(10.12)所示，这正好是式(10.14)中 $\rho = 0$ 的特殊情形。在更一般的情形下，关于城市部门中是食品税还是食品补贴更具有合意性，这是不确定的。例如，既然在一个似乎合理的环境下 $e^u_{xp} - \rho\alpha^u\varepsilon^u_{xm}$ 可

能为正①，式(10.14)的一个含义是：在城市部门是应当对食品征税呢还是实行食品补贴，取决于下面表达式为正还是为负：

$$\underbrace{\left[1-\frac{\beta^u}{\delta}\right]\rho}_{\text{转移效应}}+\underbrace{\left\{\frac{[\sigma_p-\alpha^u(1+\rho)\sigma_w]}{\alpha^u\gamma^u}\right\}}_{\text{生产率效应}} \tag{10.17}$$

135 因此，如果工资变动没有全部抵消价格提高的有害福利效应(即 $\rho<0$)，且如果可供投资的剩余被看作比城市工人的消费更有价值(即 $\beta^u<\delta$)，那么，转移效应[即式(10.17)中的第一项]要求食品税，反之，生产效应[即式(10.17)中的第二项]要求食品补贴。

10.4 含有内生工资的价格剪刀差

在一个没有城市—农村税收边界的经济体内(即两个部门内不能维持不同的价格集合)，我们需要扩展前面的分析，以考虑价格变化对农村部门居民同时产生的影响。我们将继续使用前面定义的符号，除了 $p\equiv p^r=p^u$ 现在定义为以工业品计价的整体经济中的农产品价格和 $t=(P-p)/p$ 定义为相应的税率或补贴率。

可供投资的剩余式(10.6)现在简化为：

$$I=N^u(Y-w^uL^u)+(p-P)(N^ux^u-N^rQ) \tag{10.18}$$

又，设 $\theta=(N^ux^u-N^xQ)/N^ux^u$ 表示农业产品的净进口对城市消费的比例，这里 $1>\theta$ 是因为农村剩余总是为正。那么，接下来是价格提高对可供投资的剩余的影响。

---

① 为此需要的条件是 $\rho<e^u_{xp}/\alpha^u\varepsilon^u_{xm}$，其中前面不等式的右边为正。当城市工资以工业品计价是固定的(即 $\rho=-1$) 或依据工人的效用水平固定不变(即 $\rho=0$) 时，这个条件显然被满足。在其他情况下，这一条件也可以被满足。例如，如果城市工资以农产品计价固定不变(即 $\rho=-1+1/\alpha^u$)，那么，当城市食品消费的价格弹性超过城市食品消费的收入弹性，即当 $\varepsilon^u_{xp}>\varepsilon^u_{xm}$ 时，所需要的条件就会被满足。

$\frac{dI}{dp} = -N^u x^u (\sigma_p - \alpha^u (1+\rho)\sigma_w)/\alpha^u \gamma^u$	包括城市工资引致变动效应的总生产效率
$-N^u x^u \rho$	城市价格和城市工资的变动对政府收入的直接影响
$+N^u x^u t(e^u_{xp} - \rho\alpha^u \varepsilon^u_{xm})$	包括城市工资引致变动效应的城市需求反应
$+N^u x^u t(1-\theta)\varepsilon^r_{Qp}$	农村供给反应
$-N^u x^u (1-\theta)$	农村价格的变动对于政府收入的直接效应　(10.19)

请注意,上面等式的前三项与式(10.8)中确定的项相同。出现后两项是因为现在 p 的变动也影响农村部门。对上面等式进行重新整理,可以得到

$$\frac{dI}{dp} = N^u x^u \{t[(1-\theta)\varepsilon^r_{Qp} + e^u_{xp} - \rho\alpha^u \varepsilon^u_{xm}]$$ 136

$$-(1-\theta) - \frac{(\sigma_p - \alpha^u(1+\rho)\sigma_w)}{\alpha^u \gamma^u} - \rho\} \qquad (10.20)$$

上面表述的一种特殊情形是城市工资以工业品计价固定不变的情形,即 $\rho=-1$,这已在第 5 章做了分析。进行代入计算,可以直接证实由式(10.20)可得到式(5.2)。另一种特殊情形是农村剩余很少,即 θ 接近 1。在这种情形下,人们可以忽略对农村部门的影响。所以式(10.20)趋向式(10.8),正如 θ 趋向 1。

在此,我们要关注城市工资的设置可以保持城市工人效用水平不变的情形,即 $\rho=0$。既然农产品价格 p 的上涨增加了农业部门的福利[1],并且既然城市部门居民的福利是不变的,那么,只要 $dI/dp \geqslant 0$, p 的提高

① 在此我们抽象掉第 8 章已经分析过的农村个体特性的差异。不过,正如那一章所示,在各类特定的环境下,更高的农产品价格可以提高存在特性差异的农村人口每一个成员的福利。

是一种帕累托改进。运用式(10.20)我们可以得出结论:如果当前价格使下面的不等式得到满足,那么农产品价格的提高是一种帕累托改进。

$$t \geqslant \frac{(1-\theta)+(\sigma_p-\alpha^u\sigma_w)/\alpha^u\gamma^u}{(1-\theta)\varepsilon_{Qp}^r+e_{xp}^u} \qquad (10.21)$$

请注意,如果 $(\sigma_p-\alpha^u\sigma_w)$ 是非负的,那么上述不等式的右边就是正的①,并且后者将是实际情形,比如,当城市工人的生产率取决于他的效用水平或食品消费时。在任何一种情形下,式(10.21)可以使我们识别一系列帕累托无效率的食品价格,这时 t 是正的(即国内食品价格低于国际食品价格)。

最优价格剪刀差

为了检验最优价格的性质,我们运用式(10.13)和式(10.20),并且设 $dH/dp=0$。②重新整理,我们得到:

$$t=\frac{P-p}{p}=\frac{(1-\theta)\left(1-\dfrac{\beta^r}{\delta}\right)+\rho\left(1-\dfrac{\beta^r}{\delta}\right)+\dfrac{(\sigma_p-\alpha^u(1+\rho)\sigma_w)}{\alpha^u\gamma^u}}{(1-\theta)\varepsilon_{Qp}^r+e_{xp}^u-\rho\alpha^u\varepsilon_{xm}^u} \qquad (10.22)$$

137 这里要注意,上面表达式右边的分母在一系列似乎合理的环境下是正的。③关注这样一种情形,在这种情形下生产效率可以忽略不计(即 σ_p 和 σ_w 接近零),并且可供投资的剩余的社会评价度超过消费的社会评价度(即 δ 比 β^r 或 β^u 大),那么,可以得到:倘若食品价格提高的总效应(即考虑到引致的工资变动)不会损害城市工人的福利(即假如 $\rho \geqslant 0$),那么国内食品价格应当比国际食品价格更低。

---

① 由定义,因为 $1-\theta>0$,可以得出这个结果。

② 注意,$\partial\{N^rW[V^r(p)]\}/\partial p=N^rQ\beta^r=N^ux^u(1-\theta)\beta^r$。

③ 在比 n.4 描述的情况更弱时,分母是正的。

另一个值得注意的特殊情形是 $\beta^r \approx \beta^u \approx \delta$ 。在这种情形下，社会不关心分配；它仅仅希望最大化国民净产出。那么，唯一相关的效应是生产率效应。如果总的生产率效应是正的(即考虑到了工资的相应增加，食品价格的提高降低了净生产率)，那么，由式(10.22)可以得到 $t > 0$。也就是说，无论该国是出口国还是进口国，都应当保持食品价格低于国际价格。

最后，要注意在城市工资根据效用条件而固定不变的情形下(即 $\rho = 0$)，由表示最优状况的式(10.22)可以得到与式(6.25)相同的表示税率的表达式(这是为社会主义经济得出的，在社会主义经济中政府控制城市工资，将其定在社会的最优水平)。[①]因此，在当前的分析背景下，相应的有关最优价格和税负的各种定性结论也是成立的。

为什么两个似乎不同的经济模型会导出一系列相同的结论？原因很容易理解。在当前的模型中，城市工人的效用水平被保持在某一外生给定的特定水平，并且这里我们所关注的定性结论并不取决于这一效用水平的大小。那么，毫不为奇，在政府直接控制城市工资，使其达到一个对于城市工人的特定(社会最优的)效用水平的情形下，这些定性结论也能成立。

10.5 内生城市工资和政府控制的城市工资：对于欠发达国家哪个假设更恰当

本书的第一篇重点强调了政府可运用的一系列政策工具的重要性，

---

① 在第 6 章中，也假定对外贸易方面经济体(在边际上)是封闭的。但是，不论经济体是开放还是封闭，最优税收的定性属性是不受影响的。在以前的情况中，税率的定义与农产品的内生影子价格有关(在第 6 章，这一价格表示为 η/δ)；反之，在后来的情况中，它的定义与国际价格 p 有关。然而，这并不影响表示最优化的式(6.25)和式(10.22)。

138 并且说明了税收分析到底会发生怎样的显著变化将取决于所假定的政府可运用的一系列工具是什么。因此，在当代欠发达国家背景下产生的一个很自然的问题是：人们应当假定政府能够控制城市工资，还是应当假定城市工资由内生决定，但可以被政府的税收政策影响呢？贯穿全书，我们坚持第二种假设。第6章是一个例外，它涉及的是社会主义经济，我们假设社会主义经济下政府能够控制城市工资。

我们相信城市工资是内生的，而不是由政府控制的，对于当代欠发达国家而言是一个更合适的假设。即使在那些政府占主导地位的城市雇主的欠发达国家，城市工人仍然是一个有声音和强大政治压力的团体。由于典型的政治经济原因，政府想单方面设置城市工资是不可能的。在很多国家，存在政府与代表直接或间接被政府雇佣的工人的工会之间同桌面对面的直接谈判。实际上，谈判的内容不仅包括当前的工资，而且也针对将来应当付给工人以补偿预期的价格上涨率的补贴。如果存在未预期的高的价格上涨，那么，重新谈判以确立工资的压力会再一次形成。

在那些大多数城市居民在私人部门就业的欠发达国家中，政府控制私人部门支付给雇用工人的工资的能力甚至更为有限。如果政府指令的工资高于私人企业想要支付的工资（通常是基于与当地工会达成的协议），政府没有能力强制执行它的政策。如果指令的工资低于私人企业想要付的工资（实际并不存在这种情况），那么通过宣称工人具有比他们实际上更熟练的技艺就可以将其巧妙地绕过。

实际上，政府通过工资税和补贴间接地影响城市工资和就业的能力也是极其有限的。为了领会这一点的重要性，假设政府除了能够制定特种工资税（或补贴）外，还能制定一个计值税①，那么，即使不考虑私人企业所遵循的工资水平决定机制（和由此产生的就业水平），仅仅注意到所

① 特种税收和特种补贴按固定数额向每个工人征收或给予，计值税和计值补贴按工资的百分比征收或给予。

实现的城市工资和就业处于政府认为最优的水平上，典型地对于政府来说利用两种税收是可行的。①

然而，在执行这样的工资税时存在一些严重问题。例如，对于每一个工人的特种税收(补贴)需要政府监督工人的数量。如果按工人人头给予补贴，那么，雇主有一种夸大自己实际所雇用的劳动力数量的动机。如果 139
按工人人头征税的话，则地下交易容易发展起来，这种税实际上变成了只对政府能够监督的少数大企业的就业所征收的税。由此产生的经济成本和扭曲，使这样一种税并不合意。以工资水平为基础的税或补贴遇到了几乎所有的困难，还要加上另外两个：它们需要准确的工资率报告，或者真要强制执行的话(对于政府而言，一般是不可行的)，它们将扭曲企业对劳动力的选择(即熟练工人和非熟练工人的组合)。这个问题将在第14.3节深入讨论。

10.6 对城市工资根据效用水平固定不变的评论

在本章中，我们已经频繁地分析了城市工资决定机制，城市工资的变动要反应价格的变动，使城市工人的福利保持不变。这代表了私人企业考虑到生产率效应后来设定工资的一种主要情形。这一工资决定机制也与那种通过政府和工会之间的讨价还价来决定工资的制度是一致的，并且这种情形下工会没有货币幻觉。也就是说，工会明白工资和价格是如何影响其成员的福利的。

由于如下原因，这一工资决定假说极大地简化了对定价和税收的分析：

(a) 如果城市工人的效用固定不变，政府政策有两个主要效应——

---

① 这是因为存在两个政策工具来控制两个变量。想了解如何做到这一点，见Stiglitz (1982c, 1987c)。

对农民福利的影响和对可供投资的剩余大小的影响。因此，如果在两部门之间存在税收边界，那么，城市价格政策只有一个效应——对可供投资的剩余的效应。这样，社会的最大化可以通过可供投资的剩余的最大化得到。在这种情形下，可供投资剩余的最大化是帕累托效率税负结构的一个特征；即使不考虑社会福利函数，它也能成立。

(b) 如果城市工人效用固定不变，城市消费的相关价格反应是补偿性价格反应。因此，尽管非补偿性价格反应的符号是不确定的[①]，需求对于价格的补偿性反应总是非正的。

(c) 一方面，如果工人的生产率仅仅取决于他的效用水平，那么价格的变化（或任何其他政策的变化）将不会影响生产率。另一方面，如果生产率取决于食品消费，那么，食品价格的提高将产生降低工人生产率的整体效应（在将工资的变动考虑进去之后）。

140 (d) 相应的，如果工人的生产率仅仅取决于效用水平，那么，正如式(10.12)所示，如果存在城市—农村税收边界，帕累托效率将要求对城市食品消费不存在税负或补贴。如果没有城市—农村税收边界，最优价格剪刀差采取如下简要形式：

$$t=\frac{(1-\theta)(1-\beta^r/\delta)}{(1-\theta)\varepsilon_{Qp}^r+e_{xp}^u} \tag{10.23}$$

通过在式(10.22)中设定 $\rho=0$ 和 $\sigma_p-\alpha^u\sigma_w=0$，可以得到这个表达式。它说明当可供投资的剩余的社会评估度大于农村收入的社会评估度时，国内食品价格应该低于国际价格。

10.7 城市失业

正如在本章开头评论的，如果因为那里提到的任何一种原因而导致

① 不过，贯穿全书，我们都假定需求曲线向下倾斜。

城市工资的设定高于市场出清水平,那么就会存在城市失业。在本节中,我们的目标不是要讨论任何特定的城市失业模型,而是要提供一个关于城市失业的一般的简化形式的处理,以及明确它对于税收分析的一些后果。如同先前我们在分析城市工资时已看到的,通过使用这种简化形式的关系,税收分析变得更加容易处理。

一般表述

因为存在城市失业,对以前的分析需要引入两个修改。第一,我们通过一种简化形式将就业表述为城市工资的函数,也是城市价格的函数,也可能是农村价格的函数(原因将在以后说明)和城市部门中工人数量的函数(在本章我们认为该数量是给定的,直到第 13 章我们再来讨论人口迁移问题)

$$N^e = N^e(w^u,\ p^u,\ p^r,\ N^u) \leqslant N^u \tag{10.24}$$

其中,N^e 是城市就业,N^u 是城市部门中工人的数量。我们定义

$$N^n = N^u - N^e \tag{10.25}$$

为失业人数,那么,失业率为 N^n/N^u。

在传统的新古典模型中,城市就业仅仅取决于城市工资。在这种情形下,运用标准的生产函数,通过企业设定边际产品价值等于工资,可以 141
直接得到式(10.24)。那么,N^e 将不取决于 p^r 和 p^u。在这种情况下,城市工资率 w^u 将调整到式(10.24)的后半部分达到相等为止。然而,正如先前所认为的,这既不是唯一的、也不是最恰当的就业决定机制。其他的一些恰当的机制,包括工会发挥作用的机制,企业依据生产效率设定工资(并由此决定就业)的机制,等等。在这两种情况下,N^e 将受 p^u 的影响。

为了将城市失业包容进来,需要对以前的分析做另一个修正,即要区别城市就业者和城市失业者之间的福利。这并不像看上去那么容易,即

使我们使用前面各章使用过的加总式社会福利函数。在这种情况下，

$$\psi = N^r W(V^r) + N^e W(V^u) + N^n W(V^n) \tag{10.26}$$

其中，V^u 是一个城市就业者的效用水平，V^n 是一个城市失业者的效用水平。

然而，城市失业者的效用水平取决于他们受到怎样的帮助。如果政府对这些个体提供基本的生活保障（例如，通过免费的定额配给），那么，这相当于政府在可供投资的剩余之外提供了一项收入 m^n，因此 $V^n \equiv V^n(m^n, p^n)$。在这种情况下，式(10.6)所界定的可供投资的剩余 I 要扣除 $N^n m^n$。然而，大多数欠发达国家对于失业者并不提供基本生活保障。他们赖以生存的方式是通过城市或农村中就业者的转移支付，通过非正式市场中工作的收入或花光以前的储蓄。上面每一种方式都会产生不同的福利结果。

如果存在由城市部门中那些就业者的转移支付，这些人的效用水平会受失业者数量的影响。①我们可以将一个城市就业者和一个城市失业者的效用水平分别表示为：

$$V^u = V^u(p^u, w^u; N^n) \tag{10.27}$$

和

$$V^n = V^n(p^u, w^u; N^n) \tag{10.28}$$

如果存在部门间的转移支付（从农村部门到城市部门中那些失业的），那么，城市失业者得到的转移支付数量会受到农村价格 p^r 的影响。由此推导，p^r 将影响保持失业或就业的动机，并相应地将影响就业者的数量。这是一个（但不是唯一一个，正如我们将在随后几章中看到的）为什么 p^r
142 会影响 N^e 的原因之一，正如式(10.24)所显示的。部门间转移的另一个

① 这些转移的存在产生了一个相互依赖效用函数的可能性。我们将此忽略，而根据每个人各自的消费估算他的福利。

影响将作用于农村部门中的食品消费，并由此作用于农村剩余（在 p^r 的每一个值）。接下来，这将影响对农村部门的税收征集。[①]进一步，当城市失业者和城市就业者之间的食品边际消费倾向不同时，那么，部门内的再分配将影响对食品的总支出，并进一步影响城市税收征集（或者当对城市食品给予补贴时，影响食品补贴的总价值）。

城市非正式就业　在许多情况下，城市失业者从事一些维持生计的工作（被称为"非正式"或"灰色"部门），例如擦鞋、卖报纸或洗车窗，这些工作创造了极小的但聊胜于无的正价值。这似乎是他们生产了一种用于城市部门内消费的非交易商品。为简便起见，我们假设灰色部门的人均产出是固定的，并适当地选择单位，总产出（由 z 表示）正好等于 N^n

$$z = N^n \tag{10.29}$$

我们能够求解这种商品的需求

$$z^d = z^d(w^u, p^z, p^u) \tag{10.30}$$

其中，p^z 是非正式部门商品的价格。设需求等于供给，我们能够解出非正式部门商品的价格，并由此解出那些在非正式市场中就业的人的收入

$$m^n = p^z = p^z(N^n, w^u, p^u) \tag{10.31}$$

因此，我们可以用

$$V^n = V^n[p^z(N^n, w^u, p^u), p^u] \tag{10.32}$$

代表城市失业者的效用，该效用为它的收入和城市价格的函数。我们还需要修改就业者的间接效用函数，以反映非正式市场的价格，即

$$V^u \equiv V^u[w^u, p^u, p^z(N^n, w^u, p^u)] \tag{10.33}$$

最后，考虑失业者使用其以前的储蓄来维持生活的情况。如果这是

① 如果转移采取食品的形式，那么在 p^r 的每一个之上，农村剩余将减少。

他们生计的唯一来源，当前失业者的数量对于那些当前城市或农村部门的就业者的福利就没有直接的影响。更进一步，如果失业者的消费主要由自产品组成，那么，我们就不能假设失业者的当前效用水平是不变的。
143 虽然为了简化，在接下来的几章中，我们主要把注意力放在这种情形上，但这种情形不完全具有说服力。如果一个人预期到会长期失业，那么他将尽力增加其储蓄，并由此降低他的效用水平和消费水平。我们假设城市失业者的消费水平如此充分接近基本生存水平，因此这些影响可以忽略不计。

对城市失业的税收效应产生的结果

在分析税收对于个人福利和可供投资的剩余影响时，城市失业的存在要求人们将对城市失业的引致效应包括进来。和前面一样，定义 $H=\psi+\delta I$ 为汉密尔顿等式，那么，由于城市价格 p^u 的变化而导致的社会总福利的测算变化可以表述为

$$\frac{\mathrm{d}H}{\mathrm{d}p^u}=\frac{\partial H}{\partial p^u}+\frac{\partial H}{\partial w^u}\frac{\mathrm{d}w^u}{\mathrm{d}p^u}+\frac{\partial H}{\partial N^n}\frac{\mathrm{d}N^n}{\mathrm{d}p^u} \tag{10.34}$$

以及对于农村价格的变化，相似的关系也是成立的。式(10.34)右边的第一项抽象掉了对于城市工资以及对于城市失业的引致效应。第二项表示对于城市工资的引致效应，本章的前面部分特别强调了这一效应。最后一项表示对城市失业的引致效应。

假设一个城市失业工人的效用水平和消费篮子受城市工资或价格的影响并不明显(前面已经给出了这样简化的原因)，那么，回顾式(10.25)和式(10.26)，式(10.34)右边的最后一项变为

$$\frac{\partial H}{\partial N^n}\frac{\mathrm{d}N^n}{dp^u}=-[W(V^u)-W(V^n)]\frac{\mathrm{d}N^n}{\mathrm{d}p^u} \tag{10.35}$$

对式(10.35)的解释直白明了。由于 p^u 一个单位的提高而引起的城市失业的增加是 dN^n/dp^u（该式可为正或负）。一个先前就业而现在失业的人面临一个从 V^u 到 V^n 的效用损失。相应的社会福利方面的损失是 $W(V^u)-W(V^n)$，因此式(10.35)代表由于价格变化对城市失业的引致效应而引起的社会总福利方面的总变化。

在做税收分析时，有三种情形下可以忽略上面的引致效应。第一种，当城市就业固定不变时，这是在前几章中采用的简化方式。第二种，当存在充分就业时，这自然是在本节开头所提到的简单新古典模型的情形。 144
第三种，当政府能够控制城市工资 w^u，也能控制城市就业 N^e 时，为了描述最优政策的特性可以忽略引致失业效应（但不是为了实证分析或改革分析）。如果后一种控制设定为最优，那么，$\partial H/\partial N^n=0$。因此，式(10.34)右边的最后一项等于零。当政府并不直接控制 w^u 和 N^e，但是能够通过使用间接工具，像计值税和直接工资税或补贴（一般地，为了能够控制 w^u 与 N^e，需要这两种工具）将这些变量设定在任何政府想要的水平上时，这也是成立的。不过，因为第 10.5 节中所列出的原因，这样的假设对于当代欠发达国家很大程度上是不适合的。

最后，本节所提出的对城市失业的引致效应简化形式分析可以用到许多其他的假说中去。正如我们依次将要在第 12、13、14 章看到的，在这些可替代性假说下，进行更具体的税收分析将成为可能。

第11章

145 # 工资—生产率假说和税收分析

11.1 导言

在前一章,我们说明了如果城市工资和失业随着价格的变化而变化,税收分析如何以一种直截了当的方式被扩展开来。各个表述是一般性的:无论工资是如何设定的,是由工会、政府、私人企业或者通过相互之间某种形式的讨价还价来确定,它们都是成立的;这些表述也是灵活的:能够专门用于特殊的假说——适合于所考虑的经济的假说。

在本章,我们讨论模型的一个重要子类型,目的是研究私人企业如何决定城市工资和就业,以及这些决策如何受到价格和税收政策的影响。尤其是当前的分析建立在这样的假说上,即企业支付的工资和工人面对的价格对劳动力的生产率有重要的影响。这一理论与高于市场出清的工资水平和存在非自愿城市失业是一致的。

上面的理论被称为工资—生产率假说。尽管很简单,但是对于市场均衡的性质和其他的政府政策的后果,它具有重要的含义。特别地,这一理论意味着在劳动力市场上,企业可以不是价格的接受者,他们可以在考虑了工资对劳动者生产率影响的基础上设定工资。面对过度的劳动供给,即使不削减工资,竞争性均衡仍可以存在。因此,传统的供给和需求法则被改变了,它也意味着由于对于不同的工作,工资—劳动率关系可以不同,那么均衡的特征可以通过那些事前待遇相同但事后得到不同工资的工人来描述。甚至对于相同的企业,均衡的特征可以通过一种工资分配来描述,在这种工资分配下一些企业所支付的更高工资恰好被更高的生产力完全抵消。如果工资生产率曲线刻画了不同群体的不同特征，那么，在某些群体中可能存在高失业率，另一些群体则可能是充分就业。此外，劳动力需求的下降（比方说，与商业周期相联系的需求减少）可能集中 146
影响某些特殊群体，这些群体的生产率对工资的比率更低。伴随需求的周期性下降的可能是员工解雇，而不是工作分享。

这些解释与那些更多地在传统分析中发挥作用的制度性解释形成鲜明的对比。制度上的考虑毫无疑问是重要的；在描述一个经济系统如何（或更加特别地，如何快地）适应经济环境的变化方面，制度上的考虑可能尤其重要。然而，过度地援引制度原因对于开出政策处方而言，所提供的只是不完备的理论和不充分的依据。例如，简单地假定面对一些政府政策的变动，工资差别能够保持不变显然是不明智的。一些经济学家可能认为，当政府不能降低城市工资时，那么它应该提高工人所要支付的价格，这样就间接地降低了他们的实际工资。这样的建议是天真的，因为它忽略了由那些起初决定城市工资和就业的力量对价格变动的反作用。

在过去的十年里，经济学家形成了一个研究工资—生产率假说的各个方面，包括其在发达经济和欠发达国家应用的广泛文献（最近的评论见 Yellen, 1984 and Stiglitz, 1987c）。在本章，我们关注的是工资—生产率假说中与税收分析特别相关的那些方面，而不是研究这一文献。现存的关于生产率效应的文献只是局限于价格被固定的情形，这样的表述就税收分析的目的而言显然是不充分的，因为在这一分析中价格的变动具有根本的重要性。我们的贡献之一是建立了一组模型，其中个体所面对的价格是工资—生产率效应中一个普通部分。我们也给出了这类效应的一些定性属性。

税收分析的核心问题简单明了。在工资—生产率假说下，当处于均衡状态时，支付的工资和雇用的工人数量通过每一个企业由高工资得到的生产率收益被高工资的成本所抵消来决定。工资和税收的变化可以改变这种均衡。本章说明了在工资—生产率假说的某些特定情形下，应该如何考虑这些变化。回顾一下我们在第 8.4 节中，在农村部门背景下所讨论的税收政策类似的引致效应，研究的重点是农村工资和就业的内生性，也包括由工资—生产率效应所引起的就业的选择性问题。在本章中，我们要将相同的方法应用于城市部门的分析，而且分析的更加详细具体。

第 11.2 节将简要地讨论有关生产率对工资和价格依赖性的几种不同的解释，第 11.3 节分析市场均衡的工资和就业水平，并检验价格变动
147 时它们将如何变化。我们以有关福利分析的一个方面的简要评论来结束本章，出现福利分析模型的子类型建立在工资—生产率假说基础之上。贯穿本章，我们都抽象掉了人口迁移问题，而是在第 13 章和第 14 章才转向这一主题。

11.2 为什么工资和价格影响生产率

对于为什么企业会预期增加支付给工人的工资或提高工人面对的价格可以影响其劳动力的生产率，存在很多原因。

(a) 食品—效率工资假说 这是有关发展的文献中最早的一个解释。[①]当工人的生活水平接近生存水平时，提高他们营养水平将导致其生产率的提高。一般认为，提高工资会导致营养的改善，进而提高生产率。我们将第 i 个企业付给的工资 w^{ui} 和它的劳动力生产率之间的关系表示为：

$$b^i = b^i(w^{ui})\text{；} \partial b^i / \partial w^{ui} \geqslant 0 \tag{11.1}$$

图 11.1 描述了上述关系的一种特殊情形。在这种情况下，工资较低

① 见 Leibenstein(1957)。Mirrlees(1975)和 Stiglitz(1969，1976a)探讨了一些分析的含义。关于一些历史上的前期研究，见 Stiglitz 1987c。

时提高工资将导致生产率更高比例的提高。当工资高于临界水平 $\hat{w}^{ui}$ 时，回报将开始变小，即工资上每一个连续的提高量所导致的生产率的提高量将变小。在这种情况下

$$\partial^2 b^i / \partial (w^{ui})^2 \gtreqless 0, \text{当 } w^{ui} \lesseqgtr \hat{w}^{ui} \tag{11.2}$$

当考虑到价格效应时，式(11.1)变为

$$b^i = b^i(p^u, w^{ui}); \partial b^i / \partial p^u \leqslant 0 \tag{11.3}$$

为了下面要讨论的生产率效应的其他源泉，处理价格体系变化的类似概括是适当的。在接下来的各节中将对像式(11.3)中的关系进行分析。

如果一个城市工人与他住在农村部门的家庭成员分享他的收入，那么他的生产率还要取决于其他一些变量，例如农村价格 p^r。同样，如果城市工人与他们住在农村的家庭成员分享他们的收入，那么由给定的城市工资的变化引起的生产率增加的量也可能相对较小。由于这个原因，为了确保工资的更大比例花在生产率提高的支出上，企业可能尝试给它们的工人提供就餐和健康护理，以及通过公司库存来提供其他一些商品 148
的补助。

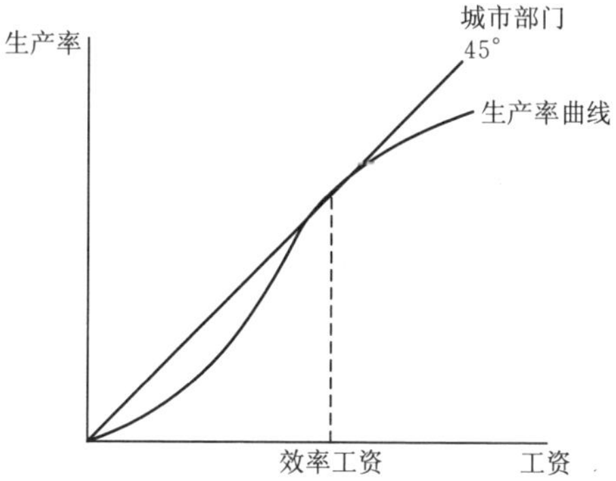

图 11.1　工资—生产率效应

为了试图减少由于分享的方式而消散高工资的好处，企业可能会显示出愿意雇佣同一家庭成员的偏好。如果工人要与那些失业的家庭成员或在城市部门其他地方就业的家庭成员分享其收入，那么，生产率可能与其他企业支付的工资正相关（由向量$\underline{w}^u$ 表示，该向量的第 j 个元素是 w^{ui}）①，与失业率负相关，即：

$$b^i = b^i(w^{ui}, \underline{w}^u, n);\ \partial b^i/\partial w^{uj} > 0, \text{和}\ \partial b^i/\partial n < 0 \tag{11.4}$$

其中，n 是失业率。

(b) **劳动力换岗率**　企业的生产率会受到劳动力换岗率的影响。②许多工作都存在对于企业特定的雇用和培训成本。如果工人们被雇用时不用全额支付那些成本（以后以更高工资的形式来补偿他们），那么高的辞职率增加了企业的培训和雇佣成本。总之，提高工资率将会导致辞职率的下降，并进而增加公司的利润。

特定企业的辞职率和换岗成本取决于经济体中本企业的工资和其他
149 企业的工资之间的关系。得到低工资的个体有更高的可能性找到一份高工资的工作，然后离开当前的工作。此外，失业率越高，工人找到收入更高的工作的可能性越小。因此，如果 g^i 表示企业 i 的辞职率，那么，在这一假说下

$$b^i = b^i(w^{ui}, \underline{w}^u, n),\ \partial g^i/\partial w^{ui} < 0,\ \partial g^i/\partial w^{uj} > 0, \text{和}\ \partial g^i/\partial n < 0 \tag{11.5}$$

更高的辞职率效应将会减少"净"生产率，即产出价值要减去换岗成本。相应地，企业会试图通过强迫工人签订约束性合同或要求他们支付全部的培训成本的方式来减少换岗成本。

---

① 在一个对称均衡中，$\underline{w}^u$ 的所有元素是相同的。

② Arnott 和 Stiglitz(1985)、Hall(1975)、Salop(1973)和 Stiglitz(1986)等其他学者，在发达国家背景下分析了这一假说。在欠发达国家背景下的分析，见 Stiglitz(1974a)。

然而，在许多国家契约性奴役是非法的，工人受雇时很少支付全部的换岗成本。只要工人不愿意承担风险，并且存在一些机会的话，他们就会离开企业（由于他们与企业不相匹配或由于其他外生原因）。企业和工人之间最优的合同将要求企业承担一些与劳动力换岗成本有关的风险（见 Arnott and Stiglitz, 1985）。因此，换岗对于企业而言是高成本的。工人不去承担全部的培训和雇佣成本还存在其他的一些原因。工人可能没有足够的资金，并且培训和雇佣成本可能是不可证实的。如果工人将要支付全部的培训和雇佣成本，那么企业将会有动机去夸大那些成本，然后再解雇工人，并由此试图通过支付额和实际培训成本之间的差来获取利润。

（c）**激励效应**① 一般来说，监视工人的成本是高昂的。当不存在失业，并且当企业支付市场出清工资时，那么被解雇的威胁将不会导致他们减少偷懒，因为他们知道将会很快找到另一个工作。如果一个企业相比于其他企业付给的工资更高，或者存在失业（那么被解雇的工人在他再次找到工作之前就必须失业一段时间），则工人将更少有偷懒的动机；因为对他来说，被解雇存在一个真实的成本。②再一次，这就产生了如下一个工资—生产率关系

$$b^i = b^i(w^{ui}, \underline{w}^u, n),\ \partial b^i/\partial w^{ui} > 0,\ \partial b^i/\partial w^{uj} < 0, \text{和}\ \partial b^i/\partial n > 0 \tag{11.6}$$

也就是说，其他企业的工资提高会降低生产率，但是失业的增加会提高生产率。

（d）**士气效应**（Morale effects） 人们一般假定，一个人的行为往往受 150

---

① Shapiro 和 Stiglitz(1984)、Calvo(1979)、Calvo 和 Phelps(1977)分析过发达国家背景下支付高工资产生的激励效应。

② 对于支付高工资这一动机的全面分析，再次需要研究其他提供工人激励的方法。这样的一个方法是，存在一个合同，当雇工被发现偷懒时必须支付特定数额罚金。该方法的困难与上面讨论的有关换岗成本的困难很相似。其他替代性的方法也面临各种困难。

他本人对自己是否受到公正待遇的看法的影响。或者更一般地，受他如何看待“别人是如何对待自己”的影响。在这一假说中，一个人的工资相比其他人（在他工作的企业内，以及其他企业内）的工资水平，会进入到他的效用函数中，并最终影响他的努力供给函数。①

（e）**质量效应** 企业工资的变化会影响申请到该企业工作的申请者的构成。因此，如果预先设定的工资与工作的生产率有关，那么，企业可以通过提供更高的工资来提高劳动力的质量。最终，一个企业工人的生产率是本企业支付的工资相对其他企业支付的工资的关系的函数。②

（f）**招聘效应** 企业招收工人需要花费高昂的成本，尤其是找到那些非常适合于企业的工人。即便搜寻没有成本，会有更大数量的候选申请者供支付更高工资的企业挑选，并且这将使企业能够招到生产率更高的劳动力。③

11.3 一个关于工资、价格、生产率和失业的模型

即便不考虑内含的假说，生产率对于工资的依赖产生了这样一个结果，当存在劳动力的过度供给时，企业可能并不降低工资。这样一种城市工资和城市就业水平的决定方式，对税收分析具有一些特别的含义。我们将提供一个高度简化的模型来开始我们的分析，随后再考虑更一般性

① 心理学文献中有关这一效应的证据讨论见 Akerlof(1984)。

② Stiglitz(1976*a*)、Weiss(1980)、Nalebuff 和 Stiglitz(1983)已经在发达国家背景下对这一模型进行了探讨，并且 Stiglitz(1982*a*)还研究了欠发达国家背景下的情况。有关企业不能完全观察到个人的投入（如在前面两个解释里），以及企业只能非完备地甄别每个人的优先录用权的这些假设，对于这一假说而言是关键性的。这个假说还要求个人不能保证他们将来的表现。

③ 在含有高昂搜寻成本的模型中，公司成功地填补一个空缺需要花费一些时间。预计的时间长度取决于企业支付的工资。其效应与提高工资所导致的生产率直接提高的效应是类似的。

的方法。

考虑式(11.3)。假设不存在企业之间的外部性,并且各个企业在它们的选择上是对称的。那么,企业的总产出可表述为

$$F = F\left[b(p^u,\ w^u)L^u N^e\right] \tag{11.7}$$

其中,N^e 是受雇工人数量,并且在此我们继续假设每个工人工作的小时数 L^u 固定不变。我们称式(11.7)为“乘法式生产率表示法”,因为生产率 151
参数乘以体力劳动小时数来确定有效单位的小时数。①公司的总利润是

$$\pi = F - N^e w^u L^u \tag{11.8}$$

企业要最大化它们的利润与 w^e 和 N^e 有关。最优化的一阶条件是

$$F_b b_w = 1 \tag{11.9}$$

和

$$F_b b = w^u \tag{11.10}$$

其中,$F_b = \partial F/\partial(bL^u N^e)$,$b_w = \partial b/\partial w^w$。用式(11.9)除以式(11.10),我们得到

$$b_w = b/w^u \tag{11.11}$$

上述表达式简单地说明,企业会选择一个工资率,使每效率单位工作的工资成本最小。换言之,式(11.11)描述了对下面表达式的解的特征

$$\min_{w^u}: w^u/b(p^u,\ w^u) \tag{11.12}$$

式(11.11)的解称为“效率工资”,在图 11.1 中被描述为通过原点的直线与生产率曲线相切的切点。通过变换式(11.10),相应的劳动力需求由下面表达式给定

① 使用传统增长理论的词语,在式(11.7)中,劳动生产率的提高是“哈罗德中性”或“劳动力增进式”的。更一般的表述将是 $F = F(G^K(b)K,\ G^N(b)L^u N^e)$,其中 K 为资本。因此,当 $\partial G^N(b)/\partial b = 0$ 时,则生产率的提高纯粹是资本增进式的。

$$N^e = \frac{F_b^{-1}(w^u/b)}{bL^u} \tag{11.13}$$

这一需求可以小于供给，但并不导致企业降低工资。企业认识到，愿意为低于效率工资而工作的失业工人的生产率将非常低，以至于企业劳动力成本的降低不能补偿相应的利润减少。

对于任何其他先前形成的关于生产率对工资依赖性的假说，上面的结论同样都是成立的。同时，虽然每一个假说都能得出均衡失业，但不同的假说其福利后果和政策含义上并不相同。

接下来分析在上面简单模型中，价格或税收的变化对工资和就业所产生的后果。对式(11.11)求城市价格 p^u 的微分，我们得到

$$\frac{\mathrm{d}w^u}{\mathrm{d}p^u} = \frac{b_p - b_{wp}w^u}{w^u b_{ww}} \tag{11.14}$$

152 其中，b 的下标继续表示它的偏导数；即 $b_{wp} = \partial b_w / \partial p^u$ 和 $b_{ww} = \partial b_w / \partial w^u$。以弹性的形式，式(11.14)能改写成如下

$$\varepsilon_{wp}^u = \frac{\mathrm{d}\ln w^u}{\mathrm{d}\ln p^u} = \frac{p^u(b_p - b_{wp}w^u)}{(w^u)^2 b_{ww}} \tag{11.15}$$

通过对式(11.10)求关于 p^u，w^u 和 N^e 的扰动(perturbing)，下面我们得到了一个由于价格变动所引起的就业水平变动的表达式：

$$\frac{\mathrm{d}N^e}{\mathrm{d}p^u} = \left\{[1 - b_w(F_b + F_{bb}bL^uN^e)]\frac{\mathrm{d}w^u}{\mathrm{d}p^u} - b_p(F_b + F_{bb}bL^uN^e)\right\} / b^2L^uF_{bb} \tag{11.16}$$

其中，$\mathrm{d}w^u/\mathrm{d}p^u$ 由式(11.14)给定。

具体情形

(a) **生产率取决于食品消费**　如果工人的生产率仅仅取决于他的食

品消费，也就是说，$b=b[x^u(p^u, w^u)]$，那么式(11.11)意味着

$$\varepsilon_{bx}\varepsilon^u_{xm}=1 \tag{11.17}$$

其中，$\varepsilon_{bx}=\partial \ln b/\partial \ln x^u$ 是生产率关于食品消费的弹性，并且正如前几章中所定义的，ε^u_{xm}是食品消费的收入弹性。换句话说，价格的任何变动将导致工资的变动，这种变动下式(11.17)保持成立。现在，进一步假设食品消费的收入弹性仅仅是食品消费数量的一个函数(即 ε^u_{wp} 只是 x^u 的一个函数)，那么式(11.17)的左边只是 x^u 的函数。因此，式(11.17)意味着为了保持 x^u 不变，工资要进行调整以反应价格的变动。换言之，

$$\varepsilon^u_{wp}=\varepsilon^u_{xp}/\varepsilon^u_{xm}>0 \tag{11.18}$$

进一步，在上面的假设下，价格的变动以及相应的工资变动都不会影响 b。将 $\mathrm{d}b/\mathrm{d}p^u=b_p+b_w(\mathrm{d}w^u/\mathrm{d}p^u)=0$ 代入式(11.16)，我们得到

$$\frac{\mathrm{d}N^e}{\mathrm{d}p^u}=(1/b^2L^uF_{bb})\frac{\mathrm{d}w^u}{\mathrm{d}p^u}<0 \tag{11.19}$$

上面表达式的值是负的，因为 F_{bb}是负的，并且由式(11.18)得 $\mathrm{d}w^u/\mathrm{d}p^u$ 是正的。

(b) **生产率取决于效用**　对工人的生产率取决于其效用水平的情形，即 $b=b[V^u(p^u, w^u)]$ 时的分析与以前一种具体情况相同。类似于式(11.17)，我们现在得到 153

$$\varepsilon_{bV}\varepsilon^u_{Vm}=1 \tag{11.20}$$

其中，$\varepsilon^u_{Vm}=\partial \ln V^u/\partial \ln m^u$ 是效用水平关于收入的弹性，$\varepsilon_{bV}=\partial \ln b/\partial \ln V^u$ 是生产率关于效用水平的弹性。假设 ε^u_{Vm} 仅仅是效用水平的一个函数，那么由式(11.20)可以得出，这时工资的调整是工人的效用水平保持不变的那种调整。这相应意味着——现在应该很熟悉了，

$$\varepsilon^u_{wp}=\alpha^u>0 \tag{11.21}$$

在此，可以回顾起 $\alpha^u = p^u x^u / w^u L^u$ 是城市工人预算中花在食品上的份额。此外，生产率不受价格变动和相应的工资变动的影响。因此，我们再次得到式(11.19)。

一个更一般的模型

上面的分析建立在几个简化表述的基础上。一般而言，生产率效应不需要按式(11.7)所代表的乘法式方式与就业进行互动。上面的分析也抽象掉了企业之间的外在性。对于第 i 个企业所面对的生产率的消长关系，一个更一般的表述方式是

$$b^i = b^i(w^{ui},\ \underline{w}^u,\ p^u,\ n) \tag{11.22}$$

其中，w^{ui} 是企业 i 支付的工资，$\underline{w}^u$ 是城市部门的其他企业所支付的工资向量，n 是城市失业率。企业 i 的产出表示为

$$F^i = F^i(b^i,\ N^{ei}) \tag{11.23}$$

其中，F^i 表示企业 i 的净产出，N^{ei} 是其雇用的工人数量。将这个企业的利润表示为 $\pi^i = F^i - N^{ei} w^{ui} L^u$，利润最大化要求实际工资必须等于边际产品价值，

$$\frac{\partial F^i}{\partial N^{ei}} = w^{ui} L^u \tag{11.24}$$

并且要求工资率是选定的，所以

$$\frac{\partial F^i}{\partial b^i} \frac{\partial b^i}{\partial w^{ui}} = N^{ei} L^u \tag{11.25}$$

由式(11.24)和式(11.25)，我们得到“一般化的最优生产率条件”

154

$$\frac{\partial \ln b^i}{\partial \ln w^{ui}} = \frac{\partial \ln F^i}{\partial \ln N^{ei}} \Big/ \frac{\partial \ln F^i}{\partial \ln b^i} \tag{11.26}$$

也就是说，生产率对于工资的弹性应当等于产出对于就业的弹性与产出对于生产率的弹性的比率。

式(11.26)是对式(11.11)的一般化。如果我们关注企业之间的对称性均衡，这时所有的城市企业在均衡中都支付相同的工资。那么，应该加入一个附加的条件描述均衡，式(11.24)和式(11.25)的特征，换句话说，向量$\underline{w}^u$ 中的每一个元素都具有相同的值。这个公值用 w^u 表示，也就是

$$w^{ui}=w^u \text{ 和 } \underline{w}^u=(w^u, \cdots, w^u) \tag{11.27}$$

通过对式(11.24)、(11.25)和(11.27)求关于 w^u 和 p^u 的微分，我们能够计算出 p^u 的变动对 w^u 和 N^e 所产生的影响。这些影响将分别是对式(11.15)和式(11.16)的一般化。

应该很明显，所导出的对 $\mathrm{d}w^u/\mathrm{d}p^u$ 和 $\mathrm{d}N^e/\mathrm{d}p^u$ 的表达式将不会很简单；生产率效应的存在导致了一系列复杂的消长关系。不过，对于特定的生产率假说，仍然可能得到容易处理的表达式。例如，如前所示，如果生产率是乘法式的，并且如果生产率和食品消费的收入弹性一样，仅仅取决于食品消费水平，那么相关的表达式是(11.18)和(11.19)。如果工人的生产率以及食品消费的收入弹性仅仅取决于他的效用水平，那么相应的表达式是(11.21)和(11.19)。在这些具体情形中，城市部门食品价格的提高增加了工资并减少了城市就业。

税收分析的一个方面

在第 10 章，我们给出了一个如何将税收对城市工资和失业的引致效应纳入到税收分析中的一般性表述。那里所提供的分析显然能够专门用于本章中所讨论的、以工资—生产率假说为基础的模型中。这涉及运用像式(11.15)和式(11.16)这样的表达式或其变体，描述价格变动分别对于城市工资和就业的影响。正如前面所指出的，虽然这类表达式内含的经

济知觉直白明了,但是只有在强假设的前提下,才能以一种简化的形式得到它们。

在此,有必要提请注意税收分析中的一个问题,这个问题是以生产率效应为基础的模型中一个子类型所特有的。考虑城市食品价格变动对于可供投资的剩余

$$I = N^e(Y - w^u L^u) + (P - p^r)N^r Q + (p^u - P)N^e x^u \quad (11.28)$$

155 的影响,这里假设城市的价格能够独立于农村的价格而变动。假设私人企业生产了全部的工业产出,并且存在对于这些企业所征收的100%的利润税。进一步,假设企业之间不存在外部性,那么式(11.28)右边的第一项将被企业的总利润代替,总利润表示为 $\pi(p^u, w^u, N^e)$。式(11.8)描述了企业利润的一个例子。

现在,既然企业要最大化其与 w^u 和 N^e 有关的利润,由此可以得出,我们需要研究 π 的变化所产生的唯一效应是 p^u 的部分效应。这是包络定理的一个简单应用。依据包络定理,$\partial\pi/\partial p^u$ 表示利润的价格引致变动,并由此表示政府收入的相应变动。如果能够由企业的最大化而解出工资函数 $w^u(p^u)$和就业函数 $N^e(p^u)$,也能够计算出企业利润的总导数 $d\pi(p^u, w^u(p^u), N^e(p^u))/\mathrm{d}p^u$,那么我们将得到完全相同的结果。

为了说明这一点,考虑式(11.7)和式(11.8)所描述的乘法式生产率。那么

$$\frac{\mathrm{d}}{\mathrm{d}p^u} N^e(Y - w^u L^u) = F_b b_p L^u N^e \quad (11.29)$$

当生产率负相关地取决于工人所面对的价格时,这个表达式的值是负的。

第 12 章

城市部门不同商品的税收和补贴 156

12.1 导言

前几章在对城市税收的分析时运用了一种简化方法，即假设只存在农业品和工业品两种总计商品。在本章则要涉及多种商品。第 9 章提供了一个对农村部门类似分解式的分析，有关分解城市税收结构的关键性问题是：对于一些商品的征税或补贴是否应当重于其他商品？如果是，那么应当遵循哪些原则？

我们将证明，答案关键取决于两个因素：(a)城市工资是怎样设定的；(b)工资和价格对于城市就业和生产率的效应的性质。我们认为，如果工资适应价格的变化而调整，以保持个人的效用水平与不存在就业和生产率效应时相同的话，那么，就不应该有城市商品税或商品补贴。如果存在就业和生产率效应，那么，对于那些对就业和生产率具有巨大正效应的商品应当给予补贴，而对于其他商品则应当征税。明显地，第一个结论是在多种商品背景下对第 10 章的一个结论的一般化表述。

我们的结论明显不同于有关不存在一次性总付税或收入税的税收结构的标准理论。后者[最初由拉姆齐(Ramsey)和庇古(Pigou)提出]强调，如果政府想要以最小化的无谓损失来获得既定数量的税收，那么，它应当对缺乏弹性的商品征收相比于富有弹性的商品更重的税。更一般地说，它应当这样来设置税率：征税使所有商品的消费等比例地减少(沿着补偿需求曲线)。

然而，我们这些结论与制定商品税的标准做法截然相反。通常地，政府对奢侈品征税而对必需品给予补贴，这部分原因是政府试图使富人承担更高比例的政府费用。由于必需品通常缺乏价格弹性而奢侈品具有价格弹性，因此，所见到的税收模式与拉姆齐和庇古所推荐的那种税收政策并不一致。在随后的文献中(Atkinson and Stiglitz, 1976; Diamond, 1975)，一个融合
157 了两种效应的统一模型被发展起来。对必需品的征税是应该高于还是低于对奢侈品的征税？这取决于收入分配方面的考虑，当然也包括其他考虑。

我们下面推导的结论看上去更符合观察到的实际做法，这不是因为对公平的更大关注，而是因为传统模型极不适合分析欠发达国家的税收。提请大家注意，关注无谓损失效应的传统分析可以被解释为：政府应该对闲暇的互补品(回顾一下，它们是不被征税的)征税而对闲暇的替代品给予补贴，则我们可以非常清晰地看到这一点。[①]如果劳动供给缺乏弹性，则不应该实施差别税，而统一的税是合意的。差别化商品税可以看作是试图减少对劳动力的负激励效应。

然而，对于大多数面临城市失业的欠发达国家而言，税收变动对于劳动力供给的效应不应当看作是决定政策的一阶效应。一般来说，政府愿意减少能看得见的失业数量。因此，增加劳动力供给的政策，实际上可能让政府认为是其核心问题之一的失业更加显著了。相反，我们主张一阶效应是税收和定价政策对于城市工资、就业、生产率和人口迁移的效应。城市工资的价格引致性变化对可供投资的剩余、福利水平和城市工人的消费模式会产生立竿见影的效应。同样地，如果生产率对于某种商品的消费特别敏感，那么降低那种商品的价格是合意的。而且可以证明，如果人口迁移对于某些商品的价格特别敏感(例如住宅)，它将对税收分析产生显著的影响。

为了简化，目前关于城市税收和定价的分解式结构的分析抽象掉了人口迁移的因素，对它的讨论移到第 13 章。我们也假定在农村和城市部

---

① 对于含有两种商品和劳动力的模型，这些结论最初是由 Corlett 和 Hague(1953)，以及 Meade(1955)推导出来的。Atkinson 和 Stiglitz(1972)将该解说扩展到多种商品的情形。见 Atkinson 和 Stiglitz(1980)的评论。

门之间存在税收边界，因此，在不考虑城市税收结构对于农村部门的影响下来分析城市税收结构。在第12.2节，我们提出了一个税收的一般性模型，该模型能包容城市工资和生产率的任何内生性情况。因此，这个一般模型被专门用来研究城市工资以等价物计价时固定不变的情形(所得到的最优税与拉姆齐情形下相似，不同之处是我们的分析揭示了生产率效应)，以及城市工资变动以保持工人的效用水平不变的情形。我们以一个讨论来结束本章，讨论内容是如何使我们的分析扩展到：(a)处理城市工人工作的时间不是固定不变，而是由他们自己选择的情形；(b)将城市个体特性存在差异的情形纳入进来。

12.2 一般表述 158

一开始，我们要将前面的符号推广到当前存在多数商品的情况。令城市工资，它取决于城市价格向量 p^u 的简化式为

$$w^u = w^u(p^u) \tag{12.1}$$

设

$$\varepsilon_{wi}^u = \frac{\partial \ln w^u}{\partial \ln p_i^u} \tag{12.2}$$

表示为城市工资对于商品 i 的价格的相应弹性。

商品 i 的价格变化对于城市工人的效用水平的效应可以表示为

$$\frac{\mathrm{d}V^u}{\mathrm{d}p_i^u} = \frac{\partial V^u}{\partial p_i^u} + \frac{\partial V^u}{\partial w^u}\frac{\mathrm{d}w^u}{\mathrm{d}p_i^u} \tag{12.3}$$

运用式(12.2)和由包络定理得出的恒等式①，式(12.3)可以得出

$$\frac{\mathrm{d}V^u}{\mathrm{d}p_i^u} = \lambda^u x_i^u(-1 + \varepsilon_{wi}^u/\alpha_i^u) = \lambda^u x_i^u \rho_i \tag{12.4}$$

---

① 这些恒等式是 $\partial V^u/\partial p_u^i = -\lambda^u x_i^u$ 和 $\partial V^u/\partial w^u = \lambda^u L^u$，在此我们记得，$x_i^u$ 是工人对于商品 i 的消费，L^u 是他供给的工作小时数。目前假定 L^u 固定不变。

其中，$\alpha_i^u = p_i^u x_i^u / w^u L^u$ 是工人预算中花费在商品 i 上的份额，而且

$$\rho_i = -1 + \varepsilon_{wi}^u / \alpha_i^u \tag{12.5}$$

是下面要用到的一个扼要参数。注意，参数 ρ_i 是第 10 章中所使用的参数 ρ 的一般化。

显然，如果城市工资以等价物计价是固定的，那么

$$\varepsilon_{wi}^u = 0 \text{ 和 } \rho_i = -1 \tag{12.6}$$

另一方面，如果城市工资调整以保持城市工人的效用水平不变，那么

$$\varepsilon_{wi}^u = \alpha_i^u \text{ 和 } \rho_i = 0 \tag{12.7}$$

生产率效应

令

$$Y = Y(k, L^u, p^u, w^u) \tag{12.8}$$

159 表示为每个工人的工业净产出。再分别令

$$\sigma_i = -\frac{\partial \ln Y}{\partial \ln p_i^u} \text{ 和 } \sigma_w = \frac{\partial \ln Y}{\partial \ln w^u} \tag{12.9}$$

表示为净产出对于商品 i 的价格弹性和城市工资的弹性。那么，直接可以证明，价格提高对于生产率的全部影响为

$$\frac{\mathrm{d}Y}{\mathrm{d}p_i^u} = \frac{\partial Y}{\partial p_i^u} + \frac{\partial Y}{\partial w^u}\frac{\mathrm{d}w^u}{\mathrm{d}p_i^u} = \frac{-x_i^u}{\alpha_i^u \gamma^u}(\sigma_i - \varepsilon_{wi}^u \sigma_w) \tag{12.10}$$

其中，$\gamma^u = w^u L^u / Y$ 是工业产出中工资支付所占的比重。并且为了后面的应用，我们提请注意：在工人的生产率取决于其效用水平这种特殊情形下，以下关系是成立的①

$$\sigma_i - \alpha_i^u \sigma_w = 0 \tag{12.11}$$

① 在 $Y = Y[k, L^u, V^u(p^u, w^u)]$ 这一情形下，运用 n.2 中的恒等式可以推导出这一点。

对最优特征的描述

为了说明上的简便，这里抽象掉城市失业，然而，正如本节结尾所示，加入失业这个因素并不难。

社会总福利的现值，包括可供投资的剩余价值，由汉密尔顿等式给出

$$H = N^r W(V^r) + N^u W[V^u(p^u, w^u)] + \delta[N^u(Y - w^u L^u) + (P - p^r)N^r Q + (p^u - P)N^u x^u(p^u, w^u)] \tag{12.12}$$

其中，x^u，Q、p^u、p^r 和 P 都是向量。在本章的附录中我们将证明，通过求解下面表达式，可以得出最优税收或价格结构

$$-\sum_j t_j^u e_{ij}^u = -\left[1 - \frac{\beta^u}{\delta} - (p^u - P)\frac{\partial x^u}{\partial m^u}\right]\rho_i - \left(\frac{\sigma_i - \varepsilon_{wi}^u \sigma_w}{\alpha_i^u \gamma^u}\right) \tag{12.13}$$

其中

$t_j^u = (P_j - p_j^u)/p_j^u$ 是对于商品 j 的补贴或税收

$$e_{ij}^u = -\left.\frac{\partial \ln x_i}{\partial \ln p_j^u}\right|_{\text{效用}}$$

表示补偿弹性，$\partial x^u/\partial m^u$ 是消费数量向量对于收入的反应。式(12.13)左边的 $-\sum_j t_j^u e_{ij}^u$ 有一个标准的解释：它代表商品 i 的补偿性消费成比例地减少，作为一个任意给定的税收和补贴集合的结果。 160

拉姆齐情形

首先，考虑城市工资以等价物计价为固定不变的情形（即 $\varepsilon_{wi}^u = 0$，$\rho_i = -1$），那么由式(12.13)可以得到

$$-\sum_j t_j^u e_{ij}^u = -\left[1 - \frac{\beta^u}{\delta} - (p^u - P)\frac{\partial x^u}{\partial m^u}\right] - \frac{\sigma_i}{\alpha_i^u \gamma^u} \tag{12.14}$$

在此，回顾一下标准的拉姆齐结论：对于所有的商品而言，补偿性消费必须同比例减少（见 Atkinson and Stiglitz，1980，第 12 章）。为了使这一结论成立，由式(12.14)显然可以得出，城市工资的反应是特殊类型的（即工资以等价物计价是固定的），同时生产率效应可以忽略不计。因此，即使城市工资以等价物计价是固定的，由于生产率效应[由式(12.13)右边的最后一项可以得到对于商品 i 的生产率效应]的存在，一般而言，拉姆齐结论不能成立。例如，如果两种商品在工人的预算中占有大致相同的份额，但是第一种商品价格的提高会更大幅度地降低生产率（即如果 $\sigma_1 > \sigma_2$，$\sigma_1^u \approx \sigma_2^u$），那么由式(12.13)可以得到：第一种商品消费的相应比例减少应该更小。

一种可以恢复拉姆齐结论的生产率效应的特殊情形是，工人的生产率取决于他的效用水平。在这种情形下，由式(12.11)我们注意到，对所有商品而言，σ_i/α_i^u 是相同的。因此，对所有商品而言，式(12.14)的右边是相同的。

城市工资根据效用水平计算固定不变的情形

城市工资决定机制的一个重要例子是，适应城市价格的变化，城市工人的效用水平保持不变。在这种情况下，$\epsilon_{wi}^u = \alpha_i^u$ 且 $\rho_i = 0$。将它们代入式(12.13)，可以得到

$$-\sum_j t_j^u e_{ij}^u = -\frac{\sigma_i - \alpha_i^u \sigma_w}{\alpha_i^u \gamma^u} \tag{12.15}$$

因此，不同商品之间的补偿性减少应当是相同的或者是不相同的，以及根本上是否应该有税收或补贴？这完全取决于生产率效应的性质。

例如，如果生产率效应可以忽略不计（即如果 $\sigma_i = \sigma_w = 0$），那么由式(12.9)得到，所有商品的比例性减少应当等于零。而只有在城市部门不
161 存在税收或补贴时，这才是可能的。因此，当工资调整能保持工人的效用

水平不变，并且当价格变化对于生产率的影响可以忽略不计时，城市部门中不应当存在税收或补贴。内含的原因很简单，提供一个固定效用水平（无论效用水平是多少）最小成本的方法是运用商品的国际价格。在这种情况下，由价格和补贴导致的扭曲起不到任何有益的作用。

如果存在生产率效应，但是工人的生产率取决于他的效用水平，上面的结果仍然有效。由式(12.11)和式(12.15)可以很容易证明这一点。结果背后的原因依然简单明了，既然通过调整工资能够使工人的效用水平保持不变，自然在这种情况下生产率也不变。

对于更一般类型的生产率效应，由式(12.10)和式(12.15)我们注意到以下结论：当由于一种商品价格的提高而导致生产率上升（或者下降）时，并且考虑到使工人效用水平保持不变的引致性工资变化，那么，这种商品消费的相应比例减少将为正值（或者为负值）。例如，如果较高的食品价格可能降低生产率，最优的税收应当增加补偿性食品消费；并且如果酒类价格的提高可能提高生产率，那么就应该减少补偿性酒类消费。

失业效应

对于失业效应的处理类似于对生产率效应的处理，但是更复杂一些。它涉及征税的任何变化和相应的城市工资变化对就业影响的计算，而且就业的变化直接影响福利水平，因为一个失业者的状况将明显恶化。我们在第 10.7 节讨论过这些效应。

另外，失业对可供投资的剩余会产生两个重要的效应。第一个效应是如果城市工资下降，那么工业生产的总利润将减少（假设受雇工人的产出超过他的工资）。第二个效应是对受雇的工人对于他们的消费篮子支付的政府征收的净税负或收到政府给予的净补贴的影响。如果一个受雇的工人为他的消费篮子支付净税负，那么受雇个体的减少会减少可供投资的剩余。相反，正如在一些欠发达国家的情形，如果对于城市受雇工人的消费给予净补贴，那么就会出现后一种影响。①

考虑这样一种情况，即任何商品价格的提高都会提高城市工资，这两
162 种变化的联合效应将减少城市就业。那么，由上面的描述得到城市个人的总福利会下降。进一步假设城市受雇个人对于可供投资的剩余的贡献为正。那么很清楚，失业效应的存在使得政府更不愿意提高对不同商品的税负。

最后，由第 10 章的讨论我们记得，市场均衡也可能产生社会无效率的城市工资和就业水平（例如，如果企业依据生产率的考虑来设定工资，进而确定就业水平），并且在大多数欠发达国家中工资税和补贴一般是不可行的。那么，商品税的一个额外作用是试图纠正那些无效率。在当前的模型里，有很多商品可以独立地征税或补贴。因此，这也许可能显著地减少刚刚提到的无效率现象。

12.3 概述

我们用两个概述来结束本章。第一，我们的分析经过修正可应用到这种情形，即城市工人可以选择其工作小时而不是像迄今为止所假设的只工作规定的小时数。第二，本章给出的许多定性分析可以扩展到更现实的情形中，即将城市部门内受雇个体特性的差异明确考虑进来。

城市部门工作小时可变的情形

假设大多数欠发达国家的受雇城市工人受到他们工作小时数的限

---

① 注意到这里汉密尔顿等式为：$H = N^r W(V^r) + N^e W(V^u) + (N^u - N^e) W(V^n) + \delta[N^e(Y - w^u L^u) + (P - p) N^r Q + (p - P) N^e x^u]$，而不是式(12.12)，这些影响能够被确定。在此我们假设对城市失业者的消费所征收的税负或给予的补贴可以忽略不计，并且城市失业个体的效用水平并不显著地受到税负变化的影响。对于这些问题的详细讨论参见第 10.7 节。

制，尽管这是合理的，然而，存在许多他们不是那么受限制的工作决策维数，像他们的努力程度。工资可以影响工作的努力程度并进而影响企业的盈利能力。为了提供一个如何解释这类交互作用的说明，我们简要地讨论这样一种情况，即城市工人工作的小时数 L^u 由工人选择，因此它不是外生参数。我们定义下列各项：

$\varepsilon_{Li}^u \equiv \partial \ln L^u / \partial \ln p_i$ ＝劳动供给关于商品 i 的价格弹性

$\varepsilon_{Lw}^u \equiv \partial \ln L^u / \partial \ln w^u$ ＝劳动供给关于城市工资的弹性

$Y_L \equiv \partial Y / \partial L^u$ ＝额外工作一小时的边际产品价值

为了简化分析，我们再次抽象掉税收对于失业的影响。由此可以直接证明，刻画最优税收特征的表达式(12.13)在此可以修正为： 163

$$-\sum_j t_j^u e_{ij}^u = -\left[1-\frac{\beta^u}{\delta}-(p^u-P)\frac{\partial x^u}{\partial m^u}\right]\rho_i-\left(\frac{\sigma_i-\varepsilon_{wi}^u\sigma_w}{\alpha_i^u\gamma^u}\right)$$

$$+\left(\frac{Y_L}{w^u}-1\right)\left(\frac{\varepsilon_{Li}^u+\varepsilon_{wi}^u\varepsilon_{Lw}^u}{\alpha_i^u}\right) \qquad (12.16)$$

我们重点解说上述表达式右边的最后一项，因为这个附加项表现了工作小时变动的效应。

首先，我们注意到，当 $Y_L = w^u$ 时，式(12.16)与式(12.13)是一样的。这不足为奇。在最优状态下，如果一小时劳动的边际产品价值正好等于工资率，那么最优结果不会受到劳动小时边际变化的影响，无论这些变化的性质如何。

接下来，假设 Y_L 大于 w^u；即一个额外劳动小时对工业利润能产生一个净增加。①请注意，式(12.16)中 $\varepsilon_{Li}^u + \varepsilon_{wi}^u\varepsilon_{Lw}^u$ 为正或为负，取决于商品 i 价格提高的全部效应是增加还是减少城市劳动小时。因此，由式(12.16)可得到：如果商品 i 更高的价格会增加(减少)城市工人的劳动小时，那

① 相反的情形是，当 $Y_L < w^u$ 时，对此可以做类似的解说。

么，由于税收所引起的商品 i 的消费量成比例减少就会更大(更小)。

城市部门内的异质性

前面的分析很容易推广到考虑了城市部门内个体特性差异的情形。大体上，这一扩展的主要含义是，各种商品不仅在它们的就业和生产率效应上存在不同，而且在分配效应上也将不同。像食品这样的商品可能产生很大的分配效应(由于穷人的福利对食品价格更敏感)，以及很大的生产率效应(例如，由于食品消费对工人健康的影响)。如果是这种情形，那么，相比其他商品，征税引致的食品消费相应比例的减少量将会更小。然而，这一扩展并没有改变我们早先关于城市商品税和补贴是合意还是不合意的结论。例如，当工资适应价格的变化而进行调整，以保持不同工人群体的效用水平不变时，从任何商品补贴得到的直接分配收益会被工资结构上的变化所抵消。因此，城市征税或补贴依然是不合意的，除非对这
164 些税收或补贴的设计能反应特定类型的失业或生产率效应，或除非在不同的收入水平之间，工资对价格变化的补偿程度存在系统性差异。

附录

等式(12.13)的推导

由式(12.12)得到

$$\frac{1}{\delta}\frac{\mathrm{d}H}{\mathrm{d}p_i^u}=\frac{N^u}{\delta}\frac{\partial W\mathrm{d}V^u}{\partial V^u\mathrm{d}p_i^u}+N^u\left(\frac{\mathrm{d}Y}{\mathrm{d}p_i^u}-L^u\frac{\mathrm{d}w^u}{\mathrm{d}p_i}\right)+N^u x_i^u$$

$$+N^u(p^u-P)\left(\frac{\partial x^u}{\partial p_i^u}+\frac{\partial x^u}{\partial m^u}L^u\frac{\mathrm{d}w^u}{\mathrm{d}p_i}\right) \qquad (12.A1)$$

我们将式(12.2)、式(12.4)、式(12.10)和社会评估度的定义 $\beta^u=\lambda^u\partial W/\partial V^u$ 代入式(12.A1)，得到

$$\frac{1}{\delta}\frac{\mathrm{d}H}{\mathrm{d}p_i^u}=N^u x_i^u\frac{\beta^u}{\delta}\rho_i-N^u x_i^u\frac{(\sigma_i-\varepsilon_{wi}^u\sigma_w)}{\alpha_i^u\gamma^u}+N^u x_i^u\left(1-\frac{\varepsilon_{wi}^u}{\alpha_i^u}\right)$$

$$+N^u(p^u-P)\left(\frac{\partial x^u}{\partial p_i^u}+x_i^u\frac{\partial x^u}{\partial m^u}\right)+N^u x_i^u(p^u-P)\left(-1+\frac{\varepsilon_{wi}^u}{\alpha_i^u}\right)\frac{\partial x^u}{\partial m^u}$$

(12.A2)

接下来，由补偿需求反应的定义和斯拉斯基项的对称性质，

$$(p^u-P)\left(\frac{\partial x^u}{\partial p_i^u}+x_i^u\frac{\partial x^u}{\partial m^u}\right)=(p^u-P)\left.\frac{\partial x^u}{\partial p_i^u}\right|_{\text{效用}}$$

$$=x_i^u\sum\nolimits_j t_j^u e_{ij}^u \qquad (12.A3)$$

其中，$t_j^u=(P_j-p_j^u)/p_j^u$，$e_{ij}^u=-\left.\frac{p_j^u}{x_i^u}\frac{\partial x_i^u}{\partial p_j^u}\right|_{\text{效用}}$

上式和式(12.5)定义的代入，使式(12.A2)被改写为

$$\frac{1}{N^u x_i^u\delta}\frac{\mathrm{d}H}{\mathrm{d}p_i}=\sum\nolimits_j t_j^u e_{ij}^u-\left[1-\frac{\beta^u}{\delta}-(p^u-P)\frac{\partial x^u}{\partial m^u}\right]\rho_i-\frac{(\sigma_i-\varepsilon_{wi}^u\sigma_w)}{\alpha_i^u\gamma^u}$$

(12.A4)

在一个内部最优状况下，这时 $\mathrm{d}H/\mathrm{d}p_i=0$，由上式得到式(12.13)。

第13章

165 # 存在人口迁移和城市失业的税收政策

13.1 导言

大多数欠发达国家都有两个普遍特征，即存在持久的城市失业和农村向城市的人口迁移。这些现象对于税收和价格分析是非常重要的。任何一个试图对欠发达国家经济给予描述的模型，至少必须与城市失业的存在相一致。因此，这种情形不适合仅仅使用新古典模型——公共财政学教科书通常提供的形式——其中所有的市场是出清的，并且不存在失业。

大多数试图将城市失业纳入进来的模型预设了这样的假说，即城市工资比市场出清水平高。然而，他们没有解释工资为什么会高；没有解释工资是如何决定的。在前面几章，我们叙述了关于城市工资和就业决定的不同机制，并认为税收政策对工资和就业有明显的效应，接着也阐述了这个效应如何影响了对税收政策的分析。

这里还存在一个更深层的效应，这是本章和下一章关注的焦点：税收政策可以影响城市和农村部门之间人口迁移的性质。因此，对于税收政策的全面分析必须把对于人口迁移的引致效应考虑进去。

税收政策会影响人口迁移，是因为这些政策影响了农村生活和城市生活的相对吸引力。这产生了立竿见影的福利结果。由于人口迁移，城市部门与农村部门之间、城市和农村的就业与失业之间的人口分布被改变了。政府的税收收入（或可供投资的剩余）也改变了，因为人口迁移会影响产出和消费，并进一步影响从处于不同群体中的工人那里征收的税收和给予的补贴。

在税收分析中，人口迁移扮演的具体角色明显取决于经济的其他方面，像两部门中每个部门工资和就业的决定机制，以及价格和工资的生产率效应的性质。我们的框架能够容纳关于这些方面中每个方面的许多假说，为了简便起见，我们分步进行分析。

在第 13.2 节，我们一开始给出一个一般性人口迁移方程，然后展示 166
说明，在文献中广泛讨论的各种特定人口迁移模型，可以看作是该方程的特殊情形。例如，哈利斯—托达罗假说（Harris-Todaro Hypothesis）的不同表述，可以视为我们一般方程的特殊情形。标准的新古典模型也是如此。这个人口迁移方程的另一个优点是，它给出了人口迁移与税收分析有关的那些方面一个概要的表述法（根据特定简化形式的弹性）。

在第 13.3 节，我们给出了一个关于开放经济中城市—农村定价的分析，其中，我们将每个部门的产出用一种总计产品来代表。这一分析可以看作是第 4 章的延续，我们假设两个部门的人口是外生给定的。为了简便起见，本节我们假设城市就业是固定的，城市工资以等价物计算是不变的，并且生产率效应可以忽略不计。然而，需要注意的是，尽管这里假设城市就业是固定的，但城市人口（进而城市失业）是内生决定的。

我们的分析得到了许多结论。例如，我们证明，在一种可能的情形下，相比没有人口迁移，存在人口迁移时农村和城市的最优食品价格可能会提高。直观的原因是，较高的农村食品价格使农村部门的生活更具有吸引力，较高的城市食品价格使城市部门的生活缺乏吸引力。在两种情况下，农村向城市的净人口迁移可能减少，并且城市失业将降低。随之而来，由于从就业者身上比从失业者身上可能抽取更多的税收，由此会增加可供投资的剩余。

在第 13.4 节中，在阐述了当存在人口迁移时如何对多种商品的税收结构进行分析之后，本章就结束了。在这个分析中，城市工资和就业以及城市人口是内生决定的。我们推导出城市部门帕累托效率的一个税收结构条件,对此值得一提的是,尽管它的形式与拉姆齐税收公式相似,但它所基于的利益权衡关系(trade-offs),与拉姆齐式分析内含的那种利益权衡关系却相去甚远。

13.2 一般人口迁移关系

人口迁移的基本方程说明了工人如何将自己在城市和农村部门之间进行配置,这取决于两个部门中的工资、价格和就业机会。我们将其表示为

$$N^r = \widehat{N}^r(w^r,\ p^r,\ w^u,\ p^u,\ m^n,\ N^e) \tag{13.1}$$

167 也就是说,农村部门中劳动者的数量 N^r 是农村工资 w^r 和价格 p^r,城市工资 w^u 和价格 p^u,城市失业工人的收入 m^n 以及城市就业水平 N^e 的一个函数。给定任意的城市就业水平 N^e 和城市失业水平 N^n,并且给定总人口 N,下面的恒等式是成立的

$$N = N^r + N^e + N^n \tag{13.2}$$

明显地,城市失业者的数量 N^n 也可以表示为与式(13.1)右边的参数相同的一组变量的函数。

式(13.1)的一种特殊情形是,人口迁移取决于处于不同群体的工人的效用水平。在这种情况下,式(13.1)重新表述为

$$N^r = \widehat{N}^r(V^r(p^r,\ w^r),\ V^u(p^u,\ w^u),\ V^n(p^u,\ m^n),\ N^e) \tag{13.3}$$

其中,V^r、V^u 和 V^n 分别表示一个农村劳动者的效用水平、一个城市雇佣工人的效用水平和一个城市失业工人的效用水平。当农村部门是由同质的自雇农场家庭组成时,式(13.1)的另一个表述也是恰当的,即

$$N^r = \widehat{N}^r(p^r, w^u, p^u, m^n, N^e) \tag{13.4}$$

在这种情况下，农村个体的收入和效用水平由农村价格 p^r 和城市工人的人数 N^r 所决定。因为农村工资在由同质个体所组成的农村部门中不起作用，所以它被排除了，在下面的分析中我们将使用式(13.4)的不同表述法。

一般化的哈利斯—托达罗假说

我们将要看到，相比于哈利斯—托达罗假说的传统表述，该假说一个更一般化的表达假定，一个从农村部门向城市部门流动的潜在迁移者的期望效用水平，应该等于其在农村部门的效用，即

$$V^r(p^r, w^r) = \frac{N^e}{N - N^r} V^u(p^u, w^u) + \left(1 - \frac{N^e}{N - N^r}\right) V^n \tag{13.5}$$

其中，$\frac{N^e}{N - N^r}$ 是获得一份城市工作的概率。①

传统表达的特殊情形　如果假设两个部门的价格是固定的和相同的、个人呈现风险中性行为(效用与收入是线形关系)、两个部门中每个部门的劳动小时是固定的，并且这么多工作小时没有产生负效用，那么，式 168 (13.5)中的个体效用水平能够由他们各自的收入来代替。进一步，如果假设城市失业工人没有收入，则式(13.5)变为

$$\frac{N^e}{N - N^r} = \frac{m^r}{m^u} \tag{13.6}$$

其中，m^r 和 m^u 分别表示农村劳动者和城市受雇工人的收入。那么，依据式(13.6)，城市就业率(即1减去城市失业率)是农村劳动者收入对城市受雇工人收入的比率。式(13.6)的特殊情形不能用来评价城市或农村价格

① 这个表述与城市部门中选定固定的或最佳的工作小时一致。

变化对人口迁移的影响，因为根据假设，这些价格是固定的且在不同部门是相等的。然而，文献里广泛使用的模型式(13.6)的局限，也已经被人们广泛地注意到了。例如：

(a) 如果个体可以不用迁移到城市部门也能得到城市工作，那么，两个部门之间的工资差别应该与没有城市失业时是一致的。

(b) 在一个相当长时期内可能失业的风险，会阻止许多个体的迁移行为。模型式(13.6)假设了个人的风险中性；相反，更一般化的模型式(13.5)则没有这样假设。支持搬迁的资金局限和初期的城市失业，也可能限制了农村向城市的人口迁移。

(c) 与个人行为相关的是真实收入，而不是名义工资。既然在生活成本上存在显著的农村和城市部门的差别，那么就应当将这些差别纳入到分析中来，如式(13.5)那样。另外，我们需要把那些只有在城市才能得到的舒适生活考虑进来。

(d) 为什么哈利斯—托达罗模型会高估城市失业的一个重要原因是，它忽视了工作获得的动态过程。大多数个人并不是天天被雇佣；相反，他们宁愿进入失业大军，长期处于失业状态，然后再得到雇佣。因此，一个迁移者所关心的是他未来收入的当前贴现值。这取决于求职者(新迁移者)和空缺的数量，而空缺的数量又取决于离职率和工作创造率。①既然失业阶段处于就业阶段之前，当折现率很高时，与哈利斯—托达罗表述的情况相比，人口迁移将显得更加缺乏吸引力。

城市失业的机会成本

我们关注城市失业的一个原因是，这些工人的生产和福利的相应损失。后面的分析建立在一个加总式伯格森—萨缪尔森福利函数(Bergson-

---

① 有关工作获取模型的分析以及它们对于均衡人口迁移的含义，参见 Stiglitz (1974*a*)。

Samuelson welfare function)之上，它定义的是事后(ex post facto)效用：

$$\Psi = N^r W(V^r) + N^e W(V^u) + (N - N^r - N^e) W(V^n) \qquad (13.7)$$ 169

城市失业的社会机会成本是按照农村部门的劳动者，而不是按城市失业大军中工人的社会总收益来计算的。这个收益由下面表达式表示：

$$\Phi = \frac{\partial \Psi}{\partial N^r} = W(V^r) - W(V^n) + N^r \frac{\partial W(V^r)}{\partial V^r} \frac{\partial V^r}{\partial N^r} \qquad (13.8)$$

在上式中，$W(V^r) - W(V^n)$ 表示直接的福利所得。式(13.8)右边的最后一项表示由于“拥挤效应”所引起的福利的社会价值变化(在这个模型中，我们将说明它是负的)；也就是这里看来，对于那些当前还在农村部门的劳动者的损失是农村部门多了一个劳动者。①

拥挤效应的性质明显取决于农村部门组织的性质。例如，考虑一个由同质的自营农民构成的农村部门的简单模型。该模型中，由迁移者释放出来的土地被仍然留在农村部门的个体分割。在这种情况下，表达式(13.8)变为：

$$\Phi = W(V^r) - W(V^n) + \beta^r p^r X \varepsilon^r_{XA} \qquad (13.9)$$

其中，β^r 是农村部门中收入的社会评估度，ε^r_{XA} 是产出对人均土地面积的弹性。②因此，拥挤效应越小——城市失业的机会成本越大——产出对每个农村工人土地面积的弹性就越小。

---

① 在式(13.8)中以及在本章的其他部分，假设城市失业工人的效用不受考虑到的变动的影响。对于这一问题的探讨，参见第 10.7 节。

② 回顾式(4.A2)中对一个农民的间接效用水平的定义

$$V^r(p^r, N^r) = \max_{\{x^r, y^r, L^r\}} U^r + \lambda^r \{ p^r [X(A, L^r) - x^r] - y^r \}$$

其中，A 是单个农村劳动者的土地面积。因而，使用包络定理

$$\frac{\partial V^r}{\partial N^r} = \lambda^r p^r \frac{\partial X}{\partial A} \frac{\partial A}{\partial N^r} = -\lambda^r p^r \frac{\partial X}{\partial A} \frac{A}{N^r} = -\lambda^r p^r X \varepsilon^r_{XA} / N^r$$

其中，$\varepsilon^r_{XA} = \partial \ln X / \partial \ln A$。通过代入 $\beta^r = \lambda^r \partial W(V^r) / \partial V^r$ 得到式(13.9)。

农村组织的另一种形式是扩展型家庭。一个已经受到发展经济学关注的扩展型家庭的模型认为，农村工人得到的是他们的平均产品，而不是他们的边际产品。[①]根据柯布—道格拉斯(Cobb-Douglas)生产函数，边际产品对于平均产品的比率恰是劳动力的要素份额。如果劳动力的份额是
170 二分之一，那么由一个迁移者所引起的产出损失仅是他收入的一半。在这一情形下，与决定表达式(13.9)的等价表达式有关的问题是迁移者财产权利的性质；例如，一个来到城市的迁移者是否继续从他的家庭得到某些支持。如果是由家庭共同决定是否迁移的问题，以及包括迁移者找到的城市工作收入在内的家庭收入的分配问题，这就是扩展性家庭的情形(见 Stiglitz，1969)。

其次，注意当考虑到农村劳动者特性的差异时，总的来说，边际迁移者的机会成本将超过所有迁移者的平均机会成本。当然，与人口迁移的均衡有关的是边际迁移者的行为。

最后，如果个体是在农村部门的空闲时期来到城市部门，在收获和种植时期返回农村部门，那么观察到的城市失业的社会成本可能相对低一些。

13.3 农村—城市价格

可能了解人口迁移对税收分析含义的最简单方法是考虑一个开放经济，其中每一个部门的产出表示一种总计产品，在两个部门之间存在着税收边界(即政府可以在两个部门之间设定不同的价格)。为了进一步简化农村—城市价格的分析，我们假设城市就业(而不是城市人口或城市失业)是固定的，城市工资以工业品计价是固定不变的，以及价格变化对于

---

① 正如以前所讨论的，即使在一些情况下这个模型是恰当的，它也意味着一组特殊的财产权利和社会制度(参见第 8.3 节)。

工业工人的生产率没有显著的影响。因此，除了现在明确地承认人口迁移和城市失业的存在，目前所考虑的模型与第 4 章中的模型是相似的。

既然存在失业，社会福利方程必须将人群中三个截然不同的群体考虑进去：农村部门劳动者、城市就业者和城市失业者。因此，我们将社会福利函数表示为式(13.7)的形式，将汉密尔顿等式表示为

$$H = \Psi + \delta I \tag{13.10}$$

可供投资的剩余由下式给定

$$I = N^e(Y - w^u L^u) + (P - p^r)N^r Q + (p^u - P)N^e x^e \tag{13.11}$$

这里假设从城市失业者的消费上所征收的净税收（或补贴支出）占可供投资的剩余的比例可以忽略不计。

农村价格 171

式(13.7)和式(13.11)关于 p^r 的导数表示为①

$$\frac{\mathrm{d}\psi}{\mathrm{d}p^r} = \beta^r N^r Q + \frac{1}{p^r} N^r \varepsilon^r_{Np} \Phi \quad 和 \tag{13.12}$$

$$\frac{\mathrm{d}I}{\mathrm{d}p^r} = -N^r Q + N^r Q t^r \hat{\varepsilon}^r_{Qp} \tag{13.13}$$

其中

$$t^r = (P - p^r)/p^r$$

是对农业部门的产出的税率，

$$\varepsilon^r_{Np} = \frac{\partial \ln N^r}{\partial \ln p^r}$$

---

① 本章的附录对式(13.12)和式(13.13)给出了简要的推导。下面式(13.20)和式(13.21)的推导也是相似的。

是农村劳动力关于农村价格的弹性，

$$\hat{\varepsilon}^r_{Qp} = \varepsilon^r_{Qp} + (1-\varepsilon^r_{QA})\varepsilon^r_{Np} \tag{13.14}$$

是农村剩余关于价格的总弹性(考虑到引致的人口迁移)①，

$$\varepsilon^r_{QA} = \partial \ln Q/\partial \ln A$$

是人均农村剩余关于单个农业劳动者的土地的弹性，并且 Φ 的定义在式(13.9)中。

由式(13.8)可以回顾，如果一个城市失业者离开城市部门而成为农村部门的成员，那么 Φ 含有对福利方面净收益的解释。因此，农村价格的提高对个体总福利的影响由两部分组成，如式(13.12)右边所示。第一部分是那些已经在农村部门的劳动者的直接收益，第二部分是由于人口迁移导致的福利收益或损失。在下面的解释里，我们将假设

$$\Phi > 0 \text{ 和 } \varepsilon^r_{Np} > 0 \tag{13.15}$$

也就是说，如果一个城市失业者迁移到农村部门，以及更高的农村食品价格增加了农村劳动者的人口，那么，就有一个社会福利的净收益。②由式
172 (13.12)得到，由农村食品价格的提高而得到的社会福利收益比在没有人口迁移时要大，因为该价格提高降低了城市失业。

下一步请注意，根据式(13.13)，为了计算农村价格变化对于可供投资的剩余的影响，现在适用的弹性是农业总剩余的价格弹性 $\hat{\varepsilon}^r_{Qp}$，而不是人均农业剩余的价格弹性 ε^r_{Qp}，该弹性对于前几章的分析来说是适当的。因为现在农村人口本身对价格变化具有潜在的敏感性，这就是为何如此

---

① 可以直接证实 $\hat{\varepsilon}^r_{Qp} \equiv \partial \ln N^r Q(p^r, N^r)/\partial \ln p^r = \varepsilon^r_{Qp} + (1-\varepsilon^r_{Qp})\varepsilon^r_{Np}$。

② $\Phi > 0$ 是由下面的假设得出的：(a) $V^u > V^r > V^n$，即一个城市受雇工人的状况比一个农民的好，依次一个农民的状况比一个城市失业工人的好；(b) ε^r_{XA} 不是很大，即农业土地不是特别稀缺。在很多人口迁移假说中，包括我们后面将看到的哈利斯—托达罗假说，都假设 $\varepsilon^r_{Np} > 0$ 被自动满足。

的原因。为了简化表述,我们下面假设

$$\varepsilon^r_{QA} < 1 \tag{13.16}$$

例如,如果农业土地不是特别稀缺,如前面讲的情形。那么,由式(13.14)、式(13.15)和式(13.16)得到:农业总剩余的价格弹性比人均农业剩余的价格弹性要大。

最优政策 运用式(13.10)、式(13.12)和式(13.13),并设 $dH/dp^r = 0$,最优状况对农村价格的一阶条件是

$$t^r = \frac{P - p^r}{p^r} = \left(1 - \frac{\beta^r}{\delta} - \frac{\Phi}{\delta}\,\frac{\varepsilon^r_{Np}}{p^r Q}\right)\frac{1}{\hat{\varepsilon}^r_{Qp}} \tag{13.17}$$

现在考虑一种特殊情形,在这种情形下没有人口迁移,或者更一般地,人口迁移对于农村价格的变化可以忽略不计。将 $\varepsilon^r_{Np} = 0$ 代入式(13.14)和式(13.17),正如人们所期望的,我们得到了第 4 章的结论[见表达式(4.20)],在那里我们抽象掉了人口迁移。

其次,我们比较存在和不存在人口迁移情况下的最优农村税收。也就是说,我们比较式(13.17)的两个子类情形:一个是 $\varepsilon^r_{Np} > 0$ 的情形,另一个是 $\varepsilon^r_{Np} = 0$ 的情形。可以直接证明:人口迁移效应减少了表达式(13.17)右边的值。这启发我们:人口迁移降低了对农业剩余的最优税负水平。通过向农民支付更高的价格来购买他们的剩余,政府能够减少向城市进行人口迁移的压力,进而降低了由此产生的城市失业,否则失业会降低社会福利。这一见解对于许多欠发达国家的城市,像曼谷、开罗和墨西哥城的情形,显得尤为适合。在那些城市,来自农村的移民已经导致了严重的社会退化。

哈利斯—托达罗人口迁移假说 173

上面描述的一种特殊情形就是先前被讨论过的哈利斯—托达罗假

说。在这种情形下，人口迁移将持续到这样一个点，即边际移民在两个部门中的预期效用相等(考虑到失业的概率)。正如附录所示，式(13.5)对 N^r 和 p^r 的扰动①，可以得到

$$\varepsilon^r_{Np}=\frac{(N-N^r)\lambda^r p^r Q}{N^r[V^r-V^n+\lambda^r p^r X\varepsilon^r_{XA}(N-N^r)/N^r]} \tag{13.18}$$

将式(13.18)代入式(13.17)得到相应的最优税收。

另一个可能是更有用的考虑哈利斯—托达罗假说的方法如下。为了简化分析，假设社会福利函数是功利主义的，即 $W(V)\equiv V$，$\beta^i=\lambda^i$。那么，由式(13.5)和式(13.7)得到哈利斯—托达罗假说的主要含义是

$$\Psi=NV^r \tag{13.19}$$

也就是说，在这种情况下，社会福利最大化等价于农村劳动者的福利最大化。因此，对于任何其他人口迁移机制而言，并且在政府只关心农村福利的所有情形下，相应的结论都成立。

如果我们进一步假设农业土地的稀缺性并不显著(即 $\varepsilon^r_{XA}\approx 0$)，那么，将式(13.18)代入式(13.17)可以得到

$$t^r=\left(1-\frac{N\lambda^r}{N^r\delta}\right)\frac{1}{\hat{\varepsilon}^r_{Qp}}$$

这个表达式有个有趣的含义。在发展的早期，当预期有关投资相对社会评估度 δ/λ^r 会很大时，并且当预期处于农业部门的人口比例很大时，应当对农村剩余征税。支付给农民的价格应当低于国际价格。然而，随着经济的发展，支付给农民的价格应当提高，并且很可能要超过国际价格。②

① 如我们在定义式(13.15)中的 Φ 的符号时所说明的，在哈利斯—托达罗假说下，ε^r_{Np} 是正的。

② 同样请注意，在前面第4章所推导出的价格改革规则，经过一些修改同样适用于当前的情况。主要的修改是，适合的弹性现在是 $\hat{\varepsilon}^r_{Qp}$，而不是 ε^r_{Qp}。

城市价格

式(13.7)和式(13.11)对 p^u 的导数是：

$$\frac{\mathrm{d}\psi}{\mathrm{d}p^u}=-\beta^u N^e x^u+\frac{1}{p^u}N^r \varepsilon^u_{Np}\Phi \tag{13.20}$$

和

$$\frac{\mathrm{d}I}{\mathrm{d}p^u}=N^e x^u+N^e x^u t^u \varepsilon^u_{xp}+(P-p^r)(1-\varepsilon^r_{QA})\frac{N^r Q}{p^u}\varepsilon^u_{Np} \tag{13.21}$$ 174

其中

$$t^u=(P-p^u)/p^u \text{ 和 } \varepsilon^u_{Np}=\frac{\partial \ln N^r}{\partial \ln p^r}$$

为了解释上的简便，我们假设

$$\varepsilon^u_{Np}>0 \tag{13.22}$$

也就是说，如果城市价格提高，进而居住于城市部门变得相对缺乏吸引力，那么农村人口就会增加。①由式(13.20)的右边可以清楚地看到，就像在没有人口迁移的模型中一样，城市食品价格的提高降低了城市部门居民的福利。不过，由于城市部门一些失业者迁移到农村部门，城市部门就有一个福利上的改善。后一项迁移效应体现在式(13.20)右边的最后一项上。

接下来，我们考虑可供投资的剩余对于城市食品价格提高的反应。在这种情况下，人口迁移效应体现在式(13.21)右边的最后一项上。在存在人口迁移的情况下，如果对农村食品剩余征税，那么，提高城市食品价格会导致可供投资的剩余的增加；即如果农村食品价格低于国际食品价格，那么城市食品价格的提高将导致可供投资的剩余的增加。②这是因为，向农村迁移的人口增加了农村产出，进而增加了从农村部门得到的税收。

---

① 这个假设在 Harris-Todaro 假说下可以自动满足，由式(13.5)检验。

② 正如式(13.16)中所假设的，这里我们假设 $\varepsilon^r_{QA}<1$。

最优政策　使用式(13.10)、式(13.12)和式(13.13)，并设 $\mathrm{d}H/\mathrm{d}p^r=0$，下面得到对最优城市税率的特征描述

$$t^u=\frac{P-p^u}{p^u}$$

$$=\left[\left(1-\frac{\beta^r}{\delta}\right)+\left(\frac{\Phi}{\delta}+(P-p^r)(1-\varepsilon_{QA}^r)Q\right)\frac{N^r}{N^e p^u x^u}\varepsilon_{Np}^u\right]\frac{1}{\varepsilon_{xp}^u} \tag{13.23}$$

注意，当人口迁移效应可以忽略不计时(即当 ε_{Np}^u 接近于零时)，正如人们期望的，上面的表达式可以简化为大家所熟悉的没有人口迁移的情况，也就是第 4 章中的表达式(4.20′)。

接下来，假设可供投资的剩余的社会评估度不小于消费的社会评估度，即 $\delta\geqslant\beta^r$ 且 $\delta\geqslant\beta$。那么在一系列合理的假设下，我们以前说明了人
175 口迁移可能产生的效应会提高农村部门的最优食品价格。在相同的假设下，能够得到下面的不等式①

$$\frac{\Phi}{\delta}+(P-p^r)(1-\varepsilon_{QA}^r)Q>0 \tag{13.24}$$

因此，由式(13.23)得到：(a)人口迁移可能产生的效应将提高城市部门的最优食品价格；(b)无论人口迁移是否显著，城市部门的最优食品价格都会超过国际价格。

相关问题

我们将汉密尔顿等式(13.10)重新表述为城市和农村价格以及农村部门居民数量的一个函数

$$H=H(p^r,\ p^u;\ N^r) \tag{13.25}$$

① 通过把式(13.17)代入式(13.24)的左边，并且应用式(13.15)、式(13.16)，且假设 $\delta\geqslant\beta^r$，可以得到不等式(13.24)。

为了简化分析，我们继续假设城市就业是固定的，城市工资以工业品计价是固定的，那么，

$$\frac{\mathrm{d}H}{\mathrm{d}p^i}=\frac{\partial H}{\partial p^i}+\frac{\partial H}{\partial N^r}\frac{\partial N^r}{\partial p^i}\text{，对于 } i=r \text{ 和 } i=u \tag{13.26}$$

明显地，如果价格对于人口迁移没有影响，那么人口迁移对于 p^i 的最优值也没有影响。

很清楚，由我们的人口迁移方程可以得到，总体上价格对于人口迁移有影响：城市或农村价格的提高通常减少了人口从农村向城市的迁移。表达式(13.5)提供了这种价格效应的一个具体例子。例如，如果人口迁移假说式(13.5)成立，那么式(13.8)是农村价格一个百分比的变化所引起的农村人口的百分比变化。

有人可能认为在税收分析中可以忽略人口迁移效应，因为在边际上，个体会充分意识到人口迁移的全部成本和收益。为了考虑这个问题，我们可以使用式(13.10)和式(13.11)来计算人口迁移对于社会福利的影响：

$$\frac{\mathrm{d}H}{\mathrm{d}N^r}=\Phi+\delta(P-p^r)(1-\varepsilon_{QA}^r)Q(1-\varepsilon_{QA}^r) \tag{13.27}$$

非常清楚，个体在做迁移决定时，忽略了那些决定对于税收收入的影响，也就是式(13.27)右边的第二项。

然而，即使没有税收，一般而言 Φ 将不会等于零。首先，即使家庭集体做出迁移的决定，家庭福利函数并不需要与社会福利函数相一致。其次，即使两者的确相一致，每个家庭将忽略它的决定对于其他家庭成员得 176
到工作可能性的影响。这是标准的搜寻外部性。再次，在许多情况下，迁移决定不是家庭共同做出，而是由个人做出的。他们可能忽略拥挤效应(即由于他们的离开，那些留在农村部门的人的状况可以变好)。而且，在许多社会里，那些离开农村部门的人失去了他们对于农村部门地租的要

求权。另一方面,在那些边际迁移者是无地劳动者的社会,以及那些拥挤效应很小的社会里,搜寻外部性可能很重要。因此,在每一种情况下,税收分析不能忽略像式(13.27)这样的表达式所描述的那些效应。

13.4 不同产品的帕累托有效城市税

在一个不同于上面讨论过的更加拆分化的模型中来研究迁移对于税收分析的含义,理论上这非常直观。因此,我们在本章最后阐述,在存在人口迁移的情况下,人们如何分析多种商品(而不是前面模型所提出的两类总计商品)的城市税结构。同时,我们要展示,人们如何能够很容易地将对城市工资和就业的引致效应纳入到分析中来。我们考虑一种特殊但非常重要的情形,即城市工人的效用水平是固定的。这里的关键问题在于推导一组帕累托有效的城市税必须满足的标准。

下面的分析可以看作是第12章的一个扩展,扩展到城市人口规模是内生的情形。我们再次得到一个拉姆齐式的公式,但它赖以成立的原则完全不同于那些传统分析所应用的原则。一开始,我们抽象掉生产率效应,但是后面我们会将其纳入到分析中来。

城市工资决定 假设城市工资不断调整,使城市工人的效用水平保持不变。也就是说,提高商品 i 的城市价格会导致工资的相应变化为:

$$\frac{dw^u}{dp_i^u}=\frac{x_i^u}{L^u} \tag{13.28}$$

人口迁移 假设人口迁移取决于城市工作数量和两个部门内个人的效用水平,①即

$$N^r=N^r[V^r(p^r, N^r), V^u(p^u, w^u), N^e] \tag{13.29}$$

① 我们仍然假设:一个失业工人的效用水平对于考虑到的扰动并没有显著的敏感性。

这种表示人口迁移的方法并不是特别严格。表示哈利斯—托达罗假说的式(13.5),能够用来表述式(13.29)那样的特殊情形。 177

城市失业 我们认为城市就业水平对于城市工资具有潜在敏感性,也就是:

$$N^e = N^e(w^u), \frac{\partial N^e}{\partial w^u} \leqslant 0 \tag{13.30}$$

追求利润最大化的私人企业(它们会将利润再投资)将与工会进行讨价还价,因为工会要求当存在价格变动时,城市就业工人的效用水平应该保持不变,表达式(13.30)与这种情形是一致的。这个说法也与下面的情况相一致,在这种情况下,公共部门管理者被要求在确定公共部门就业水平时对工资水平敏感。因此,由式(13.28)、式(13.29)和式(13.30)得到,城市工资以及就业水平是内生决定的。

帕累托有效的税 现在,假设商品 i 的城市价格提高 Δp_i^u,商品 j 提高 Δp_j^u,两种扰动的全部效应使城市工资不发生变动。回顾工资决定规则式(13.28),可以得到

$$\Delta p_i^u / \Delta p_j^u = -x_j^u / x_i^u \tag{13.31}$$

下一步,由于工资是不变的,式(13.30)意味着城市就业水平是不变的。这又意味着由式(13.29)可以得到,通过一个满足式(13.31)的扰动,两个部门的人口规模以及两个部门劳动者的效用水平会保持不变。因此,如果对于所有满足式(13.31)的扰动,可供投资的剩余 I 没有被最大化,那么经济毫无疑问变坏了。运用表示可供投资剩余的表达式(13.11),很容易证明这样一个最大化

$$\sum\nolimits_j t_j^u e_{ij}^u \text{ 是相同的,对于所有的 } i \tag{13.32}$$

在式(13.32)中,$t_j^u = (P_j - p_j^u)/p_j^u$ 表示补贴率或税率,并且

$$e_{ij}^{u}=\left.\frac{\partial \ln x_{i}^{u}}{\partial \ln p_{j}^{u}}\right|_{\text{效用}} \tag{13.33}$$

表示补偿性价格弹性[参见下面附录中提供的对式(13.32)和式(13.34)的推导]。

正如第 12 章中所讨论的，$-\sum_{j} t_{j}^{u} e_{ij}^{u}$ 表示商品 i 的补偿性需求(由于税收和补贴导致)的比例变化。因此，按照式(13.32)这种相应变化，对于全部商品而言应该是相同的。该结论代表了帕累托效率的一个条件。很明显，它是建立在全然不同于传统文献所强调的那些考虑事项(第 12 章讨论了这些考虑)的基础上的。

178 **生产率效应** 在推导式(13.32)时我们抽象掉了生产率效应，不过很容易将这些效应纳入分析中。特别地，如果生产率取决于城市工人的效用水平，式(13.32)将继续成立。在生产率效应更一般的情形下，可以将式(13.32)修正为：

$$-\sum_{j} t_{j}^{u} e_{ij}^{u}+\frac{\sigma_{i}-\alpha_{i}^{u} \sigma_{w}}{\alpha_{i}^{u} \gamma^{u}} \text{ 是相同的，对于所有的 } i \tag{13.34}$$

上式的附加项表示生产率效应。

最后，考虑城市就业水平对于城市工资不敏感的特殊情形。很明显，城市价格的变动不会影响不同群体的福利水平和劳动者数量。因此，对城市税收的分析与第 12.2 节中的分析部分相同，在那里我们抽象掉了人口迁移效应，并假设城市工资依据效用水平而固定。在这种情形下，当不存在生产率效应时，向城市工人提供任何一个给定效用水平的最合意办法是，让城市价格等于国际价格。相应地，对城市部门商品的税收或补贴都是不合意的。

13.5 结论

本章的分析显示了税收和定价政策是如何影响人口迁移的，而人口迁移又如何影响那些仍然留在农村部门者的福利水平，以及城市工资和就业率。它还说明了，我们前面对于税收的分析可以如何方便地做出修正，以便把人口迁移和它的后果考虑进来。

我们描述了对于税收分析至关重要的简化形式的弹性（例如，农村剩余对于农村价格的弹性），可以如何方便地加以修正，以便将引致性人口迁移考虑进来。例如，由于人口迁移农村剩余弹性可能会更高。更高的农村价格不仅会增加每个农村劳动者的剩余，而且会增加农村劳动者的总人数。

在许多欠发达国家，高城市失业仍然是一个重要问题。因此，在减少农村向城市的人口迁移方面，税收政策可能需要反映这些工具所发挥的作用。通常，更高的农村和城市价格能够起到减少城市失业的作用。我们已经展示了如何将这些效应加入到税收分析之中。

政府之所以关注失业，既是因为劳动的机会成本（放弃的产出），也是因为失业常常引起政治上的动荡。我们的分析仅仅集中于前一个原因。如果政府有另外的、直接的原因来避免城市失业，它会希望将农村和城市价格定在高于我们分析建议的水平。

最后，我们进行了多种商品时城市税的拆分化分析。我们得到了一 179
些具备帕累托有效特点的城市税或补贴所需要满足的标准，这个结果考虑到了税收对于人口迁移、城市工资和城市就业的引致效应。显然，这类似于多商品拉姆齐税的结论，不过，它建立在完全不同于拉姆齐类型分析所考虑事项的基础之上。

附录

式(13.12)的推导

对式(13.7)求关于 p^r 的导数

$$\frac{\mathrm{d}\psi}{\mathrm{d}p^r}=N^r\frac{\partial W(V^r)}{\partial V^r}\frac{\partial V^r}{\partial p^r}+\frac{\partial N^r}{\partial p^r}\frac{\partial \psi}{\partial N^r} \tag{13.A1}$$

我们记得，$\partial V^r/\partial p^r=\lambda^r Q$ 且 $\beta^r=\lambda^r \partial W(V^r)/\partial V^r$。因此，将式(13.8)和式(13.9)代入式(13.A1)中，得到式(13.12)。

式(13.13)的推导

保持 N^e 不变，对式(13.11)求关于 p^r 的导数

$$\frac{\mathrm{d}I}{\mathrm{d}p^r}=-N^rQ+(P-p^r)\left[N^r\frac{\partial Q}{\partial p^r}+\left(Q+N^r\frac{\partial Q}{\partial A}\frac{\partial A}{\partial N^r}\right)\frac{\partial N^r}{\partial p^r}\right]$$

$$=-N^rQ+\frac{(P-p^r)}{p^r}N^rQ\left\{\frac{\partial \ln Q}{\partial \ln p^r}+\left(1-\frac{\partial \ln Q}{\partial \ln A}\right)\frac{d\ln N^r}{d\ln p^r}\right\} \tag{13.A2}$$

推导式(13.A2)的最后一步时，我们已经将 $\partial A/\partial N^r=-A/N^r$ 代入。现在，把式(13.14)、对 t^r 的定义和各个弹性表达式代入式(13.A2)，得到式(13.13)。

式(13.18)的推导

用 $N-N^r$ 乘以式(13.5)的两边，对得出的表达式求关于 p^r 的导数

$$-(V^r-V^n)\frac{\mathrm{d}N^r}{\mathrm{d}p^r}+(N-N^r)\frac{\partial V^r}{\partial N^r}\frac{dN^r}{dp^r}+(N-N^r)\frac{\partial V^r}{\partial p^r}=0 \tag{13.A3}$$

由 n.4 得到，$\partial V^r/\partial N^r=-\lambda^r p^r X\varepsilon^r_{XA}/N^r$。将其代入式(13.A3)，得到

$$\frac{\mathrm{d}N^r}{\mathrm{d}p^r}=\frac{(N-N^r)\lambda^rQ}{[V^r-V^n+\lambda^r p^r X\varepsilon^r_{XA}(N-N^r)/N^r]} \tag{13.A4}$$

180 由式(13.A4)并定义 $\varepsilon^r_{Np}=\partial\ln N^r/\partial\ln p^r$，得到式(13.18)。

式(13.32)和式(13.34)的推导

考虑到生产率效应，求式(13.11)关于 p_i^u 的导数

$$\frac{\mathrm{d}I}{\mathrm{d}p_i^u}=N^e\left[\frac{\partial Y}{\partial p_i^u}+\frac{\partial Y}{\partial w^u}\frac{dw^u}{\partial p_i^u}-L^u\frac{\mathrm{d}w^u}{\mathrm{d}p_i^u}-(P-p^u)\frac{\partial x^u}{\partial p_i^u}\bigg|_{效用}+x_i^u\right] \tag{13.A5}$$

注意，式(13.A5)右边的 x^u 的导数是一个固定的效用水平，因为价格变化时工人的效用不变。运用斯拉斯基方程的对称性质，

$$\begin{aligned}(P-p^u)\frac{\partial x^u}{\partial p_i^u}\bigg|_{效用}&=\sum_j\frac{(P_j-p_j^u)}{p_j^u}p_j^u\frac{\partial x_j^u}{\partial p_i^u}\bigg|_{效用}=\sum_j t_j^u p_j^u\frac{\partial x_j^u}{\partial p_j^u}\bigg|_{效用}\\&=-x_i^u\sum_j t_j^u e_{ij}^u\end{aligned}$$

回顾一下，$\sigma_i=-\partial\ln Y/\partial\ln p_i^u$，$\sigma_w=\partial\ln Y/\partial\ln w^u$，$\alpha_i^u=p_i^u x_i^u/w^u L^u$，$\gamma^u=w^u L^u/Y$。将这些符号和式(13.28)代入式(13.A5)，我们得到

$$\frac{\mathrm{d}I}{\mathrm{d}p_i^u}=-N^e x_i^u\left[-\sum_j t_j^u e_{ij}^u+\frac{\sigma_i-\alpha_i^u\sigma_w}{\alpha_i^u\gamma^u}\right] \tag{13.A6}$$

现在请回顾，当 p_i^u 和 p_j^u 根据式(13.31)而变动时，个人福利将保持不变。那么，最大化 H 要求：对于所有的 i，$\mathrm{d}I/\mathrm{d}p_i^u$ 都应该与 x_i^u 成比例。因此，由式(13.A6)得到，式(13.A6)右边中括号中的表达式对于所有的商品 i 都应该是相同的。这就得到了式(13.34)。当生产率效应可以忽略不计时，这个表达式的一种特殊情形是式(13.32)(即 $\sigma_i\approx 0$ 且 $\sigma_w\approx 0$)。

第 14 章

181 城市部门税收：基本模型

14.1 导言

和以前许多公共财政文献相比，本书的一个根本区别在于，它们一般用传统新古典模型来分析公共财政问题，而我们的任务是双重的：建立一组适用于欠发达国家的分析模型；利用这些模型作为前提条件，对税收和定价政策进行实证和规范分析。

这样做的原因很简单，首先，欠发达国家之间呈现出许多不同的经济特性，因此，即使某个特定的欠发达国家能用传统新古典模型来分析（我们对此很怀疑），这个模型也很难适用呈现出许多不同经济特性的其他欠发达国家。其次，传统新古典模型和大多数欠发达国家的一些现实并不一致，比如在城市失业方面。另外，传统新古典范式不能解释实际上所见到的欠发达国家的许多经济组织，特别是那些农村部门的经济组织。

我们建模的方法是由简单模型开始，然后使模型包含的要素越来越丰富（常常一次加一个，但并不总是），越来越接近现实。例如，在本书第二篇，我们抽象掉税收对城市和农村工资水平（假定工资以计价商品计算是固定的）、对两部门的就业水平以及对两部门间人口迁移的影响（然而，在第 4 章的最后，我们展示如何将生产率效应考虑进去）。在第三篇，我们主要讨论的是农村税收结构对不同（拆分的）商品、对农村部门内部（包括可选择的农村组织形式）个体差异性的作用以及不平等的影响，建立并纳入了一个农村工资决定模型。第四篇考察了当今欠发达国家城市部门的一些重要特性，如城市失业、从农村向城市的劳动力转移和城市工资对价格的敏感性等。我们以前的分析都假定工资不变、就业不变和城市人口不变,而在第 10、12、13 章,我们放弃了这些假定。第 12 章进一步说明了如何将分析推广到研究多产品的税收和补贴结构。182

我们为什么遵循依次建立越来越复杂模型的方法,即一开始给出非常一般的模型,然后才提供许多针对特殊情形的模型,而不是相反,其原因有三:首先,我们的方法更符合直觉,因为在最简单可行的模型中,才能最好地理解一些基本的经济考虑(如个体反应的作用、需求和供给反应的作用,关于不同个体收入的社会评估度的作用,以及政府能否对不同的部门征收不同税收所导致的后果等)。其次,在保持基本模型相对简单的情况下,模型的每一次扩展将只集中讨论一个特定方面(如城市工资的决定、农村和城市就业的确定和部门间的劳动力的转移)。这样,我们就可能区别不同特定方面对税收政策的实证和规范分析的影响(以及评价其重要性)。因此,一旦将不同的现象放在一起研究时,我们就能容易地识别出哪些是单方面作用的结果,哪些是它们之间相互作用的结果。最后,本书的任务之一是处理欠发达国家之间各色各样的经济特性。这个任务是通过突出不同子模型的不同方面来实现的。例如,第 6 章和第 7 章的简单模型体现了苏联工业化讨论的关键特征,而第 8 章则旨在分析当今许多非社会主义欠发达国家面临的充满争论的问题,如税收政策对农村收入分配的影响。

本章我们讨论和构造当今欠发达国家城市部门模型有关的一些重要方面,它们是税收分析的关键。这些方面通常并未受到发展经济学的足够重视。我们考虑的是这样的一个经济,其中工资和雇佣的决策由私营企业做出,劳动力可以由一个部门转移到另一个部门。我们的目的并非推出有关税收的什么结论,而在于简要地强调在对欠发达国家城市部门进行税收分析时需要考虑的一些问题。

下一节我们给出模型,第 14.3 节描述市场均衡产生的种种无效率现象，以及税收在部分消除这些无效率方面所起的作用。本章结尾部分简要讨论城市劳动力需求和供给之间的关系，这种关系有别于传统的新古典模型的那种关系。

14.2 城市部门的一般模型

可根据下面三个等式确定城市部门的均衡：

183 $$w^u = \hat{w}^u(N^u, N^e, p^r, p^u) \quad \text{工资决定等式} \qquad (14.1)$$

$$w^u = \hat{N}^u(w^u, N^e, p^r, p^u) \quad \text{人口迁移等式} \qquad (14.2)$$

$$w^u = \hat{N}^e(w^u, N^u, p^r, p^u) \quad \text{就业等式} \qquad (14.3)$$

和前面一样，w^u 表示城市工资，N^e 表示城市就业人口，N^u 表示城市人口。这样，$N^n = N^u - N^e$ 就是城市失业人口，$n = N^n / N^u$ 就是城市失业率。对于给定的任何一组价格 p^r 和 p^u，这些等式是成立的，并且可求得均衡解。这样，当征税政策引起价格变化时，根据这些等式就可以确定相应的城市工资、就业以及失业水平的变化。把税收的这些效应考虑进来，也是我们前面各章的任务之一。

这些等式的下述特性值得我们注意：第一，在式(14.1)至(14.3)的右边，我们并没有把农村工资水平 w^r 作为函数的一项引入进来。农村部门的基本模型很简单，即农村部门由拥有土地的同质农场主所组成。如果我们使用其他农村模型(如在第 6、8、9 章分析的那些)，将需要在等式(14.1)至(14.3)中考虑农村的工资和就业。而且在这样的模型中，农村工资水平不能被当作外生变量来对待，我们需要详细说明农村工资的决定机制。一般来说，我们认为农村工资取决于农村劳动力的数量(这个数量是 $N^r = N - N^e - N^n$，其中 N 表示经济中总的劳动力数量)和农村价格水平 p^r。因此，需要在式(14.1)至(14.3)中考虑农村工资对 N^r 和 p^r 的依赖性。另外,农村工资(对于人口迁移来说更恰当的说法,留在农村的边际迁移者所取得的实际收入)也取决于农村土地的分配状况以及农村部门的其他一些特性,如各种不同的组织形式(例如扩展型家庭,分成制,等等)。这些方面作为给定的形式考虑。

第二,式(14.1)至(14.3)采用的是简化的形式。例如,工资式(14.1)(在第10章中已经被部分讨论过)表明均衡的城市工资水平是城市部门劳动力的数量和城市部门就业数量的函数。此外,工资水平也表达为城市失业率 n 的函数,而失业率 n 实际上也是 N^e 和 N^u 的函数。同样,城市劳动人口 N^u 可表达为城市和农村部门效用水平以及在城市找到工作的概率的函数,而这些最终还是由变量 w^u, N^e 和 N^u 来决定①。类似地,城市就业可根据城市工资水平和生产率来确定,而它们也同样与工资和失业率有关,进而也由 w^u, N^e 和 N^u 来确定了。

第三,式(14.1)至(14.3)和关于经济主体行为的其他许多假定是一致 184
的。例如,工资式(14.1)和就业式(14.3)就分别反映企业考虑工资—生产率效应而定价的情形(就如在第11章中分析的)。或者工资(以及相应的城市就业数量)可以通过企业和工会的谈判来确定。同样,人口迁移式(14.2)可以具体表述为哈里斯—托达罗模型,其中边际转移者通过比较在两个部门的期望效用来决定是否迁移。

第四,一般来说,式(14.1)至(14.3)是对经济进行更为复杂描述的模型的一个子系统。例如,非外贸商品的市场出清等式将涉及这样的变量:w^u、N^e 和 N^u。而非外贸商品的价格将作为自变量在等式中出现。在前面的一些章节中,如在第6章,已经讨论过这些相互关系。在此,我们将其抽象掉。

最后,式(14.1)至(14.3)很容易被推广分析不同类型的城市工人群

---

① 第13章更全面地讨论了人口迁移方程。

体，如熟练和非熟练工人，每种类型都有自己不同的失业水平。另外，在某个部门中属于同一类别的工人，在另一部门可能就属于不同类别，如教育水平的微小差别对工人的收入水平影响在城市部门中远比在农村要大。在这种情况下，不同类型的边际劳动力转移者的行为就可以用相应的劳动力转移等式来描述。

通过解简化形式的工资、人口迁移和就业等式(14.1)至(14.3)，可得到作为城市和农村价格函数有关工资、就业和人口迁移的表达式

$$w^u = w^u(p^r,\ p^u) \tag{14.4}$$

$$N^u = N^u(p^r,\ p^u) \tag{14.5}$$

$$N^e = N^e(p^r,\ p^u) \tag{14.6}$$

税收分析

如前面各章所示，对一个由同质拥有土地的农民所组成的农村部门，可以将单个农民的福利写成农村部门价格和农村劳动力数量的函数

$$V^r = V^r(p^r,\ N^r) \tag{14.7}$$

同样，具有代表性的城市就业工人的福利是城市工资和价格的函数

$$V^u = V^u(p^u,\ w^u) \tag{14.8}$$

根据式(14.7)和式(14.8)，可以计算税收变化对农村雇工和城市就业
185 工人消费的影响。这些计算对确定税收变化对可供投资剩余的影响很重要。因为政府的税收收入或它支付的补贴，取决于经济中个体的消费情况。

如第 10 章讨论的，对失业的城市个体效用水平的描述并不容易，因为它主要取决于个体由农村和城市部门就业人员变为城市失业人员的性质。然而，如最初的分析中，我们假定这一效用水平不受考虑到的税收政策变化的影响，即

$$\frac{\partial V^n}{\partial p^i} \approx 0, \text{对于 } i = r \text{ 和 } i = u。 \tag{14.9}$$

相应地，我们假定城市失业人员所支付的税收或得到的补贴，也不受考虑到的税收变化的影响。

可供投资的剩余是农村价格、城市价格、农村劳动力的数量、城市就业水平和城市工资的函数

$$I = I(p^u, p^r; w^u, N^r, N^e) \tag{14.10}$$

式(14.4)至(14.10)构成了我们实证分析的基础，即可以根据 p^u 和 p^r 的变化定性地考察 I、V^r 和 V^u 的变化性质。这些等式也建立了识别符合帕累托改进的税收改革方案的一个基础，即税收改革在不降低 V^r、V^u 和 I 的同时，能至少提高其中一个变量的值。另外，作为对这种税收改革分析的一个补充，我们可得到具有帕累托效率的税收方案的性质，即如果不存在可行的帕累托改进的税收改革方案时，一组税收方案必须满足的性质。

最后，社会福利函数提供了一种加总不同群体个人福利的方法。我们可用汉密尔顿公式来表示这种加总的福利加上可投资剩余的社会价值

$$H = H(p^u, p^r; w^u, N^r, N^e) \tag{14.11}$$

将式(14.4)至(14.6)代入式(14.11)，将社会福利表达成城市价格农村价格的函数。考虑到价格变化对城市工资、就业和劳动力转移的影响，通过对价格进行微分，可得到最优税收方案满足的条件。它们是两个方程的解

$$\frac{\mathrm{d}H}{\mathrm{d}p^i} = \frac{\partial H}{\partial p^i} + \frac{\partial H}{\partial N^e}\frac{\partial N^e}{\partial p^i} + \frac{\partial H}{\partial w^u}\frac{\partial w^u}{\partial p^i} + \frac{\partial H}{\partial N^u}\frac{\partial N^u}{\partial p^i} = 0$$

$$i = r \text{ 和 } i = u \tag{14.12}$$

很显然，因为式(14.4)至(14.11)是一般形式，仅此我们无法定性地对 186
税收进行实证的和规范分析。因此，具体说明城市和农村部门的特定的突

出特征，以及涉及人口迁移和城市工资与就业决定的特定假说，就变得有用了。在前面各章，我们已经使用了许多具体限定，并得到了许多见解。

14.3　市场均衡的无效率

正如我们在前面各章所强调的，在典型的欠发达国家中，有许多原因使市场均衡存在无效率现象。最简单可能也是最常见的情形是，其中尽管经济大部分是竞争性的，但企业通过和工会的谈判来确定城市工资水平。在这种情况下，企业在确定工资水平时，并没有考虑对经济其他部分的外部性，特别是对失业工人影响。

同样，由于工资—生产率等方面的原因，如果企业将城市工资水平确定在比市场出清时更高的水平上时，外部性也会出现。例如，在作雇佣决策时，私营企业可能并不会考虑所引起的劳动力转移的变化，以及相应的城市失业的变化。另一方面，它们也可能不会考虑失业的增加对工人生产率的影响。

此外，在企业的雇佣和工资决策时出现的非效率，不仅仅是因为工资不能正确地反映劳动力的机会成本，而且是因为企业没有考虑它们的雇佣和工资决策对其他企业所产生的广泛而特定的外部性。例如，在支付更高的工资时，企业经常为自己考虑能够从其他企业招聘到更多能干的工人。然而，这些好处可能并不会带来社会福利的增加。有效的劳动力分配应该将劳动力分配到他们具有比较优势的工作岗位上去，私营企业的工资设定政策可能并不能保证这一点。例如，那些在农业部门具有比较优势的工人并不一定会被保留在农业部门。同样，支付更高的工资对其他企业员工的离职率和努力程度都可能会带来负面的影响。如果改善工人面临的机会，他被另一个企业解雇的成本可能会下降。这可能最终导致企业支付太高的工资。

最后，要注意这些并不是市场经济中无效率的唯一来源。如本书第二篇讨论的，许多组织形式的存在也会导致无效率（这些组织如扩展型家

庭、分成制和已经迁移到城市部门的人对其家庭在农村部门的部分收入
拥有产权）。当然，在这些情况下市场均衡非效率的事实，并不意味这些 187
组织形式和制度安排不具有某种意义上的理性。

在这种条件下，税收和补贴的功能之一就是部分地消除这些无效率。我们以前的分析曾试图区分在不同条件下税收的这种功能，例如，第 8 章说明分成制条件下导致缺乏激励时，需要对税收分析作进一步的考虑。类似地，在第 10、12、13 章，在生产率效应不能被企业完全内化时，税收分析就需要考虑这些效应。

如果政府拥有能消除这些无效率的政策工具，这些无效率在进行税收分析时并不是问题。然而，对欠发达国家来说，这可能并不是一个恰当的假定，例子之一就是企业的工资和雇佣决策所导致的无效率情形。此时，企业有两种决策，分别涉及支付的工资和所雇佣员工的数量。如果政府能够实施两种工资税（总额税以及特定的工资税或补贴），它就可以改变对企业的决策来说重要的工资水平，这样政府就有可能消除可能出现的非效率。然而，由于在第 10.5 节中所述的原因，在欠发达国家，这样的工资税并不存在。

此外，我们的分析假定所有的劳动力都是同质的，或者说如果存在差异，企业除了根据他们所愿意接受的工资水平外，无法判断谁更能干，谁更不能干。事实上，有各种各样不同的工人，纠正式工资税对每类工人要求征两种工资税。如果政府不能对不同类型的工人区别对待，工资税和补贴就会扭曲企业所雇佣工人的组合。例如，特定的工资补贴可能会鼓励企业雇佣更多低质量的工人，即用数量来代替质量。因此，异质性进一步降低了政府充分实施纠正这些低效率的税收和补贴的能力。

14.4 城市劳动力需求和供给的相互依赖性

最后，描述城市部门模型特别不同与传统新古典模型的一个方面。

尽管这个方面在第13章对税收进行的分析中已经涉及过，在此专门进行讨论，是因为在第13章中对它的讨论可能并不彻底。

在传统的新古典模型中，企业把工资看成是给定的，并据以决定雇佣
188 水平。另一方面，在当前我们的讨论中，企业不仅选择雇佣水平，也选择工资水平。此外，根据式(14.3)很容易看出，即使城市工资固定不变，城市的就业也可能会依赖城市部门人口的数量(即城市部门劳动力的供给)。另一方面根据式(14.2)，城市的人口数量又可能依赖城市的就业水平。很明显，式(14.2)看作是"城市劳动力的供给函数"，而式(14.3)看作是"城市劳动力的需求函数"。

为了说明从劳动力需求和供给之间这种关系得到的含义，考虑城市工资 w^u、城市价格 p^u 和农村价格 p^r 固定不变的情形。然而，需要注意的是，在此所要强调的问题是具有普遍意义的，即使在城市工资是内生的，或者价格作为税收政策的一部分而发生变化时，情况也一样。图 14.1 表明了城市劳动力的需求 N^e 不依赖于城市人口 N^u 的情形。例如，如果城市工资是根据营养方面的考虑而确定，如果不存在就业人口对失业人口的转移支付(因为这样的话，生产率就不再取决于就业水平)，这种情形可能会出现。相应地，劳动力需求曲线就不取决于劳动力的供给，因此，它是一条水平直线(如图 14.1 中的实线所示)。另一方面，根据人口迁移等式(14.3)，劳动力供给是劳动力需求的增函数(如图中实曲线所示)。均衡点就是两条曲线的交点。45°线和劳动力需求和供给曲线交点间的水平方向的差距表示失业水平。

在下列情形下，结果也一样。设想城市劳动力供给的增加导致生产率的提高(例如，由于失业率上升和对失业损失认识的提高会降低离职率和偷懒的行为)和有效单位劳动成本的下降，会导致对有效单位劳动需求的提高，这是否导致对所需工人数量的增加，取决于有效单位劳动需求对有效单位劳动成本的弹性。如果是单位弹性的，每个有效单位劳动成本

下降 1%，会使对有效单位劳动需求增加 1%。因此，所需劳动力的数量保持不变。

在图 14.2 中，对有效单位劳动需求的成本弹性小于 1，这样，由于失业增加所引起的更高的生产率，事实上会导致更低的就业水平。例如，如果资本和有效单位劳动间不存在替代关系时（L 形的等产量线），此时如果资本水平不变，生产率的提高只会简单导致就业的等比例下降。

189

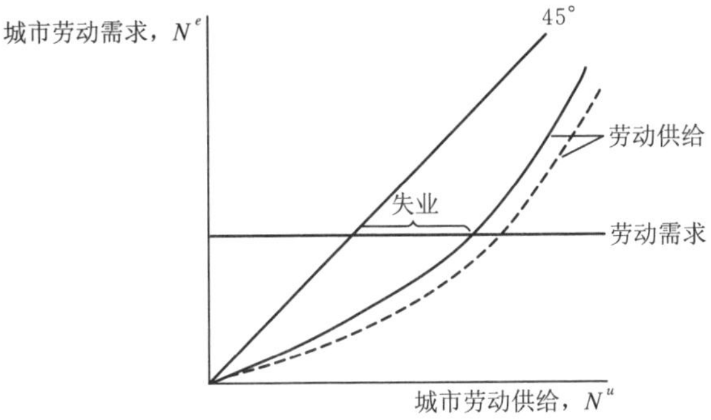

需求并不取决于城市人口的情形

图 14.1　城市劳动供求

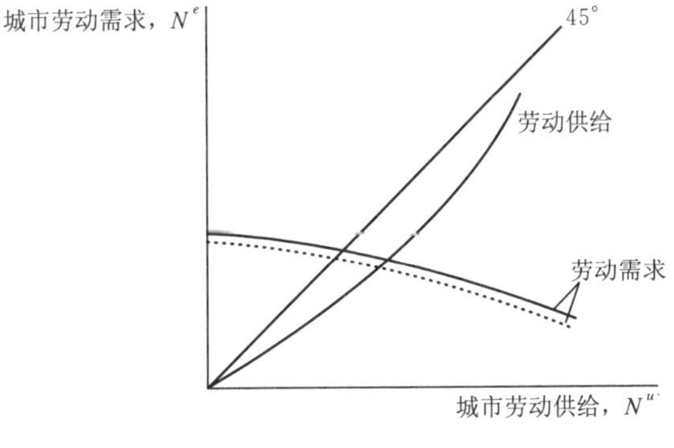

对有效单位劳动需求的成本弹性小于 1 的情形

图 14.2　城市劳动供求

图 14.3 中，相应的需求的弹性是大于 1 的，由于失业增加所带来的生

190 产率的提高会导致对有效单位劳动更高比例的提高，这样随着失业的增加，对劳动力的需求实际上是上升的(在第 11 章所描述的劳动力离职模型就具有这个性质)。因此，随着劳动力供给的增加，需求可能会上升。如图 14.3 所示，此时可能存在多个均衡水平。可能存在低水平均衡，此时城市就业水平较低；也可能存在高水平均衡，此时就业水平较高。

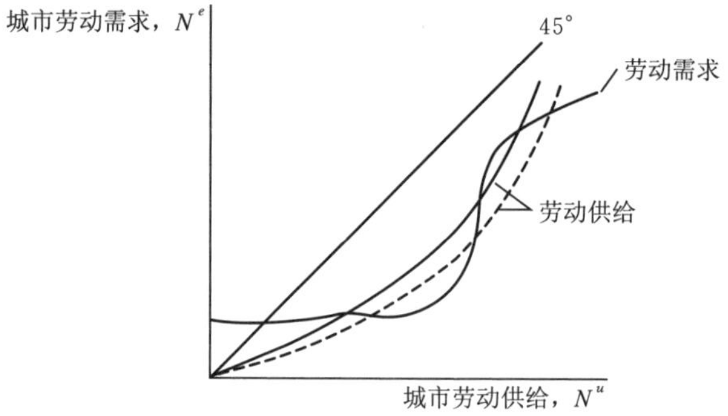

对有效单位劳动需求的成本弹性大于 1 的情形

图 14.3　城市劳动供求

前面的讨论假定城市工资是固定不变的，但很容易将我们的分析推广到更一般的情形。只要简单地将式(14.1)代入式(14.2)和式(14.3)，就可以得到两个简化形式的等式

$$N^u = \tilde{N}^u(N^e;\ p^r,\ p^u) \tag{14.13}$$

$$N^e = \tilde{N}^e(N^u;\ p^r,\ p^u) \tag{14.14}$$

它们分别是对城市劳动力虚拟供给和虚拟需求(pseudo-supply and pseudo-demand)等式。这些等式包括了内生决定工资的效应。现在，劳动力供给的增加可能会(通过提高失业率)导致更低的工资，如果劳动需求的工资弹性高，对劳动力的需求可能会比在工资固定不变的情况下更高。

因此，在当前的模型中，城市部门劳动力的供给是需求的函数；而对劳动力的需求又是失业率，进而也就是劳动力供给的函数。因此，需求和供给之间的关系，并不像传统的新古典模型中那样是独立的。 191

价格变动效应

回顾在第14.2节中描述的农村部门的简单模型。农村价格的下降将导致从农村到城市的人口迁移的增加，这将使劳动力供给曲线向下移动；即对给定城市劳动力需求水平会有更大量的劳动力供给（如图14.1和图14.3中的虚线所示）。在图14.1中，失业增加而就业维持不变。在图14.3中，增加的劳动力转移还有其他影响，它导致更高的失业率，由此导致更高的生产率，进而导致更高的就业。因此，对应于最初状态的每个稳定的均衡，将存在一个有着不同就业水平的新的均衡。

城市价格的变化也可能对需求和供给曲线产生影响。这种影响部分取决于工资是如何调整的。在城市工资调整以保持就业工人的效用水平不变的重要情形下，供给曲线不动，只有需求曲线向上或向下移动。如果城市工资变化引起需求曲线向下移动（如图14.2中虚线所示），那么，将会有更低的城市失业和就业水平。

14.5 结论

本章的目的在于讨论对于构建当今许多欠发达国家城市部门的模型来说非常关键的几个问题。在这些国家，大部分涉及雇佣和工资的决策是由私营企业作出的，并且在城市部门存在失业。我们讨论了为什么传统的新古典模型并不能充分描述这些国家的城市部门，也已指出为什么一般情况下市场均衡可能会出现无效率的种种原因。尽管在理论上这些无效率能被完全消除，但所需的政策工具（例如，总额税以及对于不同类型工人的特定税收和补贴)在大多数欠发达国家并没有可行性。然而,就如我们在前面各章中做的那样,在对税收和定价进行分析的时候,把这些无效率以及其他的相关效应考虑进来还是很容易的。最后,本章揭示了城市劳动力需求和供给的一些新型关系,这些关系是由企业不仅选择所雇佣工人的数量(就如它们在新古典模型中所做的那样),而且也选择工资水平引发的。

第 15 章

劳动力的社会成本 192

15.1 导言

在过去的二十年里，关于发展中经济体对项目和支出评价进行社会成本—收益分析的作用和局限方面，以及这种分析中影子价格确定的一般程序方面，人们形成了越来越多的共识。当一项新的工程被视为经济中的一个干扰因素时，那么，其后果（以及影子价格）主要取决于经济的重要特征。例如，当经济体开放对外贸易并征收关税时，那么，国内商品需求和供给的引致变化会影响来自关税的公共收入。另一方面，当经济体为封闭时，会出现国内价格在一般均衡上的变化，这又会影响经济体中不同个体的福利。因此，为了分析影子价格，识别经济的相关结构非常重要。

我们感兴趣的是社会成本—收益分析，这意味着市场价格并不总是反映社会成本；换言之，经济中存在一些重大扭曲，需要把这些扭曲明确无误地识别出来。进一步，理性的个体合意社会权重各不相同，在加总一项工程的全部福利后果时需要用到这些社会权重（即与不同个体和政府的收益与损失有关的合意社会权重）。因此，社会权重在决定影子价格中的作用，就必须和详细说明经济体的结构性特征的作用明确区分开。

成本—收益分析所需的合适影子价格的决定问题，与特定税收政策全部社会后果的确定问题有密切关系。在后一种情形中（这是本书的焦点），我们考虑了对不同基准水平的价格和税收的扰动，在成本—收益分析中，我们关心的是开展一项公共工程所产生的扰动。本章要展示如何对前面各章形成的一般方法进行修正来计算影子工资，即评估政府多雇佣一个工人所产生的全部后果。①

193 我们前面讨论中所强调的经济体的各种特征对于影子工资的决定至关重要。本章的目的是要说明我们的方法的有用性，而不是处理最复杂的模型。因此，我们聚焦于面对国际固定价格的开放经济情形，其中政府不能（或不会）在两个部门之间设置不同的价格，并且关税是固定的。②

15.2 模型

可供投资的剩余 I 由下面表达式给定③

$$I = N^e(-w^u L^u) + (p - P)(N^e x^u - N^r Q) \tag{15.1}$$

并且社会总福利由汉密尔顿等式给定

$$H = N^r W(V^r) + N^e W(V^u) + N^n W(V^n) + \delta I \tag{15.2}$$

与前面各章一样，符号 N^r、N^e 和 N^n 分别代表农村人口、城市就业和城

① 在此有必要界定一下我们所使用的“影子工资”这一术语。影子工资是一个大概的统计，它加总了由于创造工业就业而产生的经济中的所有变化，并乘以这些变化的社会边际价值。

影子工资排除了由新雇佣工人贡献的直接产出价值。正如我们后面所看到的，该统计比另一个大概的统计更具有一般性，另一个统计指的是劳动力的机会成本，常常在一些文献中用来计算由于创造就业而导致的总产出（排除了由新雇佣工人所贡献的直接产出的价值）的净变化。

② 这里暗含的假设是，当国内价格不变时，经济中的扰动后均衡（post-perturbation equilibrium）是通过贸易数量的变化而获得的。不过，请注意，这只是诸多可能的均衡形成机制中的一种，并且影子工资的计算对于什么是相关的均衡形成机制是非常敏感的。对另一个均衡形成机制的分析，参见 Sah 和 Stiglitz(1985)。另外值得强调的是，“均衡”一词并不必然意味着传统的瓦尔拉斯均衡；它也可以定义为由 Solow 和 Stiglitz(1968)、Benassy(1975)和 Malinvaud(1977)等人所研究过的那一类暂时均衡。

③ 请回顾一下，我们所用的符号 N^e 是受雇佣的城市工人人数，x^u 是一个城市雇佣工人的食品消费量，很明显，式(15.1)抽象掉了对城市失业者的食品消费所征收的净税负收入。实际上，在后面的分析中，我们假设城市失业工人的效用 V^n 并不因为我们所考虑的干扰而发生变化。

市失业，V^r、V^u 和 V^n 分别代表农民、城市就业工人和城市失业工人的效用水平，w^u 表示城市工资率，L^u 是城市就业工人固定的工作小时数，Y 是城市每个就业工人的产出，x^u 是城市每个就业工人的食品消费，Q 是每个农民的食品剩余，p 是国内食品价格且 P 是国际价格。如果以 N 代表经济中的全部人口，那么

$$N = N^r + N^e + N^n \tag{15.3}$$

和前面各章一样，经济中的均衡通过一系列简化形式的等式代表。工资决定式是

$$w^u = w^u(p,\ N^e) \tag{15.4}$$ 194

城市工资取决于价格和城市就业（参见第 10 章和第 11 章对这个等式更详细的讨论）。人口迁移均衡条件是

$$N^r = N^r(p,\ N^e) \tag{15.5}$$

人口迁移取决于价格和城市就业（参见第 13 章和第 14 章对这个等式更详细的讨论）。①最后，我们给出人均工业产出的表示

$$Y = Y(k,\ L^u;\ p,\ N^e) \tag{15.6}$$

其中，函数 Y 的前两项参数继续代表传统的资本和劳动力投入，而后两项参数反映所有的间接生产率效应。②

---

① 根据前面各章的讨论，上述表达式是简化形式表示法，但其中所体现的意义是清楚的。比如，城市工资也取决于城市失业数量，但由于后者又取决于（p，N^e），因此，运用式(15.3)和式(15.5)，用式(15.4)表示城市工资。

② 工业生产率对经济中其他变量的依赖性隐含在式(15.6)之中。例如，生产率取决于城市工资，但是城市工资又取决于 p 和 N^e。还要注意的是，式(15.6)是企业生产函数的一个集合，其中每一个都能被表示为（在一个对称性均衡中）$Y^i = Y^i(k^i,\ p,\ N^{ei})$，其中，上标 i 表示某个企业，k^i 是企业中人均的资本量。在更一般化的模型中，Y^i 也可以是一个关于全部工业工资的分配的函数。

如果以 s 表示影子工资率，则：①

$$sL^u = -\frac{1}{\delta}\frac{\mathrm{d}H}{\mathrm{d}N^e} + \frac{\partial(N^e Y)}{\partial N^e} \tag{15.7}$$

上式右边的第一项是创造就业的净社会收益。第二项表示对新雇佣工人的直接分配。该分配被排除在对影子价格的计算之外，因为考虑了它的成本，则创造就业的成果就不应该被计算。②全章中工业品被当作等价物对待。

影子工资

应用式(15.1)、式(15.2)和式(15.7)，可以得到一个影子价格的明确表达式

195

$$sL^u = w^u L^u + (P-p)Z - \frac{1}{\delta}(W^u - W^n) + \frac{\Phi\Omega}{\delta} + \left(1 - \frac{\beta^u}{\delta}\right) w^u L^u \varepsilon_{wN}^u - Y\sigma_N \tag{15.8}$$

对其中所使用的符号解释如下

$$W^i = W^i(V^i)$$

定义为对应于一个个体的效用水平为 V^i 的社会福利。

$$\beta^i = \lambda^i \partial W^i / \partial V^i$$

定义为对不同个体收入的社会评估度。

① 该表述假设，政府直接控制 N^e。当政府仅仅控制一部分 N^e 时，那么，通过工资效应，城市中增加的政府就业会部分地替代城市中的私人就业。同样，我们分析的重点是评估规模足够小的工程项目，因此，δ 可以设为固定的。

② 不过，我们只排除了直接贡献。因此，如果创造工业就业机会对工业产出具有间接的影响(比如，由于工人生产率的变化)，那么这些间接效应不能被排除。

$$\varepsilon_{wN}^{u} = \partial \ln w^{u} / \partial \ln N^{e}$$

根据式(15.4)是城市工资对城市就业的弹性，

$$\varepsilon_{xm}^{u} = \partial \ln x^{u} / \partial \ln w^{u}$$

是城市就业工人的消费对农产品的收入弹性。

$$\sigma_{N} = \partial \ln Y / \partial \ln N^{e}$$

根据式(15.6)是每个城市工人的产出对城市就业的弹性，

$$\Omega = -dN^{r} / dN^{e} \tag{15.9}$$

是如果一个工业性工作被创造的话，迁移出农业部门的农民数量。

$$\Phi = W^{r} - W^{n} - \beta^{r} p X \varepsilon_{XA}^{r} \tag{15.10}$$

表示当一个农民离开农村部门加入到城市失业大军中的净福利损失[我们在第 13 章的表达式(13.8)和表达式(13.9)对这一损失进行了计算]，

$$\varepsilon_{XA}^{r} = \partial \ln X / \partial \ln A > 0$$

是每个农民的农业产出对每个农民土地面积的弹性。请注意，$W^{r} - W^{n}$ 是由于上述人口流动导致的直接福利损失；反之，$\beta^{r} p X \varepsilon_{XA}^{r}$ 代表了那些继续留在农村部门的农民由于农业土地的拥挤程度降低而获得的收益。

$$Z = Q(1 - \varepsilon_{QA}^{r})\Omega + x^{u}(1 + \varepsilon_{xm}^{u}\varepsilon_{wN}^{u}) \tag{15.11}$$

是由于一个工业性工作被创造而导致的农产品供给的净减少。

$$\varepsilon_{QA}^{r} = \partial \ln Q / \partial \ln A$$ 196

是每个农民的农业剩余对每个农民土地面积的弹性。ε_{XA}^{r} 和 ε_{QA}^{r} 取决于农业土地的稀缺性。如果农业土地不稀缺，那么 $\varepsilon_{XA}^{r} = \varepsilon_{QA}^{r} = 0$。为了理解式(15.11)，请注意 $Q(1 - \varepsilon_{QA}^{r})$ 是减少一个农民所导致的剩余供给的减少。回顾式(15.9)，那么，可以得到式(15.11)右边的第一项，当一个工业性工作被创造时农业剩余的减少量，第二项则代表城市对农产品的需求的增加。这是因为 x^u 是需求的直接增加，而 $x^u\varepsilon^u_{xm}\varepsilon^u_{wN}$ 是由于城市工资变化导致的间接增加。

为了简化对结论的解说，假设 $1 > \varepsilon^r_{QA}$（即如果每个农民的土地面积的增加提高了每个农民的农业剩余，那么，这个增加的量不会太大），并且 $\varepsilon^u_{wN} \geqslant 0$（即增加城市就业并不降低城市工资）。根据这些假设且正常地假设式(15.9)中的 Ω 为非负，由式(15.11)可得到 $Z > 0$，也就是说，工业性就业的创造减少了国内的净农业剩余。因此，如果该国当前正在出口食品，则出口会减少。

对影子工资的解释

在表示影子工资的式(15.8)中，每一项都代表了工业性就业创造所产生的一个不同的社会效应。第一项是给新雇佣工业工人支付工资的直接成本。很自然，一个更大的市场工资意味着一个更大的影子价格。回顾式(15.11)可知，Z 是由于工业性工作创造所导致的国内农产品供给的减少，第二项的意思是明显的。因此，该项是对应的政府收入的变化。进一步，由于 Z 为正可以得到：政府收入的这一变化是降低了还是提高了影子价格，这将取决于当前国内农产品价格是高于还是低于国际价格。

第三项是雇佣一个失业工人的福利收益。式(15.8)中，再下一项代表了就业创造对劳动力流动的效应。正如在式(15.10)中的解释，Ω 是从农业部门加入到失业大军的迁移者，Φ 则是每增加一个这样的农民所导致的净福利损失，由此导致的全部福利损失是 $\Phi\Omega/\delta$。

通过 ε^u_{wN} 可以得到就业创造对工业工资的影响。比如，如果工业工资随着工业就业的增加而提高，那么，新的工程将提高对额外新增工业工人的工资支付。这相应地会改善他们的状况，但是其代价是减少公共收入。
197 这两项效应的净值由式(15.8)中的第五项来表示。[工业工资的引致效应也会影响农产品的净短缺量，正如在式(15.11)所看到的，我们已经考虑到的一个效应。]最后，间接效应所导致的工业生产率的得失表示在式(15.8)右边的最后一项上。

上面所界定的大多数效应都被讨论影子价格的文献所忽略。例如，通过假设不存在价格扭曲，即 $p=P$，工业就业创造对公共收入的一般均衡效应往往被忽视掉了。这个假设不但是不对的，而且事实上，许多发展中经济体的价格扭曲常常非常之大（比如，参见 Peterson，1979；Bale and Lutz，1979）。进一步说，即便政府在他们的社会最优水平上设置价格，像我们在前面各章中所讨论的那样，最优价格通常也难免背离国际价格。

一个简单的例子可能有助于我们理解价格扭曲的实际后果。假设国内食品价格是国际价格的两倍，并且工人大约将其一半的收入用于食品消费。假设投资极端稀缺（即 δ 非常大），城市工资和生产率对城市就业的规模都不敏感（即 $\varepsilon_{wN}^{u}=\sigma_N=0$），农业土地不稀缺（即 $\varepsilon_{XA}^{r}=\varepsilon_{QA}^{r}=0$），$\Omega=1$（这样失业人数保持不变），并且两个部门中劳动者的收入大致相等。那么，由式(15.8)我们发现，影子工资等于市场工资的一半。①基于相同的假设，当国内食品价格等于国际价格的一半时，影子工资是市场工资的两倍。相反，当人们忽略我们所考虑的一般均衡效应时，影子工资将等于市场工资。因此，貌似相当合理的参数表明，如果没有正确地考虑到一般均衡效应，影子工资的大小将出现重大错误。

15.3　特殊情形

上述分析的一个关键优点是，以前大多数有关影子工资的文献可以

① 这是因为在这种情形中，由式(15.8)和式(15.11)可得出 $sL^u=w^uL^u+(P-p)\times(Q+x^u)$。我们假设 $pX=w^uL^u$ 且 $px^u=px^r=w^uL^u/2$，由此，$pQ=w^uL^u/2$ 且 $sL^u=w^uL^uP/p$。因此，如果 $p=2P$，则 $sL^u=w^uL^u/2$。

被看作是我们一般模型的特殊情形。在本章后面部分里，我们假设工业性就业创造对城市工资和工业生产率的影响可以忽略不计（也就是 ε^u_{wN} 和 σ_N 趋近于零）。我们的分析分为两个部分：第一部分假设来自农村部
198 门的人口迁移恰好等于创造的工作数量①；第二部分则假设人口迁移不等于就业创造。

人口迁移等于就业创造

如果由农村向城市部门迁移的劳动力数量等于创造的工业工作数量，那么，由式(15.9)，得到 $\Omega=1$。将这个值代入，并且运用 ε^u_{wN} 和 σ_N 趋近于零的假设，由式(15.8)和式(15.10)我们得到

$$sL^u = w^u L^u + (P-p)Z - \frac{1}{\delta}(W^u - W^r) - \frac{\beta^r}{\delta} pX\varepsilon^r_{XA} \qquad (15.12)$$

现在我们考虑一下式(15.12)的一些特殊情形。

(a) 资本高度稀缺　这种情形下，δ 非常大，并且

$$sL^u = w^u L^u + (P-p)Z \qquad (15.13)$$

如果资本高度稀缺，那么，当国内农产品价格低于（高于）其国际价格时，影子工资将高于（低于）市场工资。明显地，当不存在价格扭曲时，影子工资会等于市场工资。

(b) 没有价格扭曲　式(15.12)的一个直接含义是：在不存在价格扭曲的情况下，只要工业工人的状况比农民要好，那么，影子工资将低于市场工资。下面考虑的其他特殊情形也应用了没有价格扭曲这一假设。

(c) 功利主义　功利主义意味着 $W^i = V^i$ 且 $\beta^i = \lambda^i$。我们把一个农民

---

① 在此隐含的假设是：(a)城市失业可忽略不计；(b)政府可以控制人口迁移。更早的有关影子工资的文献非常广泛地应用了这些假设。不过，对于大多数欠发达国家而言，相比于人口迁移是内生性决定的观点（在下面要检验的第二组特殊情形中所采用的观点），它们远远不够合理。

的边际产品价值用 g 表示，一个农民的边际产品价值等于一个农民的劳动小时数乘以一个劳动小时的边际产品价值，因此，$g = pL^r \partial X/\partial L^r$，其中，$L^r$ 是一个农民的劳动时间。农业生产的规模报酬不变，意味着 $pX = g + pA\partial X/\partial A$。由此，$pX\varepsilon^r_{XA} = pX - g$ 是一个农民创造的平均价值与边际产品价值之差。那么，式(15.12)可以被重新表述为

$$sL^u = w^u L^u - \frac{1}{\delta}(V^u - V^r) - \frac{\lambda^r}{\delta}(pX - g) \qquad (15.14)$$

这符合由利托和米尔利斯(Little and Mirrlees, 1969)、斯顿(Stern, 1972)和纽伯瑞(Newbery, 1972)得出的一个结论。

(d) 农业部门劳动时间固定 除了功利主义之外，我们还假设农民的劳动时间是固定的，并且等于城市工人提供的劳动时间。那么，个体的 199
效用可以表述为他的收入和他所面对价格的函数，也就是 $V^r = V(p, pX)$ 且 $V^u = V(p, w^u L^u)$。进一步，假设 V 对于劳动者的收入而言是凹的。①那么，式(15.14)可以得出

$$sL^u \geqslant \left(1 - \frac{\lambda^r}{\delta}\right) w^u L^u + \frac{\lambda^r}{\delta} g$$

因此，影子工资不会小于一个农民加权平均的市场工资和边际产品价值。

(e) 追求产出最大化的社会 假设对于一个农民和一个雇佣城市工人而言，劳动时间相等并且固定；假设工作到这个固定的水平没有负效用(disutility)，且一旦超过这一点则负效用无穷大；假设各个个体都是风险中性的，且社会不但是功利主义者(即 $\beta^i = \lambda^i$)，而且不关心投资和消费之间的区别；依据这些假设，我们的模型将得到与一个追求产出最大化的社会这一特殊情形时一样的结论。通过运用

① 也就是收入的边际效用不随着收入增加而递增，这意味着 $V^u - V^r \leqslant \lambda^r(w^u L^u - pX)$。

$$V^r = pX,\ V^u = w^u L^u \text{ 和 } \lambda^i = \delta = 1 \qquad (15.15)$$

我们可以得到相应的结论。把式(15.15)代入式(15.14)中,可以得到

$$sL^u = g$$

也就是影子工资等于农民的边际产品价值。在这一系列假设之下,劳动力的机会成本等于影子工资。这是有关影子工资大小的最早观点之一,它意味着当农业劳动力的边际产品为零时,影子工资也等于零。

内生性人口迁移:哈利斯—托达罗人口迁移假说

以前对于劳动力流动的一般模型所给出的一个特殊情形就是哈利斯—托达罗假说,根据这一假说,农业部门的迁移者找到一份城市工作的概率为 $N^e/(N-N^r)$,否则将成为失业者。[①]人口迁移将一直存在,直到一个潜在迁移者的效用水平等于农民的效用水平。该假说因此是式(15.5)的一种特殊情形,这时有:

$$NV^r(p,\ N^r) = N^r V^r(p,\ N^r) + N^e V^u(p,\ w^u) + (N - N^r - N^e)V^n \qquad (15.16)$$

200 为了简化,在此假设社会福利函数是功利主义性质的,即 $W(V)=V$ 且 $\beta^i = \lambda^i$。虽然可能有一个更一般的方法,但正如我们后面看到的,该假设可以忽略在定义社会福利方面有关区别劳动者事前和事后(the ex ante facto versus the ex post facto)效应的问题。我们还假设 $V^u > V^r > V^n$(否则,城市失业 N^n 将不会为正)。

扰动式(15.16),可以得到:

$$\Omega = \frac{(V^u - V^n) + \lambda^u w^u L^u \varepsilon^u_{wN}}{(V^r - V^n) + \lambda^r pX\varepsilon^r_{XA}(N - N^r)/N^r} \qquad (15.17)$$

---

① 参见哈利斯和托达罗(1970)的一个早期陈述。我们在第 13 章提供了有关该假说的一般性描述。

伴随 ε_{wN}^{u} 和 σ_N 接近零的假设，把上述表达式代入式(15.8)中，可以得到

$$sL^u = w^u L^u + (P - p)Z - \frac{N\lambda^r}{N^r\delta} pX\varepsilon_{XA}^{r}\Omega \tag{15.18}$$

我们现在考虑式(15.18)的两种特殊情形。①在这两种情形下，假设不存在价格扭曲，即 $p = P$。

(a) 农业土地不存在过剩　把 $\varepsilon_{XA}^{r} = 0$ 和 $p = P$ 代入式(15.18)，我们发现即使不考虑社会对投资和消费的评价，影子工资也等于市场工资。该结论推翻了更早文献(参见 Harberger，1971；Heady，1981；Stiglitz，1974*a*，等等)的一些推测，这些推测认为影子工资小于市场工资，影子价格的值严重依赖社会不同时期的估价，以及只有当投资的社会价值(相比于消费)非常高时，影子工资才接近市场工资。

该结论的基本理由是，在目前这种特殊情形下，人口迁移没有改变经济中的总效用水平，因而就业创造产生的效应只针对投资。由于 $\varepsilon_{XA}^{r} = 0$，则一个农民的效用水平是固定的。由于一个迁移者预期的效用等于一个农民的效用——该效用是固定的，因此，城市部门的平均效用也不变。由于创造一个工业工作的唯一效应是针对投资的，它被市场工资所减少，那么，可以得出影子工资等于市场工资。

这些结论在社会追求产出最大化的特殊情形下，尤其显而易见。进一步假设一个城市失业者的收入为零(即 $V^n = 0$)，那么，把式(15.15)代入式(15.16)可以得到

$$pX = \frac{N^e}{N - N^r} w^u L^u \tag{15.19}$$

---

① 请注意，运用式(15.16)，汉密尔顿表达式可以重新表述为 $NV^r + \delta I$。因此，基于哈利斯—托达罗假说表示影子工资的表达式(15.18)，以及后面推导的那些表达式，比它们所显示的更具有一般性。这是因为在此所实际应用的人口迁移假说的唯一性质是，当前的社会福利可以用 NV^r 来表示。因此，倘若社会把注意力仅仅放在农业劳动者的福利上，那么，推导出的影子工资的表达式在任何人口迁移机制下都是成立的。

201 请注意，N^e 是工作数量，$N-N^r$ 是找工作的人的数量，$N^e/(N-N^r)$ 则是获得一个城市工作的概率。因此，式(15.19)意味着城市部门的预期收入必须等于农村收入。由于农村收入被假设为固定的(因为不存在土地过剩)，由此得到：

$$-\frac{dN^r}{dN^e}=\frac{w^uL^u}{pX}$$

由于一个农村劳动者的收入是 pX，则创造一个城市工作的机会成本是：

$$pX\left(-\frac{dN^r}{dN^e}\right)=w^uL^u$$

在当前情形所运用的特殊假设下，创造一个工业工作对总产出的影响是一个农业劳动者的产出(或收入)乘以这类进行迁移的劳动者的数量。按照适合当前情形的哈利斯—托达罗假说的简化说法(其中两个部门的预期工资是相等的)，该产量恰好等于工业工资。[①]

(b) 存在农业土地过剩且追求产出最大化的社会 把式(15.15)代入式(15.18)，可以得到

$$sL^u=w^uL^uN^r(1-\varepsilon_{XA}^r)/[N\varepsilon_{XA}^r+N^r(1-\varepsilon_{XA}^r)]$$

因此，由于根据生产函数的标准性质有 $\varepsilon_{XA}^r<1$，则 $s<w^uL^u$。该结论显示，土地过剩的效应是减少了影子工资(参见 Stiglitz，1982*a* 的一个相似结论)。

15.4 结论

本章表明了如何将本书的一般分析框架用来分析与税收无关的政策问题。我们着重进行了影子工资的推导，因为尽管欠发达国家已经广泛地意识到在评估公共支出和工程方面运用影子价格和工资的重要性，但

---

① 有关这个简单情形的讨论，见 Harberger(1971)和 Stiglitz(1974*a*)。当然，我们在本章的分析更具有一般性，并且不依赖这些限制性假设。

影子工资的准确大小——以及它与市场工资的关系——仍然存在争议。

有关影子工资的分析明显地涉及欠发达国家的许多显著特征，这些特征非常重要，但并没有得到应有的重视，其包括：(a)国内价格和国际价
格的差别；(b)决定农业和工业部门收入的机制；(c)工业就业创造对人口 202
迁移和那些仍然留在农业部门的人员的福利所产生的后果(例如，通过我们所确定的过剩效应)；以及(d)工业就业创造对当前工业部门劳动力生产率的影响。①这些特征的许多方面对于影子工资的大小具有首当其冲的效应，忽略它们会导致误导性的结论。比如在许多欠发达国家，诱致的人口迁移就显得非常重要，并且国内农产品价格也明显低于国际价格。在这类情形下，影子价格远远超过市场价格，那么使用影子价格就更合适。当增加工业就业导致了一个更高的城市市场工资时，高影子工资的观点更有说服力。

这一分析的一个重要特征是，我们确立了一系列简化形式的关系来对经济进行描述，这些关系对于影子工资的决定至为重要。同样的简化形式的关系(以及由此同样的影子工资的公式)可以具体用于不同的技术假设(像农业和工业部门的生产关系的性质)和制度设置下，以及具体用于不同的行为假说下。例如，影子工资的公式包含了一些特定的关键性弹性系数，可以具体用于不同的人口迁移假说(包括哈利斯—托达罗假说)和不同的与工资决定有关的假说中。该方法具有分析简便的优点，因为它提供了一个有关影子工资最终判定的整体性观点。因此，能够把以前有关影子工资的结论推演为公式的特殊情形，也能界定许多涉及影子工资和市场工资关系的定性结论。

---

① 在别的地方(见萨哈和斯蒂格利茨 1985)，我们不仅进一步将该分析扩展到不同的均衡实现机制(参见 n.2)，而且也扩展到农业部门内不同的分配结构，以及不同的城市工资决定机制和那些国内价格按照社会最优水平来设置的情形中去。

第 16 章

203 结 论

16.1 一些关键问题

本书试图建立一个以发展过程为背景的分析税收政策的一般性框架。这个框架的基本特点是，强调识别任何给定的一系列政策的重大后果，包括对不同个人和政府收入的直接效应，以及由于工资、税收、人口迁移和经济其他内生因素的变动所引起的间接效应。使用这一框架分析，就能区分不同政策的效率性后果和分配性结果。分配性后果包括那些在农村和城市部门内部的、两个部门之间的以及消费（当代人的福利）和投资（后代人的福利）之间所产生的分配结果，并且该分析有助于评价不同政策的相对合意性。

有很多不同的概念可以用来作为识别合意性政策的基础。首先，我们的方法能够识别哪些改革是帕累托改进式的。如果不考虑一个人对不公平的态度，这些改革就看作是合意的。①而且我们的方法还能够在弱价值判断的基础上识别那些合意的政策和改革，例如，如果一个人认为不公平是不合意的（但没有任何进一步的、关于一个人相对另一个人收入增加的价值判断的观点），并且如果一个人同等地对待那些城市和农村的居民。对其他类型的合意性政策和改革的识别，可能相当敏感地取决于人们如何明确地评价不同个体的收入增加（例如，农村部门居民相对于城市部门居民的收入增加；富人相对于穷人的收入增加，当代人相对于后代人

---

① 当然，关于该问题并没有普遍一致的观点。一些人可能认为一项增加了每一个人的收入，同时也加大了不公平的改革是不合意的。

的收入增加)。最后一种分析使我们能以简单的术语描述最优税收和补贴集合的性质。也就是说,给定政府可采用的政策工具集合,给定社会福利函数,哪些政策是最合意的。这类分析的一个优点是,它能使对不同政策的讨论,即把关于价值判断的争论与给定政策的后果的争论区分开来。

因此,我们的方法提供了评价多种政策——包括小改革和重大新规 204
划——的一个方法体系。它明确地包括了:

(a) 欠发达国家经济特征的范围(包括各种刚性和组织形式);

(b) 欠发达国家可运用的政策工具方面的局限性;

(c) 欠发达国家的政策分析在资料和参数值上的知识局限性。

我们已经表明,仅仅以定性资料为基础是能够就特定类型政策的合意性做出定性判断的。这一点非常重要,因为即便原则上可以得到许多所需要的资料(尽管实际上很少如此),一些关键的资料难免缺失。下面我们详细叙述两个精心挑选的这类定性结论的例子,因为在政策制定者和经济学家之间围绕这些问题总是存在争论。

首先,我们已经说明了,不管一个人对于不公平的态度如何,可以推断相关政策不应当对一些经济作物给予补贴的同时,却对其他经济作物征税。同样也可以推断,不应当对农业的某些制造品投入征税(像化肥、杀虫剂,等等)的同时,却对其他制造品投入给予补贴。当然,存在一些在第 9 章中所提到的特殊情形,这样的政策可能证明是正当的。然而,在这些情形和实际上存在这类政策的那些情形之间,只不过存在着松散的联系。因此,举证的责任应当转移给那些提倡这类政策的人,他们要证明,比如,与税收和补贴都不存在的情形相比,对化肥给予补贴的同时对经济作物征税的政策能产生合意的分配效应,或者要证明相比于像政府提供对农业的广泛服务的方式,这样的政策确实能以更加公正和有效的方式引导农民采用新技术。

其次,我们也说明了可以推断不应该在城市部门实施差别化税收和补贴。劳动力供给弹性(有关最优税收的文献主要关注于此)并不是欠发达国家城市部门中的核心问题。欠发达国家更重要的问题是城市高工资和由此导致的城市失业。一个相关的问题是,对应于税收和价格的变动,城市工资会如何变动。为了了解这些结果,考虑一种简单情形,在这种情形下由于这样或那样的原因,不同群体工人的城市工资根据税收和价格的变动而变动,这样他们基本能够恢复到变动前的效用水平上。在这种情形下,我们可以得到对城市部门的商品征税或补贴不起任何作用。这
205 是因为如果城市工人最终会实现相同的给定效用水平,那么,以非扭曲的价格来提供这些效用水平是更有效率的方式。

现在考虑一些特殊的背景。城市工资可能很高,因为通过支付更高的工资能使工人的生产率更高;这就是所谓的工资—生产率假说。在那种情况下,如果食品消费较之其他商品的消费与生产率有更加紧密的联系,那么,可能存在支持食品补贴的证据。但是,如果生产率与消费的总体水平相关,食品补贴则是不合意的,对于其他商品的差别化税收和补贴也是不合意的。

对于城市高工资的另一个可能解释是工会的压力,以及政府出于政治稳定性的需要。由于把焦点放在这样的解释上面,过去许多经济学家建议欠发达国家政府应当降低城市工资,却鲜有成功。一些经济学家甚至走的更远,他们在假设政府已经接受了他们先前有关工资政策建议的基础上,给出随后有关税收政策的政策建议,在我们看来这种方法是徒劳的。

另外一些经济学家建议,面对刚性的城市高工资,政府可以对工人购买的商品征税,由此能降低工人的工资。我们怀疑,这种间接减少真实工资的可能性更多地体现的是经济学家的天真,而不是欠发达国家工人的天真。工人会知道他们的生活标准已经被降低,他们将会做出反应,以他们能够表达的那些压力施加工会领袖或政治代表。如果有一种压力起初

保持了城市高工资，相同的压力也会导致名义工资的提高。即便伴有对城市高工资的政治解释（例如像工会压力），我们赞成对城市部门不征税和不给予补贴的推断仍然有效，只要决定城市工资的力量基本上来自城市部门的工人效用水平。

贯穿本书反复出现的话题是，对于各种经济变数，像非外贸商品的价格、人口迁移、城市工资和就业，税收政策都会产生重要的后果。为了分析任何一种税收政策所产生的后果，人们必须考虑它的衍生物，或者如财政学家那样，考虑税收政策的全部归宿。这种全部归宿的分析需要理论来说明工资和就业是如何决定的，以及什么决定了从农村部门到城市部门的人口迁移。换句话说，它需要一个有关欠发达国家的模型来处理这些方面的问题。以前的分析在这个方面失败了，或者做了不现实的假设，使税收政策对工资、就业和人口迁移没有产生影响。

对欠发达国家着重强调的一个方面是，我们所观察到的多种多样的制度形式和行为模式。一个好的模型必须是足够完备，以包容这种广泛 206
的多样性。另一方面，大多数欠发达国家的资料非常缺乏，以及通常很难得到对关键行为参数的可靠估计。幸运的是，通过建构能够明确核心简化形式关系的模型，同时解决了这两个受关注的问题。我们以这种方式已经设法减少为了应用模型所需要估计的参数的数量，并且已经形成了一个理论，它可以很容易地具体应用于单个欠发达国家的特殊情况（例如，反映了存在分成制，或者农村部门存在家庭农场）。

一个长期争论的问题是进出口税收。农民不需要复杂的分析就能意识到，对农产品的出口征税将对他们的利益产生负面影响。这样的税收对于城镇和乡村之间的收入分配会产生实质性影响。因此不足为奇，18世纪后期美国宪法的起草者取缔了出口税。那时美国出口的主要是农产品。因此，实际上该宪法性禁令是试图制止城镇实现有利于它们自己的收入再分配努力。

但是,税收和补贴的一般均衡效应并不总是如此明了。例如,对于美国宪法的起草者而言,他们未能理解其他政策会产生和出口税同样的效应。例如,当工业的北方对制造品征收关税时,其效应与出口税是一样的,也就是进行了从乡村(农业的南方)向工业北部城镇转移收入的再分配。在当今大多数欠发达国家,农村部门的劳动者比那些在城市部门的工人更贫穷。然而,虽然从乡村向城市转移收入的再分配有时被说成有助于政治稳定,却不能简单地以平均主义的理由对之辩护。在许多欠发达国家,为征收具有上述效应的贸易税所做的一个可能辩护是,这样做的管理成本比其他增加公共收入的方法更低。但是,在决定应当征收何等水平的税时,政府也应考虑该税收在分配上的含义。

尽管本书的主要贡献在于经济学方法论,但是,我们的模型和分析所做的应用之一是,检验一些重要的关于城镇和乡村冲突的历史争论。这类争论的一个例子是,前面提到过的美国工业的北方和农业的南方之间的冲突。另一个这样的例子是19世纪早期英格兰关于废止谷物法的争论。还有一个例子是20世纪20年代苏联工业化大讨论,它早于苏联的农业集体化,对此,我们已经详细地说明了我们的方法如何提供了一个新的理解。

207 过去三十年在许多欠发达国家,关于城镇和农村冲突的相同争论不断发生,只是使用了不同的术语和强调不同的重点。事实上,随着这些国家试图增加支持发展进程所需的资金,这一冲突显得日益紧迫。人们常常视利益攸关的东西不仅仅是经济问题或收入分配,要求考虑的问题更多地关心基本价值、社会制度的性质和生活方式。这是因为城市化和工业化的进程改变了人类关系的许多方面,作为发展进程的一个结果,个人所面对的风险将超过经济风险。①

---

① 例如,那些在不断变化的环境中长大的人会把变化视为一种自身的优点,而那些在稳定的环境下长大的人,则可能认为稳定是一种自身的优点。参见 Scitovsky(1976)关于人类行为这些方面的讨论。

16.2　政治经济学思考

大多数欠发达国家政府运用了一系列如此复杂的税收和补贴，以至于最终很难说清楚是谁得到了补贴，谁承担了税负。它们似乎给所有人都提供了补贴，但众所周知，并不是每一个人都能得到补贴。政府可能出于天真而推行这些政策，或者试图愚弄每一个团体使他们相信得到了补贴。对我们而言，在一个民主社会中“政府的真实性”是公共政策的一个核心方面，因此，那些能够清楚地确定其后果(像最终归宿)的政策具有明显的优点。

本书已经着重强调了对于政府可运用的一系列政策的约束所产生的关键作用。例如，考虑在政府改变城市工资能力上的约束。这些约束来自哪里？谁施加了这些约束？如何知道真的是约束？我们尤其不安的是那些专断的约束(像政府不能直接降低名义工资，但可以通过提高价格间接地降低实际工资)。可能这样的约束应该可以推导出来，而不必做这种假设。因此，我们已经建立的模型中就包括这种模型，像实际工资设置在高于市场出清的水平，不是因为政治经济学上的约束，而是因为这样做符合企业以及公共雇主的利益。同样地，我们认为政府不能征收所得税是因为监控收入的成本使这类税在管理上不可行。因此，经济环境的变化可以改变政府可实行的税收集合，以及政府所面临的约束。

然而，好的经济理论不需要从基本原理推导出所有的事情。一些中
间环节的推理是不可避免的，也是合意的。但要格外小心。因此，除了效 208
率工资的模型外，工资高于市场出清的水平还有其他原因。不过，当税收变化时，工资仍可能会变化，由此，急需发展出一种考虑到那个现象的理论，正如我们在这里所做的那样。

16.3 政策困境

最后,我们讨论一个摆在所有那些参与政策分析和政策对比的经济学家面前非常重要的困境。关于政府行为,他们应当做什么样的假设?一个极端的经济学家认为,所有对合意的政策和改革的分析都是不恰当的。正如企业和个人那样,政府只是行动者。经济学家仅仅能够描述政府是如何行动的,试图预言一下政府会做什么。但是,询问政府应当做什么是没有意义的,正如去问一个消费者应该将一美元消费在食品上还是服装上一样。另一个极端的经济学家开出一些政策处方,仿佛政府将按照他们要求的政策行事,尽管有足够的证据证明政府只是一个选择性的听众。因此,政策建议者可能认为,对商品的差别化征税是合意的,并因此准确地描述如何决定一个商品应当给予补贴,还是征税以及以按什么比率实施。然而,政府可能仅仅听取建议的第一部分,接下来按照完全不同于建议者所给出的水平设置差别化补贴率或税率。过去差别税曾经被某一地区或团体用来歧视其他地区或团体,在某些情形下,歧视已经成为差别化税负的结果,即便它不是目的。政策建议者是否应当将这些经验考虑进去?这些经验是否应当使他或她在建议差别化税负时小心谨慎?

尽管这两种观点是重要的,本书却是建立在与它们毫不相关的第三种观点上,认为一个国家所实施的一系列政策的决定因素是当前存在的知识储备,这些知识被用来检验各种政策的后果,以及确定(根据不同的观点,其中一些是假说性的)合意政策的性质。这样的知识储备有可能指出和澄清关于政策的争论,在大多数民主社会中,这些争论是政策形成过程的一个环节。尽管有这样的知识储备,也很难保证选择好的政策,但是如果没有则很可能选择坏的政策。从经济学原理的角度看,本书可以看作是增加有关欠发达国家税收政策知识储备的尝试。

参考书目

AKERLOF, G. (1984) 'Gift Exchange and Efficiency Wage Theory: Four Views', *American Economic Review Papers and Proceedings* 74:79—83.

ALLEN, F. (1982) 'Optimal Linear Income Taxation with General Equilibrium Effects on Wages', *Journal of Public Economics* 17:135—143.

——(1985) 'On the Fixed Nature of Sharecropping Contracts', *Economic Journal* 95:30—48.

ARNOTT, R. and STIGLITZ, J. E. (1985) 'Labor Turnover, Wage Structures, and Moral Hazard', *Journal of Labor Economics* 3:434—462.

ARROW, K. J. and KURZ, M. (1970) *Public Investment, the Rate of Return, and Optimal Fiscal Policy*, Johns Hopkins University Press, Baltimore.

ATKINSON, A.B. and STIGLITZ, J. E. (1972) 'The Structure of Indirect Taxation and Economic Efficiency', *Journal of Public Economics* 1:97—119.

and (1976) 'The Design of Tax Structure: Direct versus Indirect Taxation', *Journal of Public Economics* 6:55—75.

—— and ——(1980) *Lectures on Public Economics*, McGraw-Hill, New York.

BALAND, J.-M. (1989) 'The Economics of Price Scissors: A Note', Working Paper, University of Namur, Namur Belgium.

BALE, M.D. and LUTZ, E. (1979) 'Price Distortions in Agriculture and their Effects: An International Comparison', Staff Working Paper 359, The World Bank, Washington, DC.

BARDHAN, P. K. (1970) *Economic Growth, Development, and Foreign Trade*, Wiley, New York.

BARKER, R. and HAYAMI, Y. (1976) 'Price Support versus Input Subsidy for Food Self-sufficiency in Developing Countries', *American Journal of Agricultural Economics* 58:617—628.

BARNUM, H. N. and SQUIRE, L. (1979) *A Model of an Agricultural Household*, Johns Hopkins University Press, Baltimore.

BAUMOL, W. J. and BRADFORD, D. F. (1970) 'Optimal Departures from Marginal Cost Pricing', *American Economic Review* 60:265—283.

BEHRMAN, J.R. (1968) *Supply Response in Underdeveloped Agriculture: A Case Study of Four Major Annual Crops in Thailand*, 1937—1963, North-Holland, Amsterdam.

BENASSY, J. P. (1975) 'Neo-Keynesian Disequilibrium Theory in a Monetary Economy', *Review of Economic Studies* 42:503—523.

BERTRAND, T. (1980) 'Thailand: Case Study of Agricultural Input and Output Pricing', Staff Working Paper No. 385, The World Bank, Washington, DC.

BLISS, C. and STERN, N. (1978) 'Productivity, Wages and Nutrition', *Journal of Development Economics* 5:331—398.

BLITZER, C., DASGUPTA, P., and STIGLITZ, J.E. (1981) 'Project Appraisal and Foreign Exchange Constraints', *Economic Journal* 91:58—74.

BLOMQVIST, A. (1986) 'The Economics of Price Scissors: Comment', *American Economic Review* 76:1188—1191.

BOITEUX, M. (1956) 'Sur la gestion des monopoles publics astreints à l'équilibre budgétaire', *Econometrica* 24:22—40.

Brewer, A.(1988) 'The Dynamic Economics of Price Scissors', Working Paper, University of Bristol, Bristol, UK. 210

Bukharin, N. I. (1920) *Economics of the Transformation Period*, Bergman Publishers, New York, 1971.

Calvo, G. (1979) 'Quasi-Walrasian Theories of Unemployment', *American Economic Review* 69:102—107.

—— and Phelps, E.(1977) 'Indexation Issues: Appendix: Employment Contingent Wage Contracts', *Journal of Monetary Economics* 5, Supplement, 160—168.

Carter, M. (1986) 'The Economics of Price Scissors: Comment', *American Economic Review* 76:1192—1194.

Corlett, W. J. and Hague, D. C. (1953) 'Complementarity and the Excess Burden of Taxation', *Review of Economic Studies* 21:21—30.

Dalton, H.(1954) *Principles of Public Finance*, Routledge and Kegan Paul, London.

Dasgupta, P. and Ray, D. (1986) 'Inequality as a Determinant of Malnutrition and Unemployment: Theory', *Economic Journal* 96: 1011—1034.

—— and ——(1987) 'Inequality as a Determinant of Malnutrition and Unemployment: Policy', *Economic Journal* 97:177—188.

Deaton, A.(1981) 'Optimal Taxes and the Structure of Preferences', *Econometrica* 49:1245—1260.

Diamond, P.A.(1975) 'A Many-Person Ramsey Tax Rule', *Journal of Public Economics* 4:335—342.

—— and Mirrlees, J.A.(1971) 'Optimal Taxation and Public Production

I: Production Efficiency' and 'Optimal Taxation and Public Production II: Tax Rules', *American Economic Review* 61:8—27 and 261—278.

DIXIT, A. K. (1968) 'Optimal Development in the Labour-Surplus Economy', *Review of Economic Studies* 35:23—34.

——(1969) 'Marketable Surplus and Dual Development', *Journal of Economic Theory* 1:203—219.

——(1971) 'Short-run Equilibrium and Shadow Prices in the Dual Economy', *Oxford Economic Papers* 23:384—400.

——(1973) 'Models of Dual Economies', in J. A. Mirrlees and N. H. Stern (eds.) *Models of Economic Growth*, Wiley, New York, 325—352.

—— and STERN, N. H. (1974) 'Determinants of Shadow Prices in Open Dual Economies', *Oxford Economic Papers* 26:42—53.

DOBB, M. H. (1966) *Soviet Economic Development since 1917*, Routledge and Kegan Paul, London.

DORFMAN, R. (1989) 'Thomas Robert Malthus and David Ricardo', *Journal of Economic Perspectives* 3:153—164.

EATON, J. and GERSOVITZ, M. (1981) 'Debt with Potential Repudiation: Theoretical and Empirical Analysis', *Review of Economic Studies* 48: 289—309.

——, ——, and STIGLITZ, J. E. (1986) 'The Pure Theory of Country Risk', *European Economic Review* 30:481—513.

THE ECONOMIST (1991) 'A Map Up Here, in the Mind', June 29, London, 16.

EDGEWORTH, F. Y. (1897) 'The Pure Theory of Taxation', *Economic Journal* 7:46—70, 226—238, and 550—571.

ELLMAN, M. J. (1975) 'Did the Agricultural Surplus Provide the Resources for the Increase in Investment in the USSR during the First Five Year Plan?' *Economic Journal* 85:844—863.

ELLMAN, M.J. (1979) *Socialist Planning*, Cambridge University Press, 211
Cambridge.

——(1987) 'Collectivisation and Soviet Investment in 1928—1932 Revisited', Working Paper, University of Amsterdam, Amsterdam.

ERLICH, A. (1960) *The Soviet Industrialization Debate*, Harvard University Press, Cambridge, MA.

EVENSON, R. E. (1986) 'The Production and Transfer of Technology', Working Paper, Yale University, New Haven, CT.

FEI, J. C. and RANIS, G. (1964) *Development of the Labor Surplus Economy: Theory and Policy*, Irwin, Homewood, IL.

FELDSTEIN, M. S. (1972) 'Distributional Equity and the Optimal Tax Structure of Public Prices', *American Economic Review* 62:32—36.

FIELDS, G. (1987) 'Public Policy and the Labour Market in Developing Countries', in D.M. G. NEWBERY and N.H. STERN (eds.) *The Theory of Taxation for Developing Countries*, Oxford University Press, Oxford, 264—277.

FILTZER, D. (1979) (ed.) *The Crisis of Soviet Industrialization: Selected Essays*, M.E. Sharpe, White Plains, NY.

FRIEDMAN, M. (1952) 'The "Welfare" Effects of an Income Tax and an Excise Tax', *Journal of Political Economy* 60:25—33.

GRAAFF, J. de V. (1957) *Theoretical Welfare Economics*, Cambridge University Press, London.

GREGORY, P. and ANTEL, J. (1991) 'Agricultural Surplus Models and Peasant Behavior: Soviet Agriculture in the 1920's', Working Paper,

University of Houston, Houston, TX.

GREGORY, P. and STUART, R.C.(1981) *Soviet Economic Structure and Performance*, Harper and Row, New York.

HALL, R. (1975) 'The Rigidity of Wages and the Persistence of Unemployment', *Brookings Papers on Economic Activities*: 301—335.

HARBERGER, A.(1962) 'The Incidence of the Corporation Income Tax', *Journal of Political Economy* 70:215—240.

——(1971) 'On Measuring the Social Opportunity Cost of Labor', *International Labor Review* 103:559—579.

HARRIS, J.R. and TODARO, M. P.(1970) 'Migration, Unemployment, and Development: A Two-Sector Analysis', *American Economic Review* 60:126—142.

HEADY, C.J.(1981) 'Shadow Wages and Induced Migration', *Oxford Economic Papers* 33:108—121.

HOFF, K. and STIGLITZ, J.E.(1990) 'Imperfect Information and Rural Credit Markets—Puzzles and Policy Perspectives', *World Bank Economic Review* 4:235—250.

HORNBY, J. M. (1968) 'Investment and Trade Policy in the Dual Economy', *Economic Journal* 78:96—107.

JANVRY, A. de and SUBBARAO, K.(1986) *Agricultural Price Policy and Income Distribution in India*, Oxford University Press, New Delhi.

KALHON, A.S. and TYAGI, D.S.(1980) 'Inter-Sector Terms of Trade', *Economic and Political Weekly* 15:A173—184, Bombay.

KASER, M.(1969) 'A Volume Index of Soviet Foreign Trade', *Soviet Studies* 20:523—526.

KATZ, M.L.(1984) 'Nonuniform Pricing With Unobservable Numbers of

Purchases', *Review of Economic Studies* 51:461—470.

KHAN, M.A.(1980) 'The Harris-Todaro Hypothesis and the Heckscher- 212
Ohlin-Samuelson Trade Model', *Journal of International Economics* 10:527—547.

—— and CHAUDHURI, T.D.(1985) 'Development Policies in LDC's with Several Ethnic Groups: A Theoretical Analysis', *Zeitschrift für Nationalökonomie* 45:1—19.

KRUEGER, A.O.(1990) 'The Political Economy of Agricultural Pricing Policies', Working Paper, Duke University, Durham, NC.

LAU, L.J.(1978) 'Some Applications of Profit Functions', in M.Fuss and D. McFadden (eds.) *Production Economics: A Dual Approach to Theory and Applications*, vol. 1, North-Holland, Amsterdam, 133—216.

——, LIN W.L., and YOTOPOULOS, P.A.(1978) 'The Linear Logarithmic Expenditure System: *An Application to Consumption-Leisure Choice*', Econometrica 46:843—868.

LAZEAR, E.P. and ROSEN, S.(1981) 'Rank-Order Tournaments as Optimum Labor Contracts', *Journal of Political Economy* 89:841—864.

LEIBENSTEIN, H.(1957) *Economic Backwardness and Economic Growth*, Wiley, New York.

LENIN, V.I.(1919) 'Economics and Politics in the Era of the Dictatorship of the Proletariat', in *Selected Works*, vol. 3, International Publishers, New York, 1967, 274—282.

——(1921) 'The Tax in Kind', in *Selected Works*, vol. 3, International Publishers, New York, 1967, 583—614.

LI, D. and TSUI, K. Y. (1987) 'The Generalized Efficiency Wage Hypothesis and the Scissors Problem', Working Paper, University of

Guelph, Guelph, Canada.

LIPSEY, R.G. and LANCASTER, K.(1956—1957) 'The General Theory of Second Best', *Review of Economic Studies* 24:11—32.

LIPTON, M.(1977) *Why Poor People Stay Poor*, Harvard University Press, Cambridge, MA.

——(1984) 'Urban Bias Revisited', *Journal of Development Studies* 20:139—166.

LITTLE, I.M.D.(1950) A *Critique of Welfare Economics*, Clarendon Press, Oxford.

—— and MIRRLEES, J.A.(1969) *Manual of Industrial Project Analysis in Developing Countries*, vol.2, Development Centre of the Organization for Economic Co-operation and Development, Paris.

MCLURE, C.E., JR.(1971) 'The Theory of Tax Incidence with Imperfect Factor Mobility', *Finanzarchiv* 30:27—48.

——(1974) 'A Diagrammatic Exposition of the Harberger Model with One Immobile Factor', *Journal of Political Economy* 82:56—82.

MALINVAUD, E.(1977) *The Theory of Unemployment Reconsidered*, Blackwells, Oxford.

MARCHAND, M., MINTZ, J., and PESTIEAU, P.(1983) 'Public Production and Shadow Pricing in a Model of Disequilibrium in Labor and Capital Markets', Centre for Operations Research and Econometrics Discussion Paper No. 8315, Louvain-la-Neuve, Belgium.

MARX, K.(1867) *Capital*, vol. 1, International Publishers, New York, 1967.

—— and ENGELS, F.(1848) 'Manifesto of the Communist Party' in *Karl Marx and Friedrich Engels, Collected Works*, vol.6, International

Publishers, New York, 1961, 477—519.

MEADE, J. E. (1955) *Trade and Welfare: Mathematical Supplement*, Oxford University Press, Oxford.

MIRRLEES, J. A. (1971) 'An Exploration in the Theory of Optimum Income Taxation', *Review of Economic Studies* 38:175—208.

MIRRLEES, J. A. (1975) 'A Pure Theory of Underdeveloped Economies', 213
in L. G. Reynolds (ed.) *Agriculture in Development Theory*, Yale University Press, New Haven, CT, 84—106.

——(1983) 'Market Prices and Shadow Prices', mimeo, Nuffield College, Oxford.

MITRA, A. (1977) *The Terms of Trade and Class Relations*, Frank Cass, London.

MODY, A. (1981) 'Financing of Modern Economic Growth: The Historical Role of Agricultural Resources', Working Paper No. 121, Centre for Development Studies, Trivandrum, Kerala, India.

NALEBUFF, B. J. and STIGLITZ, J. E. (1983) 'Prizes and Incentives: Towards a General Theory of Compensation and Competition', *Bell Journal of Economics* 14:21—43.

NEWBERY, D. M. G. (1972) 'Public Policy in the Dual Economy', *Economic Journal* 82:567 590.

——(1974) 'The Robustness of Equilibrium Analysis in the Dual Economy', *Oxford Economic Papers* 26:32—41.

—— and STIGLITZ, J. E. (1981) *The Theory of Commodity Price Stabilization*, Oxford University Press, Oxford.

NOVE, A. (1965) 'Introduction', in E. Preobrazhensky, *The New Economics*, Clarendon Press, Oxford.

OSBAND, K.(1985) 'Taxing the Peasants: Soviet Public Finance and the End of NEP', Working Paper, Russian Research Center, Harvard University, Cambridge, MA.

PETERSON, W.L.(1979) 'International Farm Prices and the Social Cost of Cheap Food Policies', *American Journal of Agricultural Economics* 61:12—21.

PREOBRAZHENSKY, E. (1921) 'The Outlook for the New Economic Policy', in D. Filtzer (ed.) *The Crisis of Soviet Industrialization: Selected Essays*, M.E. Sharpe, White Plains, NY, 1979, 3—19.

——(1926) *The New Economics*, Clarendon Press, Oxford, 1965.

RAMSEY, F. P. (1927) 'A Contribution to the Theory of Taxation', *Economic Journal* 37:47—61.

ROBERTS, K. (1982) 'Desirable Fiscal Policies under Keynesian Unemployment', *Oxford Economic Papers* 34:1—22.

SAH, R. K. (1978) 'Egalitarian Commodity Taxes', Working Paper, Economic Research Unit, University of Pennsylvania, Philadelphia.

——(1982) 'A Welfare-based Determination of Urban-Rural Prices', paper presented at the World Bank Conference on Public Economics, Washington, DC.

——(1983*a*) 'Analysis of Intra-Household Consumption Patterns: A Methodology and its Implementation', Center for Analysis of Developing Economies Research Paper, University of Pennsylvania, Philadelphia.

——(1983*b*) 'How Much Redistribution is Possible Through Commodity Taxes?' *Journal of Public Economics* 20:89—101.

——(1987) 'Queues, Rations and Market: Comparisons of Outcomes for the Poor and the Rich', *American Economic Review* 77:69—77.

—— and SRINIVASAN, T.N.(1988) 'Distributional Consequences of Rural Food Levy and Subsidized Urban Rations', *European Economic Review* 32:141—159.

—— and STIGLITZ, J. E. (1984) 'The Economics of Price Scissors', *American Economic Review* 74:125—138.

—— and ——(1985) 'The Social Cost of Labor and Project Evaluation: A General Approach', *Journal of Public Economics* 28:135—163.

SAH, R.K. and STIGLITZ, J.E.(1986) 'The Economics of Price Scissors: 214
Reply', *American Economic Review* 76:1195—1199.

—— and——(1987*a*) 'Price Scissors and the Structure of the Economy', *Quarterly Journal of Economics* 102:109—134.

—— and——(1987*b*) 'The Taxation and Pricing of Agricultural and Industrial Goods in Developing Economies', in D.M.G. Newbery and N. H. Stern(eds.) *The Theory of Taxation for Developing Countries*, Oxford University Press, Oxford, 426—461.

—— and WEITZMAN, M.L.(1991) 'A Proposal for Using Incentive Pre-commitments in Public Enterprise Funding', *World Development* 19:595—605.

SALOP, S. C. (1973) 'Wage Differentials in a Dynamic Theory of the Firm', *Journal of Economic Theory* 6:321—344.

SCHULTZ, T.W.(1978) *Distortions of Agricultural Incentives*, Indiana University Press, Bloomington, IN.

——(1987) 'A Long View of the Economic Value of Agricultural Research', Working Paper, University of Chicago, Chicago.

SCITOVSKY, T. (1945) 'Some Consequences of the Habit of Judging

Quality by Price', *Review of Economic Studies* 12:100—105.

——(1976) *The Joyless Economy*, Oxford University Press, Oxford.

SEN, A.K.(1968) *Choice of Techniques*, Blackwells, Oxford.

——(1972) 'Control Areas and Accounting Prices: An Approach to Economic Evaluation', *Economic Journal* 82:486—501.

SHAPIRO, C. and STIGLITZ, J. E. (1984) 'Equilibrium Unemployment as a Worker Discipline Device', *American Economic Review* 74:433—444.

SELDEN, T. M. (1989) 'The Optimal Design of Famine Relief in a Dual Economy', Working Paper, Syracuse University, Syracuse, NY.

SINGH, I., SQUIRE, L., and STRAUSS, J.(1986) 'A Survey of Agricultural Household Models: Recent Findings and Policy Implications', *World Bank Economic Review* 1:149—180.

SOLOW, R. M. and STIGLITZ, J. E. (1968) 'Output, Employment, and Wages in the Short Run', *Quarterly Journal of Economics* 82:537—560.

SPULBER, N. (1964) *Foundations of Soviet Strategy for Economic Growth*, Indiana University Press, Bloomington, IN.

STALIN, J.(1926) *Problems of Leninism*, Progress Publishers, Moscow, 1954.

STERN, N. H. (1972) 'Optimum Development in a Dual Economy', *Review of Economic Studies* 39:171—184.

——(1982) 'Optimum Taxation with Errors in Administration', *Journal of Public Economics* 17:181—211.

STIGLITZ, J. E. (1969) 'Rural-Urban Migration, Surplus Labor and the Relationship Between Urban and Rural Wages', *East African Economic Review* 1—2:1—27.

——(1974*a*) 'Alternative Theories of Wage Determination and Unemployment in LDCs—I: The Labor Turnover Model', *Quarterly Journal of Economics* 88:194—227.

——(1914*b*) 'Incentives and Risk Sharing in Sharecropping', *Review of Economic Studies* 41:219—256.

——(1976*a*) 'The Efficiency Wage Hypothesis, Surplus Labour, and the Distribution of Income in LDCs', *Oxford Economic Papers* 28:185—207.

STIGLITZ, J. E. (1976*b*) 'Prices and Queues as Screening Devices in 215
Competitive Markets', IMSSS Technical Report No. 212, Stanford University, Stanford, CA.

——(1982*a*) 'Alternative Theories of Wage Determination and Unemployment: The Efficiency Wage Model', in M. Gersovitz *et al.* (eds.) *The Theory and Practice of Development*, Allen and Unwin, London, 78—106.

——(1982*d*) 'Self-Selection and Pareto Efficient Taxation', *Journal of Public Economics* 17:213—240.

——(1982*c*) 'The Structure of Labor Markets and Shadow Prices in LDCs', in R. H. Sabot (ed.) *Migration and the Labor Market in Developing Countries*, Westview Press, Boulder, CO, 13—63.

——(1985) 'Equilibrium Wage Distributions', *Economic Journal* 95:595—618.

——(1986) 'Theories of Wage Rigidities', in J.L.Butkiewicz *et al.*(eds.) *Keynes' Economic Legacy: Contemporary Economic Theories*, Praeger, New York, 153—206.

——(1987*a*) 'Pareto Efficient and Optimal Taxation and the New New Welfare Economics', in A. Auerbach and M. Feldstein(eds.) *Handbook*

of Public Economics, North-Holland, Amsterdam, 991—1042.
——(1987*b*) 'Technical Change and Taxation', prepared for the conference on Tax Policy in the Twenty-First Century, Washington, DC.
——(1987*c*) 'The Wage-Productivity Hypothesis: Its Economic Consequences and Policy Implications', in M. Boskin (ed.) *Modern Developments in Public Finance: Essays in Honor of Arnold Harberger*, Blackwells, Oxford (forthcoming).
——(1987*d*) 'The Causes and Consequences of the Dependence of Quality on Prices', *Journal of Economic Literature* 25:1—48.
——(1988) *Economics of the Public Sector*, 2nd. edn., W. W. Norton & Co., New York.
——(1990) 'Peer Monitoring and Credit Markets', *World Bank Economic Review* 4:351—366.
—— and DASGUPTA, P.S. (1971) 'Differential Taxation, Public Goods and Economic Efficiency', *Review of Economic Studies* 38:151—174.
—— and WEISS, A. (1981) 'Credit Rationing in Markets With Imperfect Information', *American Economic Review* 71:393—410.
—— and ——(1986) 'Credit Rationing and Collateral', in J. Edwards *et al.* (eds.) *Recent Developments in Corporate Finance*, Cambridge University Press, New York, 101—135.
STRAUSS, J. (1986) 'Does Better Nutrition Raise Farm Productivity?' *Journal of Political Economy* 94:297—320.
SWARUP, R. (1954) *Communism and Peasantry*, Prachi Prakashan, Calcutta.
TOLLEY, G. S., THOMAS, V., and WONG, C. M. (1982) *Agricultural Price Policies and the Developing Countries*, Johns Hopkins University

Press, Baltimore.

TROTSKY, L.(1909) *1905*, Random House, New York, 1971.

VANDERBILT, J.(1734) *Money Answers All Things*, London.

WEISS, A.(1980) 'Job Queues and Layoffs in Labor Markets with Flexible Wages', *Journal of Political Economy* 88:526—538.

YELLEN, J. L. (1984) 'Efficiency Wage Models of Unemployment', *American Economic Review Papers and Proceedings* 74:200—205.

YOTOPOULOS, P.A. and NUGENT, J.B.(1976) *Economics of Development*, Harper and Row, New York.

索引

217

注：人名、主题词后面的页码表示本书的英文版页码。在本书中，英文版页码列在页边空白处。

后 记

本书的翻译分工是:黄少卿翻译前言、第 1—9、15 章,孙秋鹏翻译第 10—13、16 章和索引,乔为国翻译第 14 章。

全书的统校是黄少卿。

2017 年 2 月

图书在版编目(CIP)数据

农民和城市居民:税负和经济发展的负担/(美)拉吉·K.萨(Raaj K.Sah),(美)约瑟夫·E.斯蒂格利茨(Joseph E.Stiglitz)著;黄少卿等译.—上海:上海人民出版社,2017

书名原文:Peasants versus City-Dwellers:Taxation and the Burden of Economic Development Paperback

ISBN 978-7-208-14428-6

Ⅰ.①农… Ⅱ.①拉… ②约… ③黄… Ⅲ.①发展经济学-研究 Ⅳ.①F061.3

中国版本图书馆 CIP 数据核字(2017)第 079612 号

责任编辑 任俊萍

封扉设计 人马艺术设计·储平

农民和城市居民:税负和经济发展的负担

[美]拉吉·K.萨 约瑟夫·E.斯蒂格利茨 著

黄少卿 等 译

黄少卿 校

世 纪 出 版 集 团

上海人民出版社出版

(200001 上海福建中路 193 号 www.ewen.co)

世纪出版集团发行中心发行 上海商务联西印刷有限公司印刷

开本 720×1000 1/16 印张 19.25 插页 4 字数 238,000

2017 年 8 月第 1 版 2017 年 8 月第 1 次印刷

ISBN 978-7-208-14428-6/F·2444

定价 68.00 元